本书是国家社科基金冷门"绝学"和国别史等研究专项"中国与巴西关系史研究"（项目编号：2018VJX096）、重庆市一流学科外国语言文学科研项目"面向国家知识工程的巴西综合数据库建设"的阶段性研究成果。

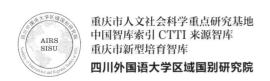

重庆市人文社会科学重点研究基地
中国智库索引 CTTI 来源智库
重庆市新型培育智库
四川外国语大学区域国别研究院

陈广猛　主编
区域国别研究手册系列丛书

巴西研究手册

MANUAL DE ESTUDOS BRASILEIROS

谌华侨　游雨频　编著

中国社会科学出版社

图书在版编目（CIP）数据

巴西研究手册 / 谌华侨，游雨频编著 . -- 北京：
中国社会科学出版社，2025. 4. -- （区域国别研究手册
系列丛书）. -- ISBN 978-7-5227-4708-8

Ⅰ. K977.7-62

中国国家版本馆 CIP 数据核字第 2025T883S1 号

出 版 人	赵剑英
责任编辑	郭曼曼
责任校对	韩天炜
责任印制	李寡寡

出　　版	中国社会科学出版社
社　　址	北京鼓楼西大街甲 158 号
邮　　编	100720
网　　址	http://www.csspw.cn
发 行 部	010 - 84083685
门 市 部	010 - 84029450
经　　销	新华书店及其他书店

印　　刷	北京君升印刷有限公司
装　　订	廊坊市广阳区广增装订厂
版　　次	2025 年 4 月第 1 版
印　　次	2025 年 4 月第 1 次印刷

开　　本	710×1000　1/16
印　　张	23.25
字　　数	415 千字
定　　价	118.00 元

凡购买中国社会科学出版社图书，如有质量问题请与本社营销中心联系调换
电话：010 - 84083683

《区域国别研究手册系列丛书》
总　序

　　近年来，区域国别研究逐渐成为中国学界的一个热门领域。从 2012 年教育部遴选出首批 42 家国别和区域研究培育基地，到 2013 年共建"一带一路"倡议提出后对区域国别知识的巨大需求；从 2017 年教育部在全国布点建设 385 家国别和区域研究备案中心，再到 2022 年 9 月"区域国别学"一级学科的设立，区域国别研究在中国高校中迅猛发展，学科建设、人才培养和科学研究共同推进，涌现出一系列区域国别研究的相关学术成果。然而，稍显不足的是，现有研究成果多是对各国和地区的基本情况介绍，或者是关于各类区域国别专题的研究文章，而较少有各对象国和地区该如何研究的介绍，也即是说，缺乏特定国别和区域研究方法的文献。

　　实际上，这也是区域国别研究发展到一定阶段，再进一步向纵深推进所需要做的事——总结出关于该对象国或地区的研究方法，此即本系列"手册"书名的由来，也即提供一种关于该领域的工具书，"授人以鱼，不如授人以渔"。一位在特定国别或区域领域深耕多年的专家学者，他 / 她必定有一套对自己领域的研究心得或方法，包括对象国政治、经济、外交、历史、军事、教育、社会、文化等方面基本情况，以及相应的图书、期刊、网站、数据库、公众号、学术会议等研究资源，将这些内容系统地总结出来，后来者就可以站在前人肩膀上，进入该研究领域时就可以达到事半功倍的效果，从而更有效率地推动该学科的整体发展。

　　本套丛书的出品方是四川外国语大学区域国别研究院，该机构成立于 2022 年 3 月，是学校为深入贯彻新文科建设要求，不断提升服务国家战略和地方社会发展能力，着力打造的跨界交叉学科和新型智库平台。其前身为 2012 年成立的重庆国际战略研究院，目前包括德国研究中心、金砖国家研究院和以色列研究中心三个教育部国别和区域研究培育基地和备案机构；加拿大研究中心、非洲研究中心两个校级科研机构；以及原重庆国际战略院下属的俄语国家研究所、法语国家研究所、阿拉伯国家研究所、东南亚研究所、韩国研究所、日本研究所和拉美研究所七个国别问题研究所，形成"5+7"的组织架构，基本覆盖了当今世界主要国家和区域的研究范围。2023 年 1 月，区域国别研究院获批成为重庆市人文社会科学重点研究基地，2024 年 11 月，入选中国智库索引 CTTI 来源智库，2024 年 12 月，获批成为重庆市新型培育智库。

作为区域国别研究院的标志性学术成果之一，本套丛书的第一批将包括《巴西研究手册》《以色列研究手册》《德国研究手册》三部，分别由四川外国语大学金砖国家研究院谌华侨副教授、以色列研究中心陈广猛教授、德国研究中心李大雪教授编著，金砖国家研究、以色列研究和德国研究是四川外国语大学区域国别研究的三大特色领域，依托于教育部的国别和区域研究培育基地和备案中心平台，三位学者也都在各自的国别研究领域有着较为深入的积累，现在总结出来与国内外同行分享，共同推进该领域的学术进步。接下来，研究院还将组织其他国别和区域研究领域的专家学者，编写《加拿大研究手册》《日本研究手册》《韩国研究手册》《东南亚研究手册》等。

当今世界正经历百年未有之大变局。人类面临着诸多共同的挑战，如气候变化、恐怖主义、网络安全、公共卫生危机等。区域国别研究的重要性不仅在于帮助我们了解不同国家和地区的情况，更在于通过这种了解，促进国际交流与合作，共同应对全球性挑战。《区域国别研究手册系列丛书》的出版，正是希望为推动这种国际交流与合作贡献一份力量。我们相信，这套丛书将在学界、政策界等产生积极的影响，为推动人类命运共同体的宏伟建设汇聚点滴力量。

陈广猛

2025 年 1 月于重庆歌乐山麓

前　言

　　一手资料是从事研究和实务工作的重要参考。如何快速定位并查找到所需的对象国相关信息，一直是从事区域国别研究人员的重要诉求，亦是相关领域从业人员在查找对象国信息时面临的重要问题。本着便捷实用的原则，结合过往从事巴西教学和研究的经历，按照"洋葱"结构，本书将巴西信息分为里层（历史、地理、文化、社会）、中间层（民族、家族、宗教、媒体）和外层（政治、经济、军事、外交），以及附件（美国的巴西研究、巴西的中国研究和中国的巴西研究）四大部分。根据研究领域细分的思路，系统整理了里层、中间层、外层和附件共计 15 个领域的组织机构、学术研究和电子资源方面的资料，力求全面展现巴西重要信息源头。

　　期待通过本书的尝试，能够初步汇集巴西研究所必需的重要资料来源，便于相关领域的研究人员或从业者快速查找所需资料，从而能够深入开展相关领域的研究和实务工作，实现全方位快速、准确认知和理解巴西的目标。

　　本书所呈现的知识图谱是构建巴西知识系统的重要组成部分，与正在实施的巴西断代史资料库、人物、时间、机构、问题、政策分析支柱、重要领域运行机制和基础知识一道，共同组成面向国家重大战略需求的巴西知识工程。通过上述系列努力，务实推进巴西研究，为中国的巴西研究自主知识体系早日成形贡献力量。

　　本书能够最终成稿面世，得益于以下团队成员数年努力的结果。陈燕参与历史部分前期资料整理，谭正委参与地理部分前期资料整理，龙杰参与文化部分前期资料整理，李汶泰、谭正委参与社会部分前期资料整理，陈燕、龙杰参与民族部分前期资料整理，黄琳、丁思其参与家族部分前期资料整理，黄琳参与宗教部分前期资料整理，王敏、唐思娟参与媒体部分前期资料整理，丁思其、王丛汐参与经济部分前期资料整理，郝浩雄、龙杰参与军事部分前期资料整理，李汶泰参与外交部分前期资料整理，王敏、倪妍参与美国的巴西研究部分前期资料整理，程天囿、张浩南、辛梦妮参与巴西的中国研究前期资料整理，郭佳旭参与中国的巴西研究前期资料整理，程天囿、常远、谢小丽、裴尹琦、夏张洋、华淇淇参与稿件校对工作，河北师范大学乔建珍教授对文稿进行了两次审校，为相关信息完备，文字润色添彩诸多。Jose Romero Pereira Júnior 对历史部分提出了重要信息的添加，Mauricio Santoro、Nelson Bessa 对外交部分提出了宝贵修改意见，Octavio Amorim Neto 对政治部分提出了完善意见，Renato Baumann 对经济部分提出了增补意见。在此一并表示感谢，没有上述诸位不遗余力的意见和建议，书稿难以呈现在读者面前。

我们深知，本书仅仅是巴西研究手册的初步尝试，权当在本领域抛砖引玉，期待更多同行加入我们，共同完善相关内容和体例。

目录

第一编 里层

文化（Cultura）37

社会（Sociedade）53

第二编　中间层

民族（Etnia）70

家族（Famílias）81

宗教（Religião）93

媒体（Mídia） 117

第三编　外层

军事（Defesa）207

外交（Relações Internacionais） 225

第四编 附件

美国的巴西研究（Pesquisas sobre Brasil nos Estados Unidos） 242

巴西的中国研究（Estudo Chinês do Brasil）309

中国的巴西研究（Pesquisas sobre Brasil na China） 335

第一编
·
里层

历史
（**História**）

一 组织机构（Organizações/Órgãos）

（一）政府部门（Setores Governamentais）

1. 巴西文学院（Academia Brasileira de Letras, ABL）

简介：该机构是一个巴西文学机构，成立于 1897 年 7 月 20 日，总部位于里约热内卢（Rio de Janeiro），负责出版具有重大历史和文学价值的作品，并授予多个文学奖项。

网址：https://www.academia.org.br/

2. 里约热内卢文学院（Academia Carioca de Letras）

简介：成立于 1926 年 4 月 8 日，是里约热内卢州的一个文学文化协会，总部设在里约，其宗旨是宣传民族语言和文学文化，有 40 名正式或永久成员，采用与巴西其他学院相同的传统标准。其前身为佩德罗二世学院，是一所拥有独立和完整架构的学术研讨机构，有较悠久的学术继承传统。

网址：http://www.academiacariocadeletras.org.br/

（二）公共机构（Instituições Públicas）

1. 国家历史博物馆（Museu Histórico Nacional）

简介：国家历史博物馆重点介绍巴西的历史，内容跨越史前巴西时期（pré-história do Brasil）到当代巴西的历史。该馆是巴西最重要的历史博物馆之一，也是一个在博物馆学和文化遗产领域的知识生产中心。博物馆还保存了一系列出版物，创建以来，国家历史博物馆一直致力于生产和传播历史、遗产和博物馆学领域的知识。

网址：http://mhn.museus.gov.br/

2. 圣保罗人博物馆（Museu do Ipiranga）

简介：该博物馆是圣保罗市（Cidade de São Paulo）最古老的公共博物馆，也是圣保罗大学（Universidade de São Paulo）最重要的博物馆，作为一个科学、文化和教育机构，在历史领域开展研究、教学和推广活动。该博物馆收集了许多有关圣保罗历史的藏品以及与巴西独立和相应历史时期有关的物品。

网址：http://museudoipiranga2022.org.br/

（三）国际组织（Organizações Internacionais）

1. 拉丁美洲和加勒比历史学家协会（Associação de Historiadores Latino-Americanos e do Caribe-Seção Brasileira, ADHILAC-Brasil）

简介：协会旨在汇集、加工和传播与拉丁美洲与加勒比历史学家的工作、教学、意识相关的信息。

网址：http://adhilac-brasil.org/

2. 欧洲科学院（Academia Europaea, AE）

简介：创立于 1988 年，总部位于英国伦敦，是国际上跨地域和学术领域最广泛、学术地位最高、影响最大的科学组织之一。学院在人文、法律、经济、社会和政治科学、数学、医学，以及自然科学和技术科学领域传播卓越的学术成果。

网址：https://www.ae-info.org/

二 学术研究（Pesquisa Acadêmica）

（一）科研机构（Instituições Científicas）

1. 巴西当代历史文献研究中心（Centro de Pesquisa e Documentação de História Contemporânea do Brasil, CPDOC）

简介：该中心是一个研究机构，从事社会科学、政治学、国际关系和历史领域的多学科研究，拥有巴西当代历史文献数据库。该中心隶属于瓦加斯基金会（Fundação Getúlio Vargas，FGV）。2013 年，该中心正式成为瓦加斯基金会的社会科学学院（Escola de Ciências Sociais）。

网址：http://cpdoc.fgv.br/

2. 全国历史协会（Associação Nacional de História, ANPUH）

简介：该协会是一个非营利性民间协会，代表所有在历史领域工作的专业人士，促进历史的研究和教学。ANPUH 每两年举办一次全国历史研讨会，这也是巴西和拉丁美洲历史领域规模最大、最重要的活动。全国会议期间，各地区分会组织各自的州会议。

网址：https://anpuh.org.br/

3. 巴西历史和地理研究所（Instituto Histórico e Geográfico Brasileiro, IHGB）

简介：该研究所主要收集、整理、存档以及出版与巴西历史相关的文件，以及鼓励公共教育事业的历史研究。研究所支持其成员和世界其他地区的类似实体的研究和工作，还允许对所内大量收藏进行研究。

网址：https://www.ihgb.org.br/

4. 圣保罗历史和地理研究所（Instituto Histórico e Geográfico de São Paulo, IHGSP）

简介：该研究所是一个非营利性的科学文化民间团体，其主要目标是促进历史、地理、科学及相关艺术的研究、学习和传播，其研究内容主要涉及与圣保罗州（Estado de São Paulo）及其历史投影有关的内容。IHGSP 向公众推广开放的课程和会议，出版文化杂志，并向公众和研究人员开放大量的馆藏。

网址：http://ihgsp.org.br/

5. 伯南布哥考古、历史和地理研究所（Instituto Arqueológico Histórico e Geográfico Pernambucano, IAHGP）

简介：该研究所是一个促进巴西伯南布哥州历史、地理、文化和社会科学研究和保护的机构；是巴西最古老的地区历史研究所，保卫伯南布哥人民历史和文化的据点；也是继巴西历史和地理研究所之后第二个专门研究历史的机构。

网址：https://iahgp.wordpress.com/

6. 阿拉戈斯历史地理研究所（Instituto Histórico e Geográfico de Alagoas, IHGAL）

简介：该研究所是一个民间社会组织，致力于历史、地理和社会科学各个领域的研究和学习。该研究所保存着与阿拉戈斯州历史相关的重要收藏，如与奴隶制和废奴运动有关的文件和物品等。研究所通过收藏、捐赠和收购等方法，收集了富有表现力的历史学、民族学和考古学的藏品。

网址：http://ihgal.com.br/

7. 圣卡塔琳娜历史和地理研究所（Instituto Histórico e Geográfico de Santa Catarina, IHGSC）

简介：该研究所是一个具有科学和文化特色的机构，旨在研究、调查、解释和传播与圣卡塔琳娜州（Estado de Santa Catarina）有关的民族学、考古学、系谱学以及其他历史地理领域的科学。

网址：https://www.ihgsc.org/

8. 巴伊亚地理和历史研究所（Instituto Geográfico e Histórico da Bahia, IGHB）

简介：该研究所是一个非营利性民间社会组织，旨在促进地理、历史和相关科学知识的研究、发展和传播，以及保护和保存巴伊亚及巴西的历史和艺术遗产。该研究所还举办以巴伊亚历史和文化为主题的讲座和研讨会。

网址：https://www.ighb.org.br/

9. 塞阿拉研究所（Instituto do Ceará）

简介：该机构研究和传播历史学、地理学、人类学和相关科学，特别是与塞阿拉（Ceará）有关的科学。研究所内设的图书馆、博物馆供大众了解塞阿拉的历史，并用于修复和保护实验室，储存属于研究所的书籍或文件。

网址：http://www.institutodoceara.org.br/

10. 帕拉伊巴历史和地理研究所（Instituto Histórico e Geográfico Paraibano, IHGP）

简介：该研究所是一个旨在促进和传播关于帕拉伊巴州历史、地理和相关科学研究的非营利性机构。该研究所设有 Humberto Nóbrega 礼堂、Ernani Sátyro 博物馆、Flavio Maroja 档案馆和 Irineu Pinto 图书馆等，供开展、查找与帕拉伊巴州历史相关的活动或书籍文献。

网址：https://www.ihgp.net/

11. 北里奥格兰德历史和地理研究所（Instituto Histórico e Geográfico do Rio Grande do Norte, IHGRGN）

简介：该研究所收藏了该州的历史、文化方面的文献资料，旨在通过展览、讲座和其他活动，维护和传播北里奥格兰德州文化、历史和地理知识。研究所内设有 LABIM/UFRN 存储库，供读者在线检索历史书籍和由 IHGRN 出版的杂志。

网址：https://www.ihgrn.org.br/

12. 南里奥格兰德历史和地理研究所（Instituto Histórico e Geográfico do Rio Grande do Sul, IHGRGS）

简介：该研究所旨在促进对南里奥格兰德州历史、地理和相关领域知识的研究和调查。它通过文献基金（fundos documentais）和书目收藏来保存南里奥格兰德的记忆。直到 20 世纪 50 年代，IHGRGS 是该州生产和传播历史知识的主要机构。IHGRGS 于 1935 年、1937 年、1940 年和 1945 年分别举行了四次全国历史地理大会，来自历史、地理和人文社会科学知识领域的学者以及该国大学和文化机构的代表进行了探讨和交流，在大会上形成的作品、论文和提交的通讯发表在其年鉴上。

网址：https://www.ihgrgs.org.br/

13. 南里奥格兰德州全国历史协会（Associação Nacional de História-Seção Rio Grande do Sul, ANPUH-RS）

简介：该协会是全国历史协会（Associação Nacional de História, ANPUH）下的州协会，成立于 1979 年，并于 1994 年重组。协会从事历史特定主题的研究。ANPUH 在该州的主要科研活动是州历史会议，每两年或几年举行一次。

网址：https://www.anpuh-rs.org.br/

（二）高校机构（Instituições de Ensino Superior）

1. 历史文献研究中心（Centro de Documentação e Pesquisa em História, CDHIS）

简介：该中心是乌贝兰迪亚联邦大学（Universidade Federal de Uberlândia）历史研究所（Instituto de História）的一个分支机构，旨在保护机构和保存区域记忆，并提供有关保存集体记忆的知识。研究所不仅旨在保存、组织和恢复历史文献，而且开展研究、推广课程、展览文献以及许多其他扩展活动。文献馆藏由摄影记录、地区和国家报纸、地图库、视频库和电影库组成。所有这些材料都可供公众研究和咨询。

网址：http://www.inhis.ufu.br/unidades/centro/centro-de-documentacao-e-pesquisa-em-historia

2. 伊图共和国博物馆（Museu Republicano de Itu）

简介：该博物馆也被称为共和国博物馆（Museu Republicano），是一个专门研究旧共和国时期的博物馆。该馆附属于圣保罗大学保利斯塔博物馆（Museu Paulista da Universidade de São Paulo）。博物馆会举行一些与历史和文化遗产有关的研究、教学和推广活动。

网址：https://museurepublicano.usp.br/

3. 圣保罗大学巴西研究所（Instituto de Estudos Brasileiros, IEB）

简介：该研究所是圣保罗大学（Universidade de São Paulo）下设的一个专门教学、研究和推广单位，于1962年在塞尔吉奥·布阿尔克·德·霍兰达（Sérgio Buarque de Holanda）教授的倡议下成立，是研究和记录巴西历史和文化的多学科中心。该研究所开设与巴西历史和文化有关的扩展课程、本科和研究生课程，并举办相关研讨会和展览。

网址：https://www.ieb.usp.br/

4. 拉丁美洲历史研究中心（Centro de Estudos de História da América Latina, CEHAL）

简介：该研究中心是由圣保罗天主教大学历史系（Departamento da História da Pontifícia Universidade Católica de São Paulo）打造的学术信息研究中心。研

究中心本着了解历史、分析现在、思考未来的态度研究和传播与拉丁美洲有关的历史。

网址：https://www.pucsp.br/cehal

5. 美国天主教大学图书馆（Oliveira Lima Library）

简介：该图书馆收藏了研究葡萄牙和巴西历史文化的书籍、手稿、小册子、地图、照片和艺术品。其中 4 万册的原始藏书是巴西外交官、历史学家和记者曼努埃尔·德·奥利维拉·利马（Manuel de Oliveira Lima）的个人藏书。如今，Gale 与该图书馆的合作，使其收藏资源数字化，因此可以访问越来越多珍稀独特的小册子。该图书馆通常被认为是美国最好的葡萄牙—巴西资料收藏中心。

网址：https://libraries.catholic.edu/special-collections/oliveira-lima-library

（三）重要学者（Pesquisadores）

1. 鲍里斯·福斯托（Boris Fausto）

简介：巴西历史学家，曾在圣保罗大学（Universidade de São Paulo，USP）担任法律顾问。他主要研究巴西共和时期的政治历史、巴西的大规模移民、圣保罗的犯罪和犯罪行为以及专制思想。并经常为一些国家期刊撰写文章，如《圣保罗页报》（Folha de São Paulo）。

代表作：《巴西简史》（História Concisa do Brasil）；《巴西历史》（História do Brasil）；《1930 革命》（A Revolução de 1930）

研究领域：巴西共和国时期、权威主义、巴西殖民时代、巴西君主制、巴西共和党。

2. 塞尔吉奥·布阿尔克·德·霍兰达（Sérgio Buarque de Holanda）

简介：巴西历史学家、社会学家和作家，也是文学评论家、记者，劳工党（Partido dos Trabalhadores）的创始人之一。

代表作：《巴西之根》（Raízes do Brasil）；《从帝国到共和国》（Do Império à República）；《巴西文明通史》（História Geral da Civilização Brasileira）

研究领域：巴西殖民时代、巴西通史、殖民扩张、巴西君主制、权力结构和经济。

3. 莉莉娅·施瓦茨（Lilia Schwarcz）

简介：巴西历史学家和人类学家，拥有圣保罗大学（USP）历史学学士学位和社会人类学博士学位，目前是该大学哲学、文学和人文学院全职教授。她还是 Companhia das Letras 出版社的创始人。

代表作：《种族与多样性》（Raça e diversidade）；《皇帝的胡子：热带君主佩德罗二世》（As Barbas do Imperador: D. Pedro Ⅱ, um monarca nos trópicos）；《国王图书馆的漫长旅途》（A Longa AViagem da Biblioteca dos Reis）；《传记》（Uma Biografia）（和 Heloisa Murgel Starling 共同创作）

研究领域：人类学、历史学、巴西的专制主义。

4. 海洛伊莎·穆格尔·斯塔林（Heloisa Murgel Starling）

简介：巴西历史学家、大学教授、研究员和作家，米纳斯吉拉斯联邦大学历史系（Departamento de História da Universidade Federal de Minas Gerais）全职教授，是巴西独裁政权和共和国研究领域的全国性权威。

代表作：《传记》（Uma Biografia）（和 Lilia Schwarcz 共同创作）；《巴西的回忆》（Lembranças do Brasil）；《死亡舞者》（A bailarina da morte）；《歌颂共和国》（Decantando a República）

研究领域：政治理论、历史、社会传播。

5. 塞西莉亚·海伦娜·洛伦齐尼·德·萨莱斯·奥利维拉（Cecília Helena Lorenzini de Salles Oliveira）

简介：圣保罗大学历史系（Departamento de História da Universidade de São Paulo）研究员和历史学家，在巴西历史研究领域作出了突出的贡献。他主要研究巴西独立时期、巴西帝国、国家博物馆的历史，以及历史和历史记忆之间的关系，并在 2008 年至 2012 年担任圣保罗博物馆（Museu Paulista）馆长。

代表作：《巴西的君主制、自由主义和商业：1780—1860》（Monarquia, Liberalismo e Negócios no Brasil: 1780—1860）

研究领域：巴西君主制、自由主义、巴西独立时期。

6. 路易斯·费利佩·德·阿伦斯特罗（Luiz Felipe de Alencastro）

简介：巴西历史学家和政治学家，多部史学著作的作者或合著者。他毕业于普罗旺斯地区艾克斯政治学院（Instituto de Estudos Políticos de Aix-en-

Provence）历史和政治学专业，自 2000 年起，担任巴黎索邦大学（Universidade de Paris-Sorbonne）巴西历史系正教授。

代表作：《巴西的私人生活史》（História da Vida Privada no Brasil）（与 Laura de Mello e Souza 合著）；《帝国的政治家》（Um estadista do Império）；《生者条约》（O Tratado dos Viventes）

研究领域：奴隶制、南大西洋历史、现当代巴西历史。

7. 劳拉·德·梅洛·索萨（Laura de Mello e Souza）

简介：巴西历史学家和大学教授，目前是巴黎索邦大学（Universidade Sorbonne）巴西历史系教授。

代表作：《人民政府》（O Governo dos Povos）；《巴西的私人生活史》（História da Vida Privada no Brasil）（与 Luiz Felipe de Alencastro 合著）

研究领域：巴西历史。

（四）学术期刊（Revistas Acadêmicas）

1. 历史研究（Estudos Históricos）

简介：每四个月出版一次，由瓦加斯基金会（Fundação Getúlio Vargas）出版，每期都设定一个特定主题，旨在出版巴西国内外学界在历史、社会科学和其他相关领域的研究人员的未发表作品，具有历史视角和跨学科的特点。该期刊与 CPDOC/FGV 的历史、政治和文化研究生课程（PPHPBC）相关联，在历史和跨学科领域的 Qualis Capes 中被归类为 A1 类。

网址：http://bibliotecadigital.fgv.br/ojs/index.php/reh/index

2. 巴西历史和地理研究所杂志（Revista do Instituto Histórico e Geográfico Brasileiro, RIHGB）

简介：季刊，旨在研究和宣传巴西研究所的社会团体，以及历史学家、地理学家、人类学家、社会学家、建筑师、民族学家、考古学家、博物馆学家和文献学家的贡献。

网址：https://www.ihgb.org.br/publicacoes/revista-ihgb.html

3. 历史档案杂志（Cadernos de História）

简介：人文社科期刊（半年刊）。目前，该期刊由乌贝兰迪亚联邦大学

（Universidade Federal de Uberlândia）历史教学实验室（Laboratório de Ensino e Aprendizagem em História）和 Escola de Educação Básica-ESEBA 出版，由历史文献和研究中心（Centro de Documentação e Pesquisa em História）制作。该刊致力于将教学、研究和推广领域视为不可分割的政治教育项目，传播与历史领域有关的科学作品，促进对历史和相关主题的批判性思考。

网址：http://www.seer.ufu.br/index.php/cadernoshistoria/index

4. 巴西历史杂志（Revista Brasileira de História）

简介：四月刊，由全国历史协会（Associação Nacional de História）出版，发表历史领域的原创文章、采访和评论，致力于传播巴西历史研究中最具表现力的成果，以此为研究国家史学的演变提供参考。

网址：https://anpuh.org.br/index.php/revistas-anpuh/rbh

5. 今日历史杂志（Revista História Hoje）

简介：半年刊，由全国历史协会（Associação Nacional de História）出版，致力于传播以历史、历史教学和教师培训之间的联系为主题的研究项目和经验成果。

网址：https://anpuh.org.br/index.php/revista-historia-hoje

6. 巴西年鉴（Almanack Braziliense）

简介：半年刊，主要出版关于 18 世纪和 19 世纪巴西和葡萄牙历史的作品，重点关注一个特定问题：葡萄牙语世界的国家和民族形成过程。该刊由圣保罗研究基金会（FAPESP）资助并由圣保罗大学巴西研究所（Instituto de Estudos Brasileiros da Universidade de São Paulo）主办。

网址：https://www.revistas.usp.br/alb

7. 历史杂志（Revista de História, RH）

简介：历史评论期刊，发表历史学家评论、访谈和批判性文章，还出版其他人文学科领域的文章。该期刊不仅传播巴西的大学研究成果，还在历史学领域吸纳更多有建设性的公众意见。

网址：https://www.revistas.usp.br/revhistoria

8. 西洛格斯杂志（Revista Sillogés）

简介： 由南里奥格兰德州全国历史协会（ANPUH-RS）的 GT Acervos 组织出版的历史杂志，旨在讨论用于研究的藏品、文件和历史场所。此外，该杂志公开博物馆学、档案学、教育、艺术史和视觉艺术领域的稿件信息。该杂志主要传播对不同形式藏品的研究成果，以构建新的知识。

网址： https://historiasocialecomparada.org/revistas/index.php/silloges/index

9. 南里奥格兰德州史学文集（Coleção Historiográfica Sul-Rio-Grandense）

简介： 2020 年开始，该文集由南里奥格兰德州全国历史协会（ANPUH-RS）出版，目的是拯救对南里奥格兰德州历史研究至关重要但从未出版的作品。收藏的文件集旨在向公众提供手写或印刷资源，以及难以获取的书目副本，收藏的文件侧重于葡萄牙和巴西主题历史和文学领域。

网址： https://www.edicoesbibliotecariograndense.com/

10. 巴西和葡萄牙历史和文化：奥利维拉利马图书馆（Brazilian and Portuguese History and Culture: The Oliveira Lima Library）

简介： 该数据库合集来自巴西外交官、历史学家和记者曼努埃尔·德·奥利维拉·利马（Manoel de Oliveira Lima）的私人图书馆。如今，Gale 与该图书馆进行合作，将其收藏资源数字化，因此可以访问越来越多珍稀和独特的书册。两个部分的介绍如下。

Part I: Pamphlets

第一部分共计收录 80000 多页书册，涵盖巴西和葡萄牙从 19 世纪到 20 世纪晚期的历史、政治、技术、社会事件和文化。奥利维拉·利马图书馆是巴西外交官、历史学家和记者曼努埃尔·德·奥利维拉·利马的私人图书馆，被学者们誉为最好的葡萄牙—巴西文献资源。

Part Ⅱ: Monographs

第二部分收录近一百万页专著，涉及从 16 世纪中期到 20 世纪巴西和葡萄牙的历史、原住民、国际关系、生态、经济发展、医疗和公共卫生、文学等领域的相关内容。

网址： https://www.gale.com/intl/primary-sources/brazilian-and-portuguese-history-and-culture

（五）历史协会（Associações de História）

1. 国家历史协会（Associação Nacional de História, ANPUH）

简介：1961 年 10 月 19 日，全国大学历史教师协会（Associação Nacional dos Professores Universitários de História，ANPUH）在圣保罗州的马里利亚市（Marília）成立。该组织旨在促进历史教学和研究的专业化。该组织从 1993 年起更名为国家历史协会（Associação Nacional de História），但将其首字母缩写保留了 50 多年。该协会每两年举办一次全国历史研讨会，是巴西和拉丁美洲历史领域规模最大、最重要的活动。

网址：https://anpuh.org.br/

2. 巴西历史教学协会（Associação Brasileira de Ensino de História, ABEH）

简介：巴西历史教学人员的全国性组织，负责组织和推广历史教学活动，并从事历史教学研究。

网址：https://www.abeh.org.br/

三　电子资源（Recursos Eletrônicos）

（一）数据库（Banco de Dados）

1. 巴西历史网站（História do Brasil）

简介：该网站总结了巴西殖民时期、帝国时期和共和国时期的历史，可供大众了解巴西历史形成的主要过程。

网址：https://www.historiadobrasil.net/

2. 巴西期刊数据库（Hemeroteca Digital Brasileira）

简介：该网站是一个国家期刊门户网站，允许大众通过互联网访问巴西报纸、杂志、年鉴、公报和系列出版物等。

网址：http://bndigital.bn.br/hemeroteca-digital/

3. 国家档案馆（Arquivo Nacional）

简介：国家档案馆是司法和公共安全部下属机构，负责保存和传播联邦行政部门文件，也包括立法和司法部门以及私人和法律实体文件。国家档案馆保管的文件向所有公民开放，也向来自不同知识领域的研究人员开放。该馆藏有16—21世纪的文献，出版《国家档案馆杂志》（Revista do Arquivo Nacional）。

网址：https://www.gov.br/arquivonacional/pt-br/

4. 巴西公共管理记忆（Memória da Administração Pública Brasileira）

简介：该数据库从属于巴西国家档案馆（Arquivo Nacional），收录诸多巴西联邦部门历史资料。

网址：http://mapa.an.gov.br/

5. 巴西军政府档案（Arquivos da Ditadura）

简介：该档案收藏诸多巴西军政府时期的资料。

网址：https://arquivosdaditadura.com.br

6. 巴西历史传记词典（Dicionário Histórico-Biográfico Brasileiro, DHBB）

简介：该词典由瓦基斯基金会（FGV）编辑出版，提供了三本关于巴西政治的百科全书。《第一共和国历史传记词典》（Dicionário Histórico-Biográfico da Primeira República，DHBPR）提供了从1889年共和国独立到1930年革命期间的数据；《巴西历史传记词典》（Dicionário Histórico-Biográfico Brasileiro，DHBB）提供1930年后至今的数据；以及《里约热内卢共和国政策词典》（Dicionário da Política Republicana do Rio de Janeiro，DPRRJ），介绍了自《共和国宣言》（Proclamação da República）以来里约热内卢州和里约热内卢市的历史资料。

网址：https://cpdoc.fgv.br/acervo/dicionarios/dhbb

7. 巴西历史地图集（Atlas Histórico do Brasil- FGV）

简介：该历史地图集由瓦加斯基金会巴西当代历史文献与研究中心（Centro de Pesquisa e Documentação de História Contemporânea do Brasil，FGV）出版，包含从巴西被殖民以来的诸多珍稀历史地图。

网址：https://atlas.fgv.br/

8. 教育世界（Mundo Educação）

简介：教育世界创立于 2005 年，是巴西发展最快的教育门户网站，属于奥米尼亚网站（Rede OMNIA）下设置的分栏，提供不同教育水平的研究内容，所发布的内容主要针对基础教育与中等教育的学生。网站拥有多种类型的巴西历史资料。

网址：https://mundoeducacao.uol.com.br/historiadobrasil

9. 美国国会图书馆（Library of Congress）

简介：美国国会图书馆藏有大量巴西方面的资料，主要包括早期出版物和不同年份的地图。

网址：https://www.loc.gov/search/?in=&q=brazil&new=true&st

10. 杜兰大学数字图书馆（Tulane University Digital Library）

简介：该图书馆的"拉丁美洲早期图像"系列构成了一部引人入胜的纪录片，展示了从 19 世纪中叶到 1910 年前后拉丁美洲城市和农村地区的人民生活。该系列收藏了来自杜兰大学拉丁美洲图书馆摄影档案的 1800 多幅图像，包括河流、海洋和陆地运输、旅游、农业生产、艺术和建筑、工业化、城市中心的日常生活、植物园和公园、自然景观等方面的图像。

网址：https://digitallibrary.tulane.edu/

（二）网站（Sites）

1. 巴西学校（Brasil Escola）

简介：巴西学校是巴西最大的教育门户网站，涉及各个学科的教学视频以及测试练习，其中包括巴西各时期的历史教学。此外，还有专门为巴西全国统一考试准备的试题及答案解析。

网址：https://brasilescola.uol.com.br/

地理
（Geografia）

一 组织机构（Organizações/Órgãos）

（一）政府部门（Setores Governamentais）

1. 巴西环境与气候变化部（Ministério do Meio Ambiente, MMA）

简介： 巴西环境与气候变化部于 1992 年 11 月成立，旨在促进自然环境保护和恢复、自然资源的可持续利用、环境服务的评估和战略的实施。巴西环境与气候变化部以横向、共享、参与和民主的方式，在政府和社会的各个层面和实例中将可持续发展纳入公共政策的制定和实施。

网址：https://www.gov.br/mma/pt-br

2. 巴西能矿部（Ministério de Minas e Energia, MME）

简介： 巴西能矿部于 1960 年 7 月 22 日创立，是巴西能源领域的统一管理部门，负责全国的矿产资源、油气资源、水资源、电力工业及核能工业的开发管理工作。巴西能矿部制定和执行国家的矿业政策，执行国家的矿业法律和法规，对矿山开采活动进行监督管理。该部设有国家矿业生产局、国家石油管理局和国家电力管理局。

网址：https://www.gov.br/mme/pt-br

3. 巴西农牧业部（Ministério da Agricultura e Pecuária, MAPA）

简介： 巴西农牧业部负责管理和制定农业的公共政策，促进农业综合企业发展，并对与该部门相关的服务进行监管和标准化管理。

网址：https://www.gov.br/agricultura/pt-br

4. 巴西基础设施部（Ministério da Infraestrutura, MINfra）

简介： 巴西基础设施部是由原交通运输部（Ministério dos Transportes）演化而来，在雅伊尔·博索纳罗（Jair Bolsonaro）当选总统后，该机构赋予与交通有关的新职责，受巴西联邦政府直接管理，负责执行国家交通和运输（包括航空、铁路、公路和水路，以及机场和港口基础设施等）政策。

网址：https://www.gov.br/infraestrutura/pt-br

（二）公共机构（Instituições Públicas）

1. 奇科·门德斯生物多样性保护研究所（Instituto Chico Mendes de Conservação da Biodiversidade, ICMBio）

简介： 奇科·门德斯生物多样性保护研究所创建于 2007 年 8 月 28 日，是一个独立机构，与环境部息息相关，并被纳入国家环境系统（Sistema Nacional do Meio Ambiente，Sisnama）。

网址：http://www.icmbio.gov.br/

2. 巴西环境和可再生自然资源研究所（Instituto Brasileiro do Meio Ambiente e dos Recursos Naturais Renováveis, IBAMA）

简介： 巴西环境和可再生自然资源研究所在 1989 年 2 月 22 日颁布的第 7735 号法令的基础上创建，是与巴西环境与气候变化部（MMA）相关的联邦机构。该研究所负责国家环境政策（Política Nacional do Meio Ambiente）的实施，并开展各种活动以保存自然遗产与控制和监测自然资源（水、植物、动物、土壤等）的使用情况。

网址：http://www.ibama.gov.br/

3. 巴西国家矿业局（Agência Nacional de Mineração, ANM）

简介： 巴西国家矿业局于 2017 年 12 月 27 日创建，由国家矿产生产部（Departamento Nacional de Produção Mineral）演化而来，隶属于巴西能矿部，负责管理采矿活动和巴西矿产资源，但碳氢化合物和核物质除外。

网址：https://www.gov.br/anm/pt-br

4. 巴西电力监管局（Agência Nacional de Energia Elétrica, ANEEL）

简介：巴西电力监管局是隶属于巴西能矿部（MME）的特殊制度管理机构，于 1997 年 12 月开始运行，主要负责规范电能的生产、传输、分配，规范电力领域的商业化进程。该局直接或通过与国家机构达成协议，颁发和管理电力能源许可证，并提供相关服务。此外，该局还执行联邦政府关于电力开发和利用水力潜能的政策，指导相关工作。

网址：https://www.gov.br/aneel/pt-br/

5. 巴西国家陆路运输局（Agência Nacional de Transportes Terrestres, ANTT）

简介：该局在第 10233 号法令的基础上设立，是一个特殊体制下的机构，在各州设立检查站，其目的是规范和监督利用地面基础设施提供服务的第三方的活动。

网址：https://www.gov.br/antt/pt-br

6. 巴西地质调查局（Serviço Geológico do Brasil, SGB / CPRM）

简介：巴西地质调查局是一家公共企业，在 1969 年 8 月 15 日第 764 号法令的基础上成立，于 1970 年 1 月 30 日开始运作。该局隶属于巴西能矿部，旨在创造和传播地理科学知识，为提高巴西的生活质量和可持续发展水平作出贡献。

网址：http://www.cprm.gov.br/

7. 巴西国家地理统计局（Instituto Brasileiro de Geografia e Estatística, IBGE）

简介：巴西国家地理统计局于 1973 年 5 月 11 日成立，与经济部相关，负责协调巴西统计体系。作为巴西官方统计数据的主要发布者，该统计局主要负责统计信息（包括人口、经济和社会）、地理信息、制图信息、大地测量信息，以及与自然资源和环境相关信息的生产、分析和发布。

网址：http://www.ibge.gov.br/home/

巴西地图网址：http://mapas.ibge.gov.br/en/

8. 巴西环境与水资源研究所（Instituto do Meio Ambiente e Recursos Hídrico, Inema）

简介：巴西环境与水资源研究所是巴伊亚州的一个间接公共管理机构，根据 2011 年 5 月 4 日第 12212 号法律创建，该法律将巴伊亚州的环境和水资源系统整合在一起。该研究所负责执行国家环境和生物多样性保护政策、国家水资源政策、国家环境教育政策和国家气候变化政策。

网址：http://www.inema.ba.gov.br/

9. 巴西国家空间研究院（Instituto Nacional de Pesquisas Espaciais, INPE）

简介：巴西国家空间研究院是隶属于科学、技术和创新部（Ministério da Ciência, Tecnologia e Inovações，MCTI）的研究单位。该研究院主要研究太阳、宇宙、行星际环境和近地空间的人类活动对地球的影响，监测巴西生物群落。它负责卫星数据的开发和运营，用于监测火灾和森林砍伐，以及监控农业和畜牧业的扩张。

网址：https://www.gov.br/inpe/pt-br

10. 国家粮食和营养安全委员会（Conselho Nacional de Segurança Alimentar e Nutricional, Consea）

简介：国家粮食和营养安全委员会于2003年5月28日创建，是国家粮食和营养安全体系（SISAN）的组成部分。它是总统咨询机构，由民间社会和政府的代表组成，旨在制定、执行、监测和评估关于粮食和营养安全的公共政策。

网址：https://www.gov.br/secretariageral/pt-br/consea

11. 巴西国家环境委员会（Conselho Nacional do Meio Ambiente, CONAMA）

简介：该机构成立于1981年，负责制定环境许可的制度和相关标准，以及设立环境污染控制的标准。委员会由联邦及州和市政府的代表、商界代表、非政府组织代表和社会代表组成。

网址：http://conama.mma.gov.br

（三）社会组织（Organizações Sociais）

1. 亚马孙人类与环境研究所（Instituto do Homem e Meio Ambiente da Amazônia, Imazon）

简介：亚马孙人类与环境研究所是一家致力于研究和提出解决亚马孙自然资源使用和保护问题的民间非营利性社会组织，旨在促进亚马孙地区的保护和可持续发展。

网址：https://imazon.org.br/

2. 巴西亚马孙地球之友（Amigos da Terra - Amazônia Brasileira）

简介：巴西亚马孙地球之友组织自 1989 年以来一直在巴西领土上运作，促进森林产品的可持续利用、防火、为偏远社区提供服务、制定和监测公共政策等。它通过创新活动，在公共政策、市场、当地社区中发挥重要作用。旨在促进国家可持续发展的项目和活动的开展，特别关注亚马孙地区和环境遗产的估值；采取行动制定、监测和讨论公共政策，以保护分散的利益，特别关注环境保护；从环境和社会角度刺激可持续性活动。

网址：https://amigosdaterra.org.br/

3. 亚马孙环境研究所（Instituto de Pesquisa Ambiental da Amazônia, IPAM）

简介：亚马孙环境研究所成立于 1995 年，总部位于巴西利亚，是一个非政府和非营利的科学组织，一直致力于亚马孙的可持续发展。该组织旨在通过生产知识、实施地方倡议和对公共政策的影响，巩固亚马孙的热带发展模式，以影响经济发展、社会平等和保护环境。

网址：https://ipam.org.br/

4. 亚马孙基金（Fundo Amazônia）

简介：亚马孙基金主要从事资助、预防、监测和打击森林砍伐，以及保护森林和可持续性开发的相关活动。除了巴西国家石油公司（Petrobras）的资助，基金的资金主要来自挪威和德国的捐款。

网址：https://www.fundoamazonia.gov.br/pt/home/

5. 环境监督机构气候观察站（Observatório do Clima）

简介：气候观测站是巴西民间社会环境组织网络，该网络于 2002 年由热图利奥·瓦加斯基金会成立，得到了许多科学家及科学家组织的支持与合作，宗旨是研究和探讨可持续发展问题与全球变暖问题。

网址：https://www.oc.eco.br

6. 社会环境研究所（Instituto Socioambiental, ISA）

简介：巴西非政府组织，成立于 1994 年，其任务是提出和促进解决社会和环境问题的办法，该组织的关注重点是环境保护、文化遗产、人权、土著人民和巴西其他传统社区多个领域。

网址：https://www.socioambiental.org

7. 气候观察组织（Observatório do Clima）

简介：2002 年 3 月 22 日至 23 日，热图利奥·瓦加斯基金会（Fundação Getúlio Vargas）组织了一场会议。会上，26 家环保组织经过热烈讨论，决定成立气候观察组织。其成员包括热图利奥·瓦加斯基金会、巴西亚马孙地球之友、亚马孙人类与环境研究所（Imazon）等非政府组织。该机构密切关注巴西的气候和环境问题，致力于推动建立一个脱碳、平等、繁荣和可持续发展的巴西。

网址：https://www.oc.eco.br

8. 气候政策智库塔拉诺阿研究所（Instituto Talanoa）

简介：塔拉诺阿研究所是一个独立的民间组织，总部设在里约热内卢。该组织的名字"塔拉诺阿"是斐济语，意为不要互相指责，要互相信任，以集体利益为重，这个词语因为 2017 年联合国气候大会主席国斐济的号召而在全球流行。塔拉诺阿研究所以该词为名字，致力于通过数据、科学和对话等多方式号召、推进气候保护运动。

网址：https://institutotalanoa.org

9. 世界天气归因组织（World Weather Attribution, WWA）

简介：该组织成立于 2015 年，目标是通过使用天气观测和气候模型来理解气候变化如何影响极端天气事件的强度和可能性。截至目前，该组织已对热浪、极端降雨、干旱、洪水、野火和寒潮进行了 50 多项归因研究。

网址：https://www.worldweatherattribution.org/

10. 巴西历史和地理研究所（Instituto Histórico e Geográfico Brasileiro, IHGB）

简介：巴西历史和地理研究所是一家非营利性的文化机构。1838 年 10 月 21 日，研究所正式成立，并正式公布理事会成员。该所的首要目标是收集、整理、出版或归档关于巴西的历史和地理状况的必要性文件。研究所的目标持续至今，并根据国家和国际形势的变化加以调整，目前已经扩展到了其他社会科学领域。

网址：https://www.ihgb.org.br/

11. 巴伊亚地理和历史研究所（Instituto Geográfico e Histórico da Bahia, IGHB）

简介： 巴伊亚地理和历史研究所成立于 1894 年 5 月 13 日，是巴伊亚州最古老的文化实体，已有 130 年的历史，是一个非营利性民间社会组织，旨在促进地理、历史和相关科学知识的研究、发展和传播。该所拥有巴伊亚州最大的报纸和制图收藏量，同时出版书籍和期刊，并促进与巴伊亚地理和历史相关的会议和大会的开展。

网址：https://www.ighb.org.br/

12. 巴西地理研究协会（Associação dos Geógrafos Brasileiros, AGB）

简介： 巴西地理研究协会是一个非营利性民间实体，会集了地理学家、地理学教授、学生及其他领域的人员，他们与协会宗旨保持一致，关注对科学、哲学、伦理、政治和地理专业知识的认识，为社会提供地理层面的解决方案。

网址：https://agb.org.br/

13. 巴西港口码头协会（Associação Brasileira dos Terminais Portuários, ABTP）

简介： 巴西港口码头协会是一个非营利性组织，总部位于巴西利亚，代表 100 多个各种用途的港口码头，包括专用、混合或公共港口，这些港口承担巴西外贸货运总量的 90%。该协会处理与港口码头活动有关的所有问题，其中主要是与港口码头权利和义务有关的问题。

网址：https://www.abtp.org.br/

14. 全国物流运输工人联合会（Confederação Nacional dos Trabalhadores em Transporte e Logística, CNTTL）

简介： 1989 年 7 月，在工会运动不断受到政府和资产阶级打压的背景下，国家运输工人部（Departamento Nacional dos Trabalhadores em Transportes）成立。2014 年 12 月 18 日，扩大联盟范围的法案获得批准，国家运输工人部转变为全国物流运输工人联合会（CNTTL），旨在对巴西工会进行结构性改革，给予工会自由，保证联合体得到承认和法律合法性，并制定经济发展项目，更好地分配收入，创造更多的就业机会，改善巴西人民的生活条件。

网址：https://cnttl.org.br/

15. **巴西基础设施和基础工业协会**（Associação Brasileira da Infraestrutura e Indústrias de Base, ABDIB）

简介：巴西基础设施和基础工业协会是一个非营利的民间实体组织，旨在推动巴西基础设施和基础工业的发展。该协会主要致力于通过扩大对基础设施和基础工业的投资，促进巴西的经济增长和社会发展，提高商品和服务企业在基础设施和基础工业方面的竞争力，吸引投资，提高巴西公司在全球基础设施市场的参与度。

网址：https://www.abdib.org.br/

16. **巴西电力分销商协会**（Associação Brasileira de Distribuidores de Energia Elétrica, ABRADEE）

简介：巴西电力分销商协会是巴西的一个非营利性民间实体，协会历史始于 1975 年 8 月成立的分配委员会（Comitê de DBtribuição, CODI），旨在促进巴西的电力能源分销部门的发展。

网址：https://www.abradee.org.br/

17. **基建企业行业协会**（MoveInfra）

简介：五家基础设施大型企业 CCR、EcoRodovias、Rumo、Santos Brasil、Ultracargo 发起的行业组织。

网址：https://www.moveinfra.org.br/

18. **东北部联合会**（Consórcio Nordeste）

简介：联合会于 2019 年 3 月由东北部九个州成立，旨在成为该地区以综合方式吸引投资和开发项目的平台，致力于捍卫民主，追求经济增长和促进社会发展。

网站：https://www.consorcionordeste.gov.br

19. **东北部州长论坛**（Fórum dos Governadores do Nordeste）

简介：东北部州长论坛创设于 2000 年，是巴西东北部地区州长的年度论坛，旨在讨论该地区各州的发展行动方案，与联邦政府一起采取行动，促进巴西东北部的一体化发展。

网址：https://www.moveinfra.org.br/cinco-grupos-de-infraestrutura-se-unem-e-fundam-a-moveinfra

20. 巴西粮食和营养主权与安全研究网络（Rede Brasileira de Pesquisa em Soberania e Segurança Alimentar e Nutricional, RBPSSAN）

简介：2017 年 11 月 10 日，第三届全国粮食和营养主权与安全研究会议批准正式成立巴西粮食和营养主权与安全研究网络。该网络是相关领域的研究人员、从业人员和政府官员共同参与的社会组织。

网址：https://pesquisassan.net.br/

21. 世界自然基金会巴西分会（WWF-Brasil）

简介：世界自然基金会巴西分会是巴西的一个非营利性非政府组织，致力于改变目前环境退化的轨迹，为所有人创造一个更公平和更健康的未来。

网址：https://www.wwf.org.br/

二 学术研究（Pesquisa Acadêmica）

（一）科研机构（Instituições Científicas）

1. 气象预测中心（Climate Prediction Center）
简介：气象预测中心隶属美国国家气象局，发布巴西气候预报信息。

网址：https://www.cpc.ncep.noaa.gov/products/JAWF_Monitoring/Brazil/index.shtml

（二）高校机构（Instituições de Ensino Superior）

1. 清华大学中国—巴西气候变化与能源技术创新研究中心（Centro China-Brasil de Mudança Climática e Tecnologias Inovadoras para Energia）

简介：中国—巴西气候变化与能源技术创新研究中心，简称中巴气候与能源中心，是中巴两国政府于 2010 年 4 月委托清华大学与巴西里约热内卢联邦大学（Universidade Federal do Rio de Janeiro, UFRJ）合作建立的非实体研究机构，挂靠化工系。该中心作为中巴气候变化与能源技术创新合作的桥梁，开展气候变化与能源技术创新领域相关研究工作，为中巴友谊和提高气候变化与能源技术创新研究水平作出贡献。

网址：http://www.centrochinabrasil.coppe.ufrj.br/

2.地球科学研究所（Instituto de Geociências, IG）

简介：地球科学研究所于 1979 年 9 月 21 日在 Amilcar Oscar Herrera 教授的协调下成立，是坎皮纳斯州立大学（Universidade Estadual de Campinas, UNICAMP）的教学和研究单位，位于坎皮纳斯市，是巴西最重要的科技发展中心之一。该研究所由以下三个部门组成：地质和自然资源部（DGRN）、地理部（DGEO）与科学和技术政策部（DPCT）。该所采用多学科方法，结合不同学科的知识，吸纳具有不同背景的地球科学专业人士，致力于地球科学与政策和科学技术管理等主题的教学。

网址：https://portal.ige.unicamp.br/institucional

（三）重要学者（Pesquisadores）

1.米尔顿·德·阿尔梅达·多斯·桑托斯（Milton de Almeida dos Santos）

简介：巴西地理学家、知识分子、教师和最伟大的思想家之一，曾任里约热内卢联邦大学（UFRJ）人文地理学教授，获得过多种荣誉奖项和称号，其中包括由巴西十二所大学和七所外国大学共同授予的"荣誉博士"称号。

研究领域：他提倡一种新的地理学方法，在批判地理学和人文地理学领域，深化对公民、领土、人口学、移民和城市地理学等各种主题的研究。他还关注当地现实以及与地理研究背后的人文因素相关的全球化进程，扩大了地理研究领域，并更加重视领土和城市发展的主题。

代表作：《区域研究和地理学的未来》（1953）（Os Estudos Regionais e o Futuro da Geografia）；《新地理学》（1978）（Por uma Geografia Nova）；《领土与社会》（2000）（Território e Sociedade）

2.罗伯托·佩雷斯·泽维尔（Roberto Perez Xavier）

简介：巴西坎皮纳斯州立大学（UNICAMP）地球科学研究所地质与自然资源系的经济地质学教授，地球科学研究所所长。

研究领域：地壳内热液流体的表征和演化，以及对矿床形成和勘探的影响。

代表作："巴西卡拉哈斯巴伊亚河流铜金矿床演变：IOCG 矿化叠加的早期同生黄铜矿"（矿石地质评论，Vol. 111，p. 102993，2019 年）

3. 安娜·路易莎·科埃略·内托（Ana Luiza Coelho Netto）

简介： 美国加利福尼亚大学 / 伯克利分校（Universidade da Califórnia/Berkeley-EUA）地貌学博士后，巴西地貌学联盟（União da Geomorfologia Brasileira）创始成员。目前是里约热内卢联邦大学（UFRJ）地球科学研究所地理系正教授。

研究领域： 水文、侵蚀、地块运动和坡度演化等现象，以及热带地区环境变化和极端降雨事件对地球水文与生态的影响。

代表作： "图尔沃河盆地、南帕拉伊巴河谷中部风化现象的空间变化—帮助了解化学剥蚀和机械剥蚀的平衡"（巴西地貌学杂志，Vol. 17, pp. 111-123，2016 年）（Variação Espacial do Intemperismo na Bacia do Rio Turvo, Médio Vale do Rio Paraíba do Sul（Rj）- Subsídios ao Entendimento do Balanço de Denudação Química e Mecânica）

4. 阿齐兹·纳西布·阿布萨贝尔（Aziz Nacib Ab'Saber）

简介： 1924 年生人，逃离本国冲突的黎巴嫩移民，2012 年 3 月 16 日突发心脏病去世。在地理学、地质学、生态学和考古方面获得了巴西科学的最高奖项。曾多次担任各国政府（包括卢拉总统）的技术顾问，但从未担任过任何政治职务，留下了很多作品，对巴西地理和科学作出了巨大贡献，是巴西最伟大和最重要的地理学家之一。

研究领域： 致力于巴西地貌学、地理空间的研究，专攻地貌学，也关心国家环境问题，开展了几项人文地理和城市与环境规划的研究。

代表理论： 从地形、气候等角度确定了巴西六大地形区（Os Domínios Morfoclimáticos）的划分：Amazon、Caatinga、Cerrado、Mares de Morro、Araucaria 和 Prairies。

（四）学术期刊（Revistas Acadêmicas）

1. 圣保罗大学地理系学报（Revista do Departamento de Geografia, RDG）

简介： 圣保罗大学地理系学报（Revista do Departamento de Geografia da Universidade de São Paulo，RDG）在巴西和国际上传播地理研究成果，由圣保罗大学出版社负责。印刷版（ISSN 0102-4582）自 1982 年（第 1 期）开始出版，从 2010 年（第 20 期）起，该期刊变为电子刊（eISSN 2236-2878）。主要发表

符合不同主题和潮流的原创文章、评论文章和实地考察记录，涉及地理空间的物理、人文和表现维度研究。该刊在发表地理空间分析、社会与自然环境问题研究和地理制图表示等方面多采用跨学科研究方法。

网址：http://www.revistas.usp.br/rdg

2. 社会与自然期刊（Sociedade & Natureza）

简介： 社会与自然期刊作为传播科学的载体，发表与地理相关领域有关的批判性评论作品，以及经验、实验或概念性研究的结果。该刊鼓励类似出版物与其他国内外机构交流专业经验，并且捍卫和尊重哲学、政治和科学思想的多元化原则。

网址：https://seer.ufu.br/index.php/sociedadenatureza

3. 巴西地貌学杂志（Revista Brasileira de Geomorfologia）

简介： 巴西地貌学杂志是公开的系列杂志，主要进行大规模地貌发展模式相关知识的研究、分析与应用。该杂志还关注河流动力学、自然资源调查与评估、地貌专题与综合测绘等内容，并发表了大量相关文章。编辑团队由巴西多所高校教师组成，其中大部分来自巴西巴拉那联邦大学（Universidade Federal do Paraná, UFP）。

网址：https://rbgeomorfologia.org.br/rbg

4. 地理学报（Acta Geográfica）

简介： 地理学报是罗赖马联邦大学的地理学杂志，属于地理学研究生项目，目的是拓宽巴西和国际地理学的科学传播渠道。

网址：https://revista.ufrr.br/actageo

5. 戈亚斯地理公报（Boletim Goiano de Geografia）

简介： 戈亚斯地理公报是戈亚斯联邦大学（Universidade Federal de Goiás, UFG）社会环境研究所负责的期刊。2012 年 12 月之前是半年刊，在 2013 年至 2018 年期间，改为季刊，2019 年采用连续出版方式。该公报基于公认的技术学方法进行研究，以此产出原创文章和理论论文，传播有关地理和相关领域的知识。

网址：http://www.revistas.ufg.br/index.php/bgg

6. 森林与环境（Floresta e Ambiente）

简介：森林与环境是一本科学杂志，由里约热内卢联邦大学森林研究所出版，是公开发行的科学期刊，所有的文章都可以从其出版物中免费获取。其主要目的是传播与林业科学相关的原创文章、评论或更新书目。其主要内容包括：林业、森林管理、木材科学与技术、林产品、森林生物量、能源与自然保护。

网址：https://www.floram.org/

7. 自由大地杂志（Revista Terra Livre）

简介：自由大地杂志是巴西地理研究协会（Associação dos Geógrafos Brasileiros，AGB）的出版物（半年刊），创建于 1986 年，旨在传播有关地理学家的实践以及其作为公民参与的主题建设。它欢迎所有地理学方面的应用研究理论、方法和实践内容。

网址：https://publicacoes.agb.org.br/

8. 环境与社会期刊（Revista Ambiente e Sociedade）

简介：环境与社会期刊由全国环境与社会研究生学习和研究协会（Associação Nacional de Pós-Graduação e Pesquisa em Ambiente e Sociedade，ANPPAS）负责，为年度出版物，该期刊于 1997 年开始出版，重点关注跨学科的概念，为环境与社会问题的学科交叉领域作出了巨大贡献。

网址：https://www.scielo.br/j/asoc/

三 农业（Agricultura）

（一）主要农业区（Regiões Agrícolas）

1. 南部农业区（Região Agrícola do Sul）

简介：在南部地区，农业生产的需求是扩大大豆出口和实现农业现代化。在巴拉那州（Paraná）、圣卡塔琳娜州（Santa Catarina）大豆产量相当可观。除大豆外，还种植玉米、甘蔗和棉花。水稻和小麦的生产也主要在格兰德河区域和巴拉那州。

2. 东南部农业区（Região Agrícola do Sudeste）

简介： 在东南部地区以及南部地区，使用高科技的农业活动占主导地位。东南部地区主要盛产甘蔗和牛肉，大约 50% 的巴西甘蔗都产自这里。种植的主要作物是咖啡、甘蔗和水果，此外还有棉花、花生、玉米、木薯、水稻、豆类。

3. 东北部农业区（Região Agrícola do Nordeste）

简介： 东北部农业区可能是最多样化的农业地区之一。在半干旱地区，我们强调家庭农业的存在。此外，自给农业也发挥着重要作用。主要种植瓜类、葡萄、杜果、菠萝等水果。与东南部地区一样，东北部地区的甘蔗生产也具有很强的代表性。

4. 北部农业区（Região Agrícola do Norte）

简介： 北部农业区是未来巴西农业综合企业的增长中心。该地区逐步成为一个有前途和快速增长的市场。其中朗多尼亚（Rondônia）主要生产大豆、玉米和养殖牲畜，并供应给全国各地；罗赖马（Roraima）盛产香蕉、橙子和鱼，主要运往玛瑙斯（Manaus）地区的城市。

（二）主要农产品公司（Empresas de Insumos Agrícolas）

1. JBS 股份有限公司（JBS S.A.）

简介： JBS S.A. 是全球最大的肉食加工巨头和第二大食品公司，是巴西第二大公司和收入最大的私营公司。创立于 1953 年，目前业务范围远远超出了牛肉、猪肉和家禽，已扩展至皮革、生物柴油、固体废物管理解决方案和金属包装等，为 190 多个国家或地区的大约 275000 名客户提供服务。2019 年创下历史最高收益，营收超过 2000 亿雷亚尔，净利润超过 60 亿雷亚尔。

网址： https://jbs.com.br/en/

2. 赖森能源公司（Raízen Energia SA.）

简介： 作为巴西甘蔗乙醇的主要制造商和国际市场上最大的甘蔗出口商，赖森能源公司活跃于农业能源领域，于 2011 年在圣保罗成立，拥有 30000 多名员工。该公司收入大约为 1206 亿雷亚尔。每年生产约 25 亿升甘蔗乙醇，运往国内外市场。该公司起源于 Shell do Brasil 和 Cosan 的合资企业。它拥有庞大的生产和产品分销网络，在 65 个机场和 65 个配送终端拥有约 7000 个品牌服务站。

网址：https://www.raizen.com.br/en

3. 科桑公司（Cosan S.A.）

简介： 该公司是巴西最大的生物能源公司之一，成立于 1936 年，收益额大概有 730 亿雷亚尔。1989 年，科桑公司成为世界上最大的糖和酒精生产商，拥有 22 家公司。它主要出口乙醇和糖，利用甘蔗渣产生能源，并扩大在能源领域的业务，还负责供应管道天然气，并从事糖和其他固体散货出口的物流业务，生产润滑油和特种产品；等等。其相关产品出口到南美、欧洲和亚洲的 40 多个国家。

网址：https://www.cosan.com.br/en/

4. 安贝夫（Ambev）

简介： 该公司成立于 1999 年，收益额为 526 亿雷亚尔，是世界上最大的啤酒厂。大麦是啤酒的主要原料，该公司对大麦的需求量大，直接在巴拉那州和南里奥格兰德州等大麦盛产地生产，并与这些地区的合作社合作经营。该公司还一直在投资新产品，例如木薯啤酒。Ambev 被投资分析师视为最有前途的公司之一。

网址：https://www.ambev.com.br/

5. 嘉吉（Cargill）

简介： 嘉吉活跃于食品、饮料、能源和物流领域，是这份名单上唯一一家原始资本不是巴西的公司。其收入为 671.6 亿雷亚尔。自 1965 年以来，嘉吉一直是巴西的主要食品工业之一。它的产品组合中有传统品牌，如丽莎蛋黄酱、马佐拉玉米油和大象番茄酱。

网址：https://www.cargill.com/

6. 邦吉（Bunge）

简介： 作为食品和饮料行业的主要公司之一，邦吉自 1905 年以来一直在巴西开展业务。它的收入为 505.2 亿雷亚尔，在大约 40 个国家开展业务。邦吉在小麦、玉米、大豆、向日葵、棉籽和山梨的供应中占据领先地位。在邦吉蛋黄酱、人造黄油、油等生产的产品中，其品牌包括 Primor、Soya 和 Salada。

网址：https://bunge.com/

7. 科贝苏卡尔（Copersucar S.A.）

简介： Copersucar 拥有糖能源领域独特的商业模式，是巴西最大的糖和乙醇出口公司。拥有覆盖整个业务链的综合物流、卓越的运营模式和可持续的价值创造能力。

网址：https://copersucar.com/

8. 巴西食品公司（BRF S.A.）

简介： 2009 年 Perdigão 和竞争对手 Sadia 的合并催生了 BRF，这是世界食品和饮料行业的领先公司之一。它的收入为 335 亿雷亚尔，是全球最大的鸡肉出口商。该公司的产品组合中有 30 多个品牌。

网址：https://www.brf-global.com/

9. 中粮国际（COFCO International）

简介： 作为世界上最大的贸易公司之一，中粮国际在巴西的收入为 332.2 亿雷亚尔。在巴投资活动始于 1974 年，当时该公司首次购买巴西大豆。自与中国恢复外交关系以来，该公司一直在扩大其在巴西的粮食储存和加工投资。

网址：https://www.cofcointernational.com/

（三）农业组织（Organizações Agrícolas）

1. 巴西农业研究公司（Empresa Brasileira de Pesquisa Agropecuária, EMBRAPA）

简介： 该公司是一家隶属于巴西农业部的农业研究开发公司，由联邦政府于 1973 年成立，是世界上最大的农业研究公司之一，半个世纪以来致力于创新、效率、可持续性和社会包容。公司为巴西热带农业和动物养殖模式奠定技术基础，旨在为巴西提供粮食安全保障，并在国际粮食、纤维和能源市场上占据领先地位。

网址：https://www.embrapa.br/

2. 巴西农业综合企业协会（Associação Brasileira do Agronegócio, ABAG）

简介：该协会成立于 1993 年，旨在在巴西农业综合行业内建立一个可持续发展组织，使该行业及其所有利益相关者更接近世界经济。它是唯一一个涵盖农业生产、农产品加工、分销和服务的全流程协会，是加强农产工业体系以及与政府、私营部门和教育机构关系的基础。该协会现有 70 多名员工，在农业综合企业领域有着强大的影响力，它还通过讲座、采访、辩论、论坛、大会、研讨会和博览会提供农业信息。

网址：https://abag.com.br/

3. "巴西无地农民运动"组织（O Movimento dos Trabalhadores Rurais Sem Terra, MST）

简介：巴西的无地农民运动起源于 20 世纪 70 年代末的农民自发抗争，并于 1984 年正式成立 MST。该组织援引巴西宪法，声称宪法规定了农民占领"荒地"的合法权利。自成立以来，该组织领导巴西无地农民展开了声势浩大、历时数十年的农民运动。一方面组织农民在无主土地上定居，进而占有土地。另一方面，则发起了各种形式的抗议活动，呼吁政府推进土地改革。

网址：https://mst.org.br/

（四）农业研究人员（Investigadores Agrícolas）

1. 蒂亚戈·贝尔纳迪诺·德·卡瓦略（Thiago Bernardino de Carvalho）

简介：该学者在农业研究方面有很多重要贡献，是巴西圣保罗大学高等农业学院应用经济学高级研究中心（Centro de Estudos Avançados em Economia Aplicada da Escola Superior de Agricultura）的畜牧学专家。还是食品健康方面的人类学专家，以及巴西粮食和营养主权与安全研究网络（RBPSSAN）的成员。

2. 利斯·布兰科（Lis Blanco）

简介：人类学家，食品人类学专家，巴西粮食和营养主权以及安全研究网络（RBPSSAN）成员。

3. 何塞·尤斯塔基奥·里贝罗·维埃拉·菲略（José Eustáquio Ribeiro Vieira Filho）

简介：巴西应用经济研究所（IPEA）研究员，坎皮纳斯州立大学（UNICAMP）经济理论博士，曾在波尔多大学经济研究小组（GREThA）进行博士研究。巴西的农业综合企业的专业人士之一。

4. 埃利塞乌·阿尔维斯（Eliseu Alves）

简介：Embrapa 首席执行官兼研究员顾问，毕业于费迪尔德维索萨大学（Univrsidade Fedeal de Viçosa）农艺师工程专业（1954 年），印第安纳普渡大学（Purdue University Indiana）农业经济学硕士（1968 年）、农业经济学博士（1972 年）。他曾担任 Acar-MG 规划和评估部门的负责人，即今天的 Emater-MG。

（五）农业统计资料（Estatísticas Agrícolas）

1. 农业普查（Censo Agropecuário）
简介：巴西国家地理统计局（IBGE）2006 年农业普查统计。
网址：https://www.ibge.gov.br/estatisticas/economicas/agricultura-e-pecuaria/9827-censo-agropecuario.html?=&t=sobre

（六）农业期刊（Revistas Agrícolas）

1. 农业政策杂志（Revista de Política Agrícola）
简介：除宏观经济分析外，还介绍农业综合企业的科学研究的出版物。每季度出版一次。
网址：https://www.gov.br/agricultura/pt-br/assuntos/politica-agricola/todas-publicacoes-de-politica-agricola/revista-de-politica-agricola

四　交通枢纽（Terminais de Transporte）

（一）重要港口（Portos）

1. 桑托斯港（Porto de Santos）
简介：桑托斯港位于巴西圣保罗州桑托斯市，是拉丁美洲第二大港口。该港连接 125 个国家的 600 多个港口。2018 年，该港处理 1.33 亿吨货物和 410 万标准箱，为巴西创造达 2.5 亿美元的收入。港口辐射巴西 5 个州，占巴西 GDP 的 67%。桑托斯港是巴西最重要的对外贸易港，巴西近 27% 的对外贸易通过该港口实现。

桑托斯港务局网址：https://www.portodesantos.com.br/

2. 帕拉那瓜港（Porto de Paranaguá）

简介：该港口位于巴拉那州，与安东尼纳港共同组成巴拉那港（Portos do Paraná）。该港口管理局作为一家国有上市公司，隶属于国家基础设施和物流秘书处（Secretaria de Estado de Infraestrutura e Logística），并与联邦政府签订了授权协议。

帕拉那瓜和安东尼纳港管理局网址：https://www.portosdoparana.pr.gov.br/

3. 伊塔波阿港（Porto Itapoá）

简介：伊塔波阿港位于圣卡塔琳娜州（Santa Catarina），是巴西最大的集装箱港口之一，拥有 120 万标准箱的卸载能力。

网址：https://www.portoitapoa.com/

4. 波多纳夫港（Portonave）

简介：港口位于圣卡塔琳娜州（Santa Catarina）纳维根特斯市（Navegantes），于 2007 年 10 月开始运营，是巴西第一个私人集装箱码头。该港口有 13 个码头，总共有 5 万平方米的存储区域。

网址：https://www.portonave.com.br/pt/

5. 瑞瓜伊港（Porto de Rio Grande）

简介：该港口位于南里奥格兰德州（Rio Grande do Sul）里约格兰德市，是全国第三大港口，也是重要的贸易枢纽。

网址：https://www.portosrs.com.br/site

6. 迪拜世界港口公司桑托斯项目 DP World Santos（SP）

简介：DP World Santos 是迪拜港口世界集团（DP World Group）的分公司，位于圣保罗州桑托斯港的左岸。该公司总投资 23 亿雷亚尔，创造了 1200 多个直接就业岗位和 5000 多个间接就业岗位。公司所在港位置优越，承担海运、公路和铁路运输，年运输能力为 120 万标准箱。

网址：https://www.dpworld.com/en/santos

7. Porto Chibatão

简介： 该港口位于亚马孙州（Amazonas），是拉丁美洲最大的私人港口综合体之一，占地 100 万平方米，位于马瑙斯工业中心。整个港口的静态负载能力为 4 万标准箱。

网址：http://www.grupochibatao.com.br/

8. 苏亚佩港（Porto de Suape）

简介： 苏亚佩港位于巴西东北部伯南布哥州（Pernambuco）的港口工业园区，是巴西的主要公共港口之一，也是巴西第五大工业港口综合体。

网址：https://www.suape.pe.gov.br/pt/

9. 伊塔雅伊港（Porto de Itajaí）

简介： 伊塔雅伊港口是巴西和拉丁美洲的主要港口之一。它位于巴西圣卡塔琳娜州（Santa Catarina）伊塔雅伊市（Itajaí）的伊塔雅伊—阿苏河上。在集装箱装卸方面，它是巴西第二大港口。

网址：https://www.portoitajai.com.br/

10. Companhia Docas do Rio de Janeiro

简介： 该公司负责管理里约热内卢州公共港口的港务局，包括里约热内卢（Rio de Janeiro）、伊塔瓜伊（Itaguaí）、尼泰罗伊（Niterói）和安格拉·多斯·里斯四个港口。

网址：https://www.portosrio.gov.br/

11. 马瑙斯港（Port de Manaus）

简介： 该港口位于西北部内格罗河（Rio Negro）与亚马孙河汇流点上游约 17 千米处，地近赤道，附近多热带森林，是亚马孙河中上游农牧产品集散地和最大的内河港口，可停泊大型货轮。

网址：https://www.portodemanaus.com.br

（二）枢纽机场（Aeroportos）

1. 圣保罗瓜鲁柳斯国际机场（Aeroporto Internacional de São Paulo, GRU Airport）

简介：全国航空枢纽，年运送乘客 3500 万人次。

网址：https://www.gru.com.br/en/

五　电子资源（Recursos Eletrônicos）

（一）网站（Sites）

1. 巴西学校（Brasil Escola）

简介：巴西学校是巴西最大的教育门户网站，分学科介绍讲解各个学科的基本知识以及提供相关练习题，其中包括巴西地理概况及各地区不同地理特征的知识，内容详细简单，便于理解。

网址：https://brasilescola.uol.com.br/

2. Só Geografia

简介：该网站是巴西最完整的地理网站，在这里，除了可以使用网站提供的材料学习地理知识，还可以通过许多小游戏、地理词典和地图，以及相关在线测试等来加深对巴西地理的了解。

网址：https://www.sogeografia.com.br/

文化
（Cultura）

一　组织机构（Organizações/Órgãos）

（一）政府部门（Setores Governamentais）

1. 教育部（Ministério da Educação, MEC）

简介：负责国家的教育推广和相关教育政策的实施。前身为教育文化部，1985 年更名为教育部。教育部也负责向有需要的家庭提供财政援助，供其子女上学。

网址：https://www.gov.br/mec/pt-br

2. 国家档案馆（Arquivo Nacional, AN）

简介：成立于 1838 年，是巴西公共行政部门文件和档案管理系统的中心机构，也是司法和公共安全部结构的一部分。该档案馆的职责为收集、保存、管理和传播国家文献遗产，记录国家档案委员会制定的国家档案政策，并确保记录信息的完整与准确。

网址：https://www.gov.br/arquivonacional/pt-br

3. 巴西高等研究所（Instituto Superior de Estudos Brasileiros, ISEB）

简介：巴西高等研究所成立于 1955 年，隶属于巴西教育部。该研究所研究和传播社会科学，例如哲学、社会学、经济学和政治学，并将这些科学分别应用于巴西现代发展，于 1964 年被取缔。

4. 文化与经济创新秘书处（Secretária de Estado de Cultura e Economia Criativa, SECEC）

简介：由巴西政府直接管理。该秘书处具有制定和执行公共文化政策的权力，为巴西人民创造良好的文化氛围，同时，鼓励文化艺术创作，通过出台相关政策促进文学艺术作品的创作。

网址：https://www.cultura.df.gov.br/

5. 文化特别秘书处（Secretaria Especial da Cultura, Secult）

简介：文化特别秘书处前身为巴西文化部（Ministério da Cultura），2019年被裁撤，现隶属于巴西旅游部（Ministério do Turismo）。该秘书处负责制定和管理文化政策，保障公民的文化权利，同时创设支持文化和艺术创作的机制，保障文化资源的获取和分配，以及保护和传播文化遗产。

网址：https://www.gov.br/turismo/pt-br/secretaria-especial-da-cultura

6. 国家文化发展秘书处（Secretaria Nacional de Fomento e Incentivo à Cultura, SEFIC）

简介：该秘书处是隶属于巴西文化特别秘书处的机构，负责促进巴西文化和艺术的区域化发展，鼓励巴西文化的多元化，保护巴西文化历史遗产。

网址：https://www.gov.br/turismo/pt-br/secretaria-especial-da-cultura/acesso-a-informacao/acoes-e-programas-1/secretaria-nacional-de-fomento-e-incentivo-a-cultura

7. 国家科学技术发展委员会（Conselho Nacional de Desenvolvimento Científico e Tecnológico, CNPq）

简介：国家科学技术发展委员会隶属于国家科学技术创新部，旨在鼓励巴西的科学研究，为知识创新、可持续发展和国家主权的进步作出贡献。

网址：https://www.gov.br/cnpq/pt-br

巴西科技人员统一的电子履历表和人才库（Plataforma Lattes）**入口**：http://lattes.cnpq.br/

8. 国家电影局（Agência Nacional do Cinema, ANCINE）

简介：国家电影局是巴西电影和录像制品行业监管机构，促进巴西电影业发展，具有行政和财务自主权。

网址：https://www.gov.br/ancine/pt-br

9. 巴西教科文研究所（Instituto Brasileiro de Educação, Ciência e Cultura, IBECC-UNESCO）

简介：1946 年在联合国教科文组织的引导下成立，为政府制定文化政策提供建议。

网址：https://ibec.net.br

10. 吉马良斯·罗莎学院（Instituto Guimarães Rosa）

简介：吉马良斯·罗莎学院以作家吉马良斯·罗莎命名，由巴西外交部（Ministério das Relações Exteriores do Brasil）创建，在纽约、伦敦、特拉维夫、罗安达和利马设有办事处。该学院的目的是在国外推广巴西文化，并教授巴西葡萄牙语，加强巴西的文化外交。

网址：https://www.gov.br/mre/pt-br/assuntos/cultura-e-educacao/instituto-guimaraes-rosa

（二）公共机构（Instituições Públicas）

1. 国家图书馆基金会（Fundação Bibliotecca Nacional, FBN）

简介：国家图书馆基金会隶属巴西文化部，是巴西国家图书馆，也是巴西文献的保存地，被联合国教科文组织视为世界十大国家图书馆之一，也是拉丁美洲最大的国家图书馆。

网站：https://www.gov.br/bn/pt-br

2. 若阿金·纳布科基金会（Fundação Joaquim Nabuco, Fundaj）

简介：若阿金·纳布科基金会是隶属于巴西教育部（Ministério da Educação）的公共组织，成立于 2019 年。该基金会负责保护若阿金·纳布科的历史文化遗产。

网址：https://www.gov.br/fundaj

3. 塞内多姆国家博物馆学研究文献中心（O Centro de Documentação do Instituto Brasileiro de Museus Cenedom, Cenedom）

简介：塞内多姆国家博物馆学研究文献中心位于巴西利亚，主要研究方向为博物馆学及其相关领域，目的为促进博物馆学领域的学习和研究。

网址：https://antigo.museus.gov.br/sobre-o-orgao/centro-de-documentacao-cenedom/

4. 巴西国家图书馆（Biblioteca Nacional, BN）

简介：巴西国家图书馆是巴西书目和文献遗产的保存机构，保障巴西知识成果的收集、登记和保管，并传播巴西现行书目，捍卫和保护民族语言和文化，促进巴西作品的传播与文化交流。

网址：https://www.bn.gov.br/

5. 巴西数字国家图书馆（BN Digital）

简介：巴西数字国家图书馆坐落于里约热内卢老城区，原为皇家图书馆，是拿破仑战争时期逃亡巴西的葡萄牙王室修建，至今已有超过 200 年的历史，是巴西最古老的文化机构，同时也是整个拉美地区最大的图书馆。为更好实现馆藏的全民共享，图书馆于 2006 年创建了"数字国家图书馆"，对藏品进行高、中、低 3 种画质的数字化处理，以适应图书馆馆藏、出版物印刷和网上展示的不同需求。民众无需注册，只需点击图书馆官方网站的相关链接进入数字馆，即可免费查看里面的所有内容。如今，数字馆的馆藏已超过 300 万件，且仍在持续增加。

网址：https://bndigital.bn.gov.br/

6. 巴西州立公共图书馆（Biblioteca Parque Estadual, BPE）

简介：巴西州立公共图书馆前身为里约热内卢公共图书馆（Biblioteca Pública do Estado do Rio de Janeiro）和塞尔索凯利州立图书馆（Biblioteca Estadual Celso Kelly），位于里约热内卢市中心。

网址：http://cultura.rj.gov.br/biblioteca-parque-estadual/

7. 帕尔马雷斯文化基金会（Fundação Cultural Palmares, FCP）

简介：帕尔马雷斯文化基金会隶属于巴西旅游部，是第一个致力于促进和保护巴西黑人文化、历史、社会和经济价值的公共机构。其主要职责有：打击种族主义，促进平等，重视、传播和保护黑人文化，并保证黑人群体在文化活动上行使公民权，以及承认和尊重巴西人民的文化身份多样性。该基金会下设非洲裔巴西遗产保护部（Departamento de Proteção ao Patrimônio Afro-Brasileiro,

DPA）、非洲裔巴西文化促进部（Departamento de Fomento e Promoção da Cultura Afro-Brasileira，DEP）、国家黑人文化信息参考中心（Centro Nacional de Informação e Referência da Cultura Negra，CNIRC）。

网址：https://www.palmares.gov.br/

8. 鲁伊·巴博萨之家基金会（Fundação Casa de Rui Barbosa, FCRB）

简介：鲁伊·巴博萨之家基金会隶属于巴西公民部。该基金会主要致力于推动文化发展，考古学研究和教学，鲁伊·巴博萨（Rui Barbosa）的生平及成就宣传，博物馆学及建筑领域的保护和研究活动，以及课程、研讨会和文化项目的推广。

网址：https://www.gov.br/casaruibarbosa/pt-br

9. 国家艺术基金会（Fundação Nacional de Artes, Funarte）

简介：国家艺术基金会隶属于巴西旅游部，负责在全国范围内制定公共政策，以促进视觉艺术、音乐、舞蹈、戏剧等艺术文化的生产、实践、发展和传播。

网址：https://www.gov.br/funarte/pt-br

10. 巴西博物馆（Museu Brasil）

简介：巴西博物馆提供网络平台，而该平台是由巴西国家石油公司（Petrobras）赞助的一项活动，可以检索巴西各个城市各类型文化活动情况，提供葡萄牙语、西班牙语、英语和法语等多语种界面。

网址：http://www.museubrasil.org/pt

11. 国家历史和艺术遗产研究所（Instituto do Patrimônio Histórico e Artístico Nacional, IPHAN）

简介：国家历史和艺术遗产研究所是一个联邦自治机构，从属于旅游部。致力于巴西国家古迹遗址的检查、保护、鉴定、修复、保存和推广，并保护国家历史艺术文化遗产。该机构由民间社会与联邦、州或市公共机构的代表构成。根据法律规定，巴西总统绶带保存在该研究所。

网址：https://www.gov.br/iphan/pt-br

12. 国家教育研究所（Instituto Nacional de Estudos e Pesquisas Educacionais Anísio Teixeira, INEP）

简介：该机构的前身为 1937 年成立的"国家教育学院"，于 1997 年转变为教育部附属机构，是负责教育领域相关工作的联邦机构。该机构在教育评估和考试、统计调查和教育指标拟定，以及高校信息管理和研究方面开展相应工作。

网址：https://www.gov.br/inep/pt-br

（三）社会组织（Organizações Sociais）

1. 巴西文学院（Academia Brasileira de Letras, ABL）

简介：巴西文学院是巴西文化领域的非营利社会组织，由马查多·德·阿西斯（Machado de Assis）等 40 位巴西著名作家于 1897 年在里约热内卢成立。根据其章程，巴西文学院以促进巴西国家语言和文学文化为目标。学院由 40 名常任成员组成，又称"不朽者"（imortal），有人去世才能补缺，替补人员由其他院士投票选出，其中至少有 25 名成员居住在里约热内卢。学院每年颁发以第一任院长命名的"马查多·德·阿西斯奖"（巴西最重要的文学奖，属于终身成就奖），以及以其他著名作家命名的各类文学体裁的专项文学奖。

网址：https://www.academia.org.br/

2. 帕拉伊巴文学院（Academia Paraíba de Letras）

简介：帕拉伊巴文学院成立于 1917 年。该文学院主要目标为传播民族语言和文学，保存巴伊亚文化记忆，支持和鼓励文学艺术，并提出"为祖国服务，尊重文字"的座右铭。

网址：https://academiadeletrasdabahia.org.br/

3. 翁班达老黑人兄弟会（Confararia dos Pretos Velhos de Umbanda）

简介：翁班达老黑人兄弟会是一个非营利性的民间社会组织。该组织促进宗教文化之间的交流，致力于消除宗教偏见，提高群众对可持续发展和保护环境的认知，并且倡导慈善。

网址：https://confrariadospretosvelhosdeumbanda.org/sobre/

4. 伯南布哥文学院（Academia Pernambucana de Letras, APL）

简介：伯南布哥文学院是巴西的第四所文学院。该文学院的目标是发展文学文化，促进伯南布哥州文学历史的研究，并为保存伯南布哥州的重要作品而奋斗。

网址：https://web.archive.org/web/20141218125206/http://aplpe.com.br/

5. 非裔巴西人传统和文化国家研究所（O Instituto Nacional da Tradição e Cultura Afro-Brasileira, Intecab）

简介：非裔巴西人传统和文化国家研究所是一个设在萨尔瓦多的非营利性民间社会组织。其目的是促进宗教精神、宗教文化和科学的发展。

网址：https://intecabsp.wordpress.com/intecab-sp/

6. 巴贡萨苏文化组织（Grupo Cultural Bagunçaço, GCB）

简介：巴贡萨苏文化组织是一个非营利性民间实体，旨在通过艺术教育和社会文化活动保障儿童和青少年的权利。该组织开展打击乐工作坊、舞蹈、回收材料艺术、文学等主题的活动，以及举办研讨会、讲座和其他专业课程。

网址：http://bagun.tvlata.org/

（四）国际组织（Organizações Internacionais）

1. 图书馆研究中心（The center for Research Libraries, CRL）

简介：图书馆研究中心是一个由美国大学、学院和学术图书馆组成的国际组织。该研究中心成立于1949年，旨在为世界各地的学者提供丰富稀有的原始资料，支持人文、科学和社会科学领域的研究和启发性教学。其开展的拉丁美洲资料项目（The Latin American Materials Project）记录了1821年至1993年巴西国家政府及其州政府发布的行政文件。

网址：http://ddsnext.crl.edu/brazil

2. 美食地图网（Taste Atlas）

简介：该网站为国际知名美食点评机构的官方网站，是一本风味百科全书，是一本关于传统菜肴、当地食材和正宗餐厅的世界地图集。对超过10000种食品和饮料进行了编目，发布世界各地的美食信息，其发布的年度网民评选全球最佳美食成为对象国美食重要参考。2023 年，巴西的牛臀尖肉（Picanha）以 4.75 星（满分为 5 星）的评分荣登榜首。

网址：https://www.tasteatlas.com/

二 学术研究（Pesquisa Acadêmica）

（一）高校机构（Instituições de Ensino Superior）

1. 圣保罗大学巴西文化研究所（Instituto de Estudos Brasileiros da Universidade de São Paulo, IEB）

简介：圣保罗大学巴西文化研究所是圣保罗大学（USP）的一个专业研究机构，旨在记录和研究巴西历史和文化。该研究所具有跨学科特色，拥有不同背景的学者。

网址：http://www.ieb.usp.br

2. 圣保罗大学高等研究所（Instituto de Estudos Avançados da Universidade de São Paulo, IEA）

简介：圣保罗大学高等研究所旨在对自然、人文和社会科学，以及技术和艺术中的前沿问题进行跨学科分析研究，同时，对巴西经济发展至关重要的公共政策和巴西的社会制度及文化发展进行研究。

网址：http://www.mac.usp.br/

3. 米尔顿·桑托斯人文艺术科学研究所（Instituto de Humanidades, Artes & Ciências Professor Milton Santos, IHAC）

简介：米尔顿·桑托斯人文艺术科学研究所隶属于巴伊亚联邦大学，负责为学生提供跨学科课程，如人文、健康、艺术以及科学等领域的课程。

网址：http://www.ihac.ufba.br/

4. 文化多学科研究中心（Centro de Estudos Multidisciplinares em Cultura, CULT）

简介：文化多学科研究中心成立于 2003 年 5 月 12 日，是巴伊亚联邦大学（UFBA）的下属机构，由文化领域的研究人员、教师和学生组成。该研究中心负责开展以"文化与发展""文化与身份"为主线的文化领域的研究、推广和培训活动，并定期出版系列书籍，例如《巴西的联邦制和文化政策》（Federalismo e políticas culturais no Brasil）、《迪尔玛政府的文化政策》（Políticas culturais no governo Dilma）、《多学科视角下的文化理论与政策》（Teorias e políticas da cultura: visões multidisciplinares）、《巴西的文化工作者：创造、实践和认可》（Os trabalhadores da cultura no Brasil: criação, práticas e reconhecimento）、《文化与数据科学》（Cultura e Ciência de Dados）、《伊比利亚美洲文化管理概况》（Panorama da gestão cultural na Ibero-América）等。

网址：http://www.cult.ufba.br/

5. 圣保罗当代艺术博物馆（Museu de Arte Contemporânea, MAC）

简介：圣保罗当代艺术博物馆是圣保罗大学（USP）的下属机构，负责收集和推广文化活动信息，组织文化学术交流活动，帮助制定文化政策。

网址：http://www.mac.usp.br/

6. 圣保罗大学传播与艺术学院（Escola de Comunicações e Artes da Universidade de São Paulo, ECA-USP）

简介：圣保罗大学传播与艺术学院下设八个教学部门，除了涵盖基本知识领域的学科结构外，还拥有具有明显实验室性质的学科以及多样化的教师团队。该学院致力于传播艺术和信息领域的跨文化研究，培养传播和艺术领域的专业人士和研究人员，通过研究和教学推动艺术、文化和科学知识的发展和推广。

网址：https://www.eca.usp.br/

（二）重要学者（Pesquisadores）

1. 本托·泰谢拉（Bento Teixeira）

简介：本托·泰谢拉是一位葡萄牙裔巴西诗人。其唯一的史诗作品《普罗索波佩亚》（Prosopopeia）被称为巴西文学中"巴洛克的最初里程碑"，是巴西文学史上第一部史诗集。

代表作：Prosopopeia

所属流派：巴洛克写作风格（Barroco no Brasil）

2. 格雷戈里奥·德·马托斯·伊·格拉（Gregório de Matos e Guerra）

简介：格雷戈里奥·德·马托斯·伊·格拉是巴西诗人和律师，被认为是葡萄牙和巴西最伟大的巴洛克诗人之一，也是殖民时期葡萄牙语文学中最重要的讽刺诗人。

代表作：《啄木鸟》（Pica-flor）、《神圣的天使》（Anjo bento）、《巴伊亚女士》（Senhora Dona Bahia）、《我心目中的巴伊亚》（Descrevo que era realmente naquele tempo a cidade da Bahia）等

所属流派：巴洛克写作风格（Barroco no Brasil）

3. 贡萨尔维斯·德·马加良斯（Gonçalves de Magalhães）

简介：贡萨尔维斯·德·马加良斯是巴西医生、教授、外交官、政治家、诗人和散文家，被历史学家视作第一位创作原著的巴西哲学家。其作品《诗意的叹息和渴望》（Suspiros poéticos e saudades）被视作巴西浪漫主义的第一部作品。

代表作：《诗意的叹息和渴望》

所属流派：浪漫主义（Romantismo）

4. 安东尼奥·贡萨尔维斯·迪亚斯（Antônio Gonçalves Dias）

简介：安东尼奥·贡萨尔维斯·迪亚斯是巴西诗人、律师、记者、人类学家和神学家，因民族爱国主义诗歌而闻名，被称作巴西的"民族诗人"。同时，他也是土著语言和巴西民间传说的狂热研究者。

代表作：《流亡之歌》（Canção do Exílio）

所属流派：浪漫主义（Romantismo）

5. 若阿金·玛丽亚·马查多·德·阿西斯（Joaquim Maria Machado de Assis）

简介：若阿金·玛丽亚·马查多·德·阿西斯是巴西最伟大的作家，精通所有的文学体裁，是巴西著名的诗人、小说家、编年史家、剧作家、记者、文学评论家，被许多评论家、学者、作家和读者认为是巴西文学史上最伟大的作家，与但丁、莎士比亚和卡蒙斯等作家并驾齐驱，经历了从巴西帝国到巴西共和国的转变，被视作当时最伟大的记录者。

代表作：现实主义三部曲《布拉斯·库巴斯的追忆》（Memórias Póstumas

de Brás Cubas）、《金卡斯·博尔巴》（Quincas Borba）、《唐·卡斯穆罗》（Dom Casmurro）、《复活》（Ressurreição），等等

所属流派：现实主义（Realismo）

6. 阿路易斯奥·坦克雷多·贡萨尔维斯·德·阿泽维多（Aluísio Tancredo Gonçalves de Azevedo）

简介：阿路易斯奥·坦克雷多·贡萨尔维斯·德·阿泽维多是巴西小说家、编年史家、外交官、漫画家和记者。其代表作《公寓》是巴西最早以同性恋为主题的代表性小说之一。

代表作：《公寓》（The Tenement）等

所属流派：自然主义（Naturismo）

7. 雷纳托·奥尔蒂斯（Renato Ortiz）

简介：法国社会科学高等研究院社会经济发展博士，目前任教于坎皮纳斯州立大学哲学与人文科学研究所。

代表作：《巴西文化与民族认同》（Cultura Brasileira e Identidade Nacional）；"巴西形象：社会与国家"（Imagens do brasil: Sociedade e Estado）；"文化多样性与世界主义"（Diversidade Cultural e Cosmopolitismo）

研究兴趣：文化、意识形态和现代性。

8. 利夫·丽贝卡·索维克（Liv Rebecca Sovik）

简介：巴西圣保罗大学传播学博士，目前任里约热内卢联邦大学传播学院的传播与文化研究生课程教授，也是多家文化领域期刊的编委和审稿人。

代表作：《没有人是白人》（Aqui ninguém é branco）；《热带雷克斯：流行音乐和巴西文化》（Tropicália Rex: Música popular e cultura brasileira）

研究兴趣：媒体与文化研究、全球化与文化认同、通信技术与美学。

9. 马科斯·科隆（Marcos Colón）

简介：威斯康星大学麦迪逊分校西葡文化研究博士，佛罗里达州立大学现代语言和语言学系葡萄牙语博士后，葡萄牙《公共报》的专栏作家，也是一名导演。

代表作：纪录片《穿越福特之城》（Beyond Fordlândia）；"亚马孙：新冠

看不见的那一面"（Amazônia: enxergar o invisível da COVID-19）；"破坏亚马孙的环境法西斯主义"（Environmental Fascism Haunting the Amazon）

研究兴趣：亚马孙环境与生态学、生态批评学、后殖民研究、生态电影。

10. 安娜·卡罗琳娜·埃斯科斯特古伊（Ana Carolina Escosteguy）

简介：巴西圣保罗大学传播学博士，目前担任南里奥格兰德联邦大学客座教授及多家巴西文化领域期刊的编委和审稿人。

代表作："文化研究：导论"（Estudos Culturais: uma introdução）；《拉丁美洲文化研究地图》（Cartografias dos estudos culturais: uma versão latino-americana）；"女性与新冠：女性主义在新闻叙事中的贡献"（Mulheres e COVID-19: a contribuição de narrativas jornalísticas feministas）

研究兴趣：媒体中的文化实践、传播社会的行为和想象、媒体文化与技术、通信与技术，以及当代媒体的身份认同、文化、政治和意义。

（三）学术期刊（Revistas Acadêmicas）

1. 巴西杂志（Revista Brasileira）

简介：1855 年由巴西文学院的 Francisco de Paula Meneses 博士指导创立，由巴西文学院出版，已发行 107 期。该刊主要发表科学、文学、艺术类文章，致力于推动巴西文化、艺术的发展，是巴西存在时间最长、最具有影响力的期刊之一。

网站：https://www.academia.org.br/publicacoes/revista-brasileira

2. 巴伊亚文学院杂志（Revista da Academia de Letras da Bahia）

简介：该期刊为文学期刊（年刊），汇集了各个流派的文学文章，由巴伊亚文学院成员以及其他学者撰写，包括散文、诗歌、小说等。该刊由巴伊亚文学院出版，旨在推广巴伊亚文学。

网站：https://revista.academiadeletrasdabahia.org.br/index.php/ALB/catalog

3. 葡巴评论（Luso-Brazilian Review）

简介：跨学科期刊（半年刊），收录英语和葡语学术文章及书评，主要关注葡萄牙、巴西和葡语非洲文化，特别是文学、历史和社会科学方面的研究。

该刊由威斯康星大学出版社出版，自 1964 年创刊以来一直由威斯康星大学西班牙语和葡萄牙语系教授共同编辑。目前享有美国葡语巴西研究领域最重要的跨学科刊物的美誉，也是不间断出版历史最长的期刊之一。

网址：http://lbr.uwpress.org/

4. 葡语研究杂志（Journal of Lusophone Studies）

简介：艺术人文期刊（半年刊），由美国葡萄牙语研究协会（American Portuguese Studies Association）出版，收录英语和葡语学术文章、访谈及翻译，致力于推广和传播有关葡语国家语言、民族和文化的前沿研究。

网址：https://jls.apsa.us/

三　电子资源（Recursos Eletrônicos）

（一）数据库（Banco de Dados）

1. 国家数字图书馆（Biblioteca Nacional Digital, BNDigital）

简介：该图书馆是国家图书馆基金会（FBN）的一部分。该馆提供公共领域的文件或经版权持有人授权发布的文件。

网址：http://bndigital.bn.gov.br/

2. 巴西硕博毕业论文数字图书馆（Biblioteca Digital Brasileira de Teses e Dissertações, BDTD）

简介：该图书馆是一个收录巴西高校和研究机构硕士和博士毕业论文的网站。截至 2023 年 11 月，该馆共收录 136 家高校的 22 万多份博士毕业论文、61 万多份硕士毕业论文、84 万多篇文章。该馆由巴西科学技术信息研究所（Instituto Brasileiro de Informação em Ciência e Tecnologia）负责运营。

网址：https://bdtd.ibict.br/vufind/

3. 在线科学电子图书馆（Scientific Electronic Library Online, SciELO）

简介：SciELO 是一个支持开放获取研究资料的公共项目。该计划创建于1997 年，于 1998 年 3 月启动，以分散的方式实施，通过 SciELO 出版模式支持开放获取研究资料。该计划在 16 个国家和地区推广，形成了 SciELO 优质期刊收藏网络：阿根廷、玻利维亚、巴西、智利、哥伦比亚、哥斯达黎加、古巴、厄瓜多尔、西班牙、西印度群岛、墨西哥、巴拉圭、秘鲁、葡萄牙、南非和乌拉圭。

网址：https://scielo.org/

4. 高等教育人员促进协调会（Coordenação de Aperfeiçoamento de Pessoal de Nível Superior, CAPES）

简介：该协调会所属单位为巴西教育部基金会。主要开展的活动包括学位点建设评估、研究生学习评估、学术成果推广和传播、巴西国内外高层次人才培训，同时推动国际科学合作，对从事基础教育的教师进行线上或线下培训。

网址：https://www.gov.br/capes/pt-br

硕博毕业论文目录检索窗口（Catálogo de Teses & Dissertações - CAPES）：https://catalogodeteses.capes.gov.br/catalogo-teses/#!/

5. 戏剧数字图书馆（Biblioteca Digital de Peças Teatrais, BDTeatro）

简介：戏剧数字图书馆由乌贝兰迪亚联邦大学（Universidade Federal de Uberlândia，UFU）艺术哲学和社会科学院开发，致力于以数字形式对戏剧文本进行分类、存储、规范和使用。该图书馆支持通过分类信息（作者/译者、标题、主题、流派、摘要、人物数量、行为或场景）或通过戏剧全文来搜索特定剧目。只有公共领域的戏剧或经作者正式授权的戏剧才能访问全文。

网址：http://www.bdteatro.ufu.br/

6. 巴西电视研究项目（Projeto TV-Pesquisa）

简介：巴西电视研究项目是一个巴西电视现象集体记忆数据库，自 1967 年开始以随机抽取的方式从巴西报纸、杂志中提取有关影视（尤其是电视剧）的拍摄信息。

网址：https://www.tv-pesquisa.com.puc-rio.br/

7. 文化伊塔乌（Itaú Cultural）

简介：文化伊塔乌网站致力于推广巴西文化习俗，提供文化信息获取途径并促进社会参与。作为数字化百科全书，该网站汇集了巴西视觉艺术、文学、戏剧、电影、舞蹈和音乐等方面的相关信息。

网址：https://www.itaucultural.org.br/

8. 收容地图（Mapas do Confinamento）

简介：收容地图是在新冠疫情的背景下诞生的葡萄牙语艺术家团体网站。该网站收录了葡语世界中文学、摄影、视觉艺术、翻译等领域的艺术家简介及随感，并汇集他们的艺术作品，定期推出电子杂志。目前网站支持葡英法三种语言，并即将与北京外国语大学合作将网站内容翻译成中文。

网址：https://www.mapasdoconfinamento.com/

9. 九号平台（Plataforma 9）

简介：九号平台是一个葡萄牙语世界文化门户网站，由卡洛斯特·古本江基金会（Fundação Calouste Gulbenkian）和卢济塔尼亚人国际协会（Associação Internacional de Lusitanistas）于 2014 年合作建立。该网站通过数字技术，建立各个国家和国际政府机关、大学、其他项目机构的信息网络，重点关注葡萄牙语语言文化领域。网站内的主要信息包括：新闻、资金、捐款、职位、培训、会议、研究、项目、出版物等。

网址：https://plataforma9.com/

10. 研究之门（ResearchGate）

简介：该网站启动于 2008 年，旨在赋权研究人员，以对话科学世界，让研究向所有人开放。目前有来自众多国家和地区不同部门的 2000 万名研究人员在此合作和分享他们的工作。该网站收录了诸多巴西机构和学者的信息。

网址：https://www.researchgate.net

11. Academia

简介：Academia 是一个共享学术研究的平台。该平台每月上传 4700 万篇论文，供 8500 万学者、专业人士和学生阅读学术界的论文。

网址：https://www.academia.edu/

12. Scribd

简介：Scribd 是一个美国的文献收录网站，同时也把电子书和有声书订阅服务作为主要服务项目，目前该网站已经拥有超过 1.7 亿份文档，可以查阅包括葡萄牙语在内的诸多电子资料。

网址：https://www.scribd.com

（二）影视资源（Recursos Audiovisuais）

1. 奈飞（Netflix）

简介： 美国奈飞公司，简称网飞，世界最大的流媒体播放平台，实行会员订阅制。目前网站上大多数热门电视剧、电影、纪录片、真人秀、动画等均支持葡萄牙语，且越来越多地推出巴西原创影视作品。

网址：https://www.netflix.com/br/

2. 弯弯字幕组

简介： 成立于 2018 年，致力于译制多语种多风格的影视作品，至今正式成员已有 200 多位、实习生 40 多位，特色小语种为日语、泰语、葡语、西语。该字幕组目前已翻译包括《民主的边缘》（Democracia em Vertigem）、《黑金高墙》（O Mecanismo）、《3%》、《天佑吾王》（Deus Salve o Rei）在内的二十多部优质巴西纪录片、电影、电视剧等，是目前中国国内规模最大、发展最成熟的葡语影视字幕组。

网址：http://wanwansub.com/node/113

3. 爱笑聚

简介： 影视资源网站，收录大量巴西影视作品，支持关键词检索。

网址：https://www.axjbt.com/

4. 巴西在中国

 简介： 巴西驻华大使馆 B 站官方账号，不定期发布巴西文化相关的科普性短片。

网址：https://space.bilibili.com/1114348382/?spm_id_from=333.999.0.0

微博：https://weibo.com/u/2490644882

微信公众号：巴西在中国

社会
（Sociedade）

一 组织机构（Organizações/Órgãos）

（一）政府部门（Setores Governamentais）

1. 巴西司法和公共安全部（Ministério da Justiça e Segurança Pública, MJSP）

简介：巴西司法和公共安全部是联邦公共行政的一个直接机构，其职责之一是捍卫法律秩序、政治权利和宪法保障，以及协调统一公共安全体系，保护国家经济秩序和消费者权利。巴西司法和公共安全部还在打击毒品贩运和相关犯罪方面采取行动，包括追回支持或导致犯罪活动的资金或资产，以及预防和打击腐败、洗钱和恐怖主义。

网址：https://www.gov.br/mj/pt-br

2. 巴西公民和社会行动部（Ministério da Cidadania）

简介：巴西公民和社会行动部于 2019 年 1 月 2 日根据第 9674/2019 号法令创立，是联邦直属行政机构，由体育部和社会发展部整合而成。该部的职能主要是开展预防运动，防范毒品滥用；为因食用精神活性物质而导致疾病的人实施救 助；治疗计划的评估和监测；减少因滥用合法或非法药物造成的社会和健康后果；以及巴西药物信息观察站的维护和更新。

网址：https://www.gov.br/mdh/pt-br

3. 社会发展特别秘书处（Secretaria Especial do Desenvolvimento Social, SEDS）

简介：社会发展特别秘书处隶属于巴西公民与社会行动部，负责协助公民部制定和协调相关政策、方案，以及采取相应行动，主要涉及公民收入、社会援助。该秘书处还关注农村和城市地区的社会与生产问题，以及幼儿保育和药物护理、预防等问题。

网址：https://www.gov.br/cidadania/pt-br/composicao/orgaos-especificos/desenvol-vimento-social

4. 体育特别秘书处（Secretaria Especial do Esporte）

简介：体育特别秘书处隶属于巴西公民和社会行动部，其职能是在监督和协调国家体育实践发展政策方面提供咨询。该秘书处发展体育，实施社会包容行动，以保障人民自由参加体育活动的权利，提高人民生活质量。另外，该秘书处有责任确保制定高绩效体育的政策，采取激励措施。

网址：http://arquivo.esporte.gov.br/index.php/institucional/o-ministerio

5. 巴西地区发展部（Ministério do Desenvolvimento Regional, MDR）

简介：巴西地区发展部成立于 2019 年 1 月，旨在整合城市基础设施，以及促进区域和生产性发展的各种公共政策，以此简化投资模式。简化后的投资模式支持提高巴西 5570 个城市的生活质量。该部由前城市部（Ministério das Cidades）和国家一体化部（Ministério da Integração Nacional）合并而成，并进行了调整，以优化项目、资源和资金的管理。

网址：https://www.gov.br/mdr/pt-br

6. 巴西劳动和就业部（Ministério do Trabalho e Emprego, MTE）

简介：巴西劳动和就业部负责劳动关系、工资和就业政策，以及工会组织和劳动保护等领域问题。其职责包括：管理就业和收入问题，支持工人和劳动关系现代化的政策，制定指导方针；检查港口工作，实施劳工法律或集体规范；协调薪资政策；负责专业培训和发展；负责职业健康和安全培训；制定移民政策；等等。

网址：https://www.gov.br/trabalho-e-emprego/pt-br

7. 巴西妇女、家庭和人权部（Ministério da Mulher, da Família e dos Direitos Humanos, MMFDH）

简介：巴西女性、家庭和人权部负责阐明并落实巴西促进和保护人权的政策，旨在通过长期寻求国家和民间社会之间的联合行动，改善、落实和加强巴西的人权。该部也有责任促进国家的政策执行，监督政府在照顾儿童和青少年、老年人等弱势群体方面采取行动。

网　址：https://www.gov.br/pt-br/orgaos/ministerio-da-mulher-da-familia-e-dos-direitos-humanos

8. 巴西联邦警察局（Polícia Federal do Brasil, PF）

简介：巴西联邦警察局简称联邦警察局（Departamento de Polícia Federal，DPF），主要负责公共安全，维护公共秩序，保证人员安全，打击毒品贩运、走私以及恐怖行动。

网址：http://www.pf.gov.br/

（二）公共机构（Instituições Públicas）

1. 国家社会援助委员会（O Conselho Nacional de Assistência Social, CNAS）

简介：国家社会援助委员会于 1993 年根据《社会援助组织法》（Lei Orgânica da Assistência Social）成立，其任务是：促进公共社会援助政策执行，并根据巴西人口的需要，为其永久性改进作出贡献。该委员会主要职能是：批准国家社会援助政策，规范提供公共和私人社会援助服务，确保权力下放和参与性社会援助制度的有效性，并召开全国社会援助会议。

网址：https://www.gov.br/cidadania/pt-br/acoes-e-programas/assistencia-social/participacao-social/conselho-nacional-de-assistencia-social

2. 三方政府间委员会（Comissão Intergestores Tripartite, CIT）

简介：三方政府间委员会代表公共卫生政策的创新管理方式，方便管理人员在业务方面以及在统一卫生系统（Sistema Único de Saúde）中，针对国家、州和区域协定进行谈判、沟通和决策，通过这种方式加强若干领域的治理。该委员会优先考虑实体的问责制，使管理层的决策更为透明化，寻求全面的医疗保健。

网址：https://www.gov.br/cidadania/pt-br/acoes-e-programas/assistencia-social/gestao-do-suas/comissoes-intergestores-1

3. 两党共同管理委员会（Comissões Intergestores Bipartites, CIB）

简介： 两党共同管理委员会是根据统一卫生系统（Sistema Único de Saúde, SUS）立法成立的，州内的两党和该委员会（CIB）出于行政和运营目的与州卫生秘书处相连。在 1993 年至 1994 年期间，该委员会在巴西各州逐步建立。根据卫生部卫生保健秘书处的统计数据，1994 年 12 月，除联邦区外，巴西所有州都成立了两党共同管理委员会，并开始运作。

网址：https://saude.rs.gov.br/cib

4. 巴西国家社会保障研究所（Instituto Nacional do Seguro Social, INSS）

简介： 巴西国家社会保障研究所是为巴西提供社会保障服务的公共组织，通过承认权利和执行社会政策，确保对公民的保护。为了保证服务公民的质量，研究所致力于持续改进的替代方案、现代化计划和卓越的运营优化措施，以支持理想的服务过程，满足公民的需求。

网址：https://www.gov.br/inss

（三）社会组织（Organizações Sociais）

1. 社会、人口与自然研究所（Instituto Sociedade, População e Natureza, ISPN）

简介： 社会、人口与自然研究所是设在巴西利亚的一个非营利民间社会组织，自 1990 年以来，该所一直通过实行可持续生计以及适应和缓解气候变化的战略，努力实现社会公平和环境平衡。该所认为，除明确和鼓励社会参与相关的公共政策之外，还应公开相应的社区项目资源。

网址：https://ispn.org.br/

2. 野生动物研究和环境教育学会（Sociedade de Pesquisa em Vida Selvagem e Educação Ambiental, SPVS）

简介： 野生动物研究和环境教育学会成立于 1984 年，由相关领域研究人员和专业人员创建。该组织是私法体系下的法人实体，以非营利性协会的形式组成。该学会通过保护土著地区，开展环境教育行动，开发合理使用自然资源的模式，致力于自然环境保护事业。自 1984 年以来，该学会一直致力于制定战略，以在自然保护方面取得成果。该学会在自然保护领域构建新的行动模式，同时致力于让社会认识到维护生物多样性的意义，将自然保护转化为集体关注的问题。

网址：http://www.spvs.org.br/

3. 国家环境与社会研究生学习和研究协会（Associação Nacional de Pós-Graduação e Pesquisa em Ambiente e Sociedade, ANPPAS）

简介：国家环境与社会研究生学习和研究协会汇集了巴西的项目和机构，这些项目和机构开展研究活动和严格意义上的跨学科专业人员培训，重点关注环境与社会在多个层面的互动。该协会旨在于学术上鼓励环境和社会在多维度范围内进行跨学科研究，促进和鼓励不同知识领域之间的对话和互动，以跨学科的方式处理多层面问题。

网址：https://anppas.org.br/

4. 社会发展研究所（Instituto de Desenvolvimento Social, IDS）

简介：社会发展研究所于 2004 年以协会的形式创建，具有教育、技术、文化、科学、社会、慈善性质。为了开展各种行动，该研究所所对农村推广并提供技术援助，并在经济、教育、文化、体育、卫生、旅游、公民和慈善领域开展研究、咨询。它建立并实施保护儿童、青少年、成年人和老年人的机制，促进边缘人群公民身份的恢复与再社会化。

网址：https://ids.pt/ids.html

5. 流动性与社会发展研究所（Instituto Mobilidade e Desenvolvimento Social, IMDS）

简介：流动性与社会发展研究所是一个对影响社会流动性的公共政策进行概述、测试、建议、宣传和监督实施的平台。它的合作伙伴是公共管理者和第三部门的代表，他们对以科学方法解决各自社区的社会问题感兴趣。IMDS 不属于任何政党，其目标是将学术界和管理者团结在对其服务的公民福祉具有持久影响的项目周围。

网址：https://imdsbrasil.org/sobre/o-instituto

6. 市场和民意研究专家（Especialista em Pesquisa de Mercado e Opinião Pública, IPSOS）

简介：市场和民意研究专家致力于为客户提供数据和准确可靠的信息，并将其转化为可实践的方案。专家除了提供最准确的数据外，还提供针对社会、市场和人才的全面分析。为此，研究专家们将最先进的科学技术、实质性原则快捷简便地应用到工作中。

网址：https://www.ipsos.com/pt-br

7. 特拉维希亚斯研究所（Instituto Travessia）

简介：该研究所是一个民间社会组织，成立于 2008 年，秉承不懈奋斗的社会企业家精神，为消除巴西的贫穷作出贡献，并团结个人和各组织，围绕社会企业创新，发展投资和人力资本，推进国家的减贫工作。

网址：https://www.institutotravessia.org.br/

8. 巴西研究公司协会（Associação Brasileira de Empresas de Pesquisa, ABEP）

简介：巴西研究公司协会致力于在国家和国际的最佳实践范围内，作为代表指导和举办以巴西研究公司利益为中心的课程和活动。作为一个专注于质量的管理机构，巴西研究公司协会百分之百专注于活动的发展，通过专业培训和认证、安全招聘信息和数据库，帮助公司和专业人士提升办事效率和质量。此外，该协会还作为强大的网络代理，加强巴西与北美、中美和南美研究行业之间的关系。同时，该协会还与营销专业人士进行沟通，促进双方交流，扩大市场规模。

网址：https://www.abep.org/

9. 巴西绿黄运动（Movimento Brasil Verde Amarelo, MVA）

简介：创建于农村地区的"巴西绿黄运动"由农村工会和协会组成，旨在促进社会保障和税收改革，以及打击犯罪的一揽子计划。

网址：https://movimentoverdeamarelo.com.br/

10. 巴西公共安全论坛（Fórum Brasileiro de Segurança Pública, FBSP）

简介：巴西公共安全论坛是一个非政府、无党派、非营利组织，致力于在公共安全领域建立一个参考和技术合作的环境。该组织由研究人员、社会科学家、公共管理人员、联邦警察、民警和宪兵、司法人员和民间社会专业人员组成，共同致力于提高暴力和安全政策信息的透明度，并找到解决方案。其发布的研究报告是研究巴西公共安全问题的重要参考资料。

网址：https://forumseguranca.org.br/

11. 巴西汽车司机协会（Associação Brasileira de Condutores de Veículos Automotores, ABRAVA）

简介：巴西汽车司机协会成立于 2019 年，旨在捍卫协会成员的尊严与权益，包括卡车司机、学校交通司机、应用程序司机和摩托车车手等，促进组织内人性化关系的建立，推动相互尊重与高质量的团队合作。

网址：https://mapaosc.ipea.gov.br/detalhar/1320073

12. 巴西卡车司机协会（Associação Brasileira dos Caminhoneiros, ABCAM）

简介：该协会是巴西卡车司机全国性组织，举办有卡车司机论坛（Fórum dos Caminhoneiros）和公路货运常设论坛（Fórum Permanente para o Transporte Rodoviário de Cargas, Fórum TRC），在全国公路运输、汽油价格等方面发挥独特作用。该协会目的是增强难以实现而且往往被人们忽视的卡车司机的自主权利。该协会在国家层面代表该类人的利益，通过与所有政府谈判协商，为巴西卡车司机谋求更好的工作条件。该协会在国民议会的若干特别委员会以及圣保罗州政府的部门委员会中都拥有席位。

网址：www.abcam.org.br

13. 巴西全国铁路运输商协会（Associação Nacional dos Transportadores Ferroviários, ANTF）

简介：该协会是一个全国性的非营利机构，旨在保护和促进巴西铁路货运的发展和改善。目前，协会包括 13 个负责货物运输的铁路运营商网络，其覆盖网络总长约为 31000 千米，每年有数百万吨矿石、大豆、玉米、糖、钢铁产品等通过该网络流通。

网址：https://www.antf.org.br/

14. 全国运输协会（Confederação Nacional do Transporte, CNT）

简介：全国运输协会积极采取行动，以战略和可持续的方式推进交通运输发展。该协会成立于 1954 年，是巴西交通运输行业的代表，汇集了 27 个联合会和 5 个全国工会，代表 164000 家公司和 230 万个会员。

网址：https://www.cnt.org.br/

（四）民意调查机构（Institutos Nacionais de Pesquisa de Opinião）

1. 巴西民意和统计研究所（Instituto Brasileiro de Opinião Pública e Estatística, IBOPE）

简介：巴西民意和统计研究所负责进行市场研究，提供有关巴西和拉丁美洲市场的信息。巴西民意和统计研究所根据客户要求，提供有关媒体、舆论、投票意向、消费行为、营销、品牌和其他问题的数据。

网址：http://www.ibope.com.br/

2. Exame/Ideia

简介：是 Exame 杂志与 Ideia 机构之间合作成立的民意调查机构，为政治问题和公众舆论提供独特的空间，为社会发展提供至关重要的服务。该机构的目标是帮助客户以更安全的方式解决问题，果断作出战略性决策，并与客户感兴趣的受众进行沟通。

网址：https://ideiausa.com/exame-ideia/

3. PoderData

简介：PoderData 是 Poder360 通信集团的子公司。它是一家民意调查公司，对由 Poder360、Poder Drive 通讯和签约的合作伙伴发布的新闻内容进行研究。

网址：https://www.poder360.com.br/category/poderdata/

4. 页报数据（Datafolha）

简介：页报数据是《圣保罗页报》（Folha de São Paulo）旗下的民意调查机构。该机构成立于 1983 年，是巴西最重要的舆论研究机构之一，主要向客户提供统计、选举、民意和市场的调查服务。该机构的服务包括选举研究、民意与社会、政府评价等业务板块。

网址：https://datafolha.folha.uol.com.br/

5. Genial/Quaest

简介：Quaest 研究所隶属巴西研究公司协会，是巴西重要的民意调查机构。该研究所对巴西总统大选进行民意调查，并与为 2022 年总统大选的调查提供资金的 Genial Investimento 建立了合作关系。

网址：http://www.quaest.com.br/

6. FSB 研究所（Instituto FSB Pesquisa）

简介： 该研究所是一家专门从事战略决策研究的机构，专注于高质量研究。FSB Pesquisa 不断创新，利用影像诊断和场景设计等专业知识，进行对政府机构和社会公众的调查。该研究所业务广泛，包括对公众事件以及舆论产生经过的调查。该研究所采取面对面或在线焦点小组、深入访谈等方式，提供基于定性或定量研究的解决方案。此外，该研究所通过诊断客户的决策，助其优化投资和传播策略。

网址：https://www.institutofsbpesquisa.com.br/

7. FSB Comunicação

简介： FSB Comunicação 是巴西最大的企业传播机构，专注于为客户的业务提供品牌公关、数字营销、社交媒体监控等多种解决方案。其专业领域包括媒体关系、媒体分析、数字传播、危机管理、设计与内容、营销与活动、社区传播、投资者传播和政府传播。致力于在对客户需求深刻理解的基础上，为其提供创造性的和有效的解决方案，以实现客户的目标。

网址：https://www.fsb.com.br/

8. BTG Pactual

简介： BTG Pactual 是巴西的一家金融公司，在投资银行、财富管理、资产管理、公司借贷以及销售和交易等市场上运营。它提供并购、财富计划、贷款和融资以及投资解决方案和市场分析方面的咨询服务。是巴西第六大银行机构、拉丁美洲第十六大银行，也是拉丁美洲和加勒比地区最大的投资银行。

网址：https://www.btgpactual.com/

9. 巴西研究和咨询情报机构（Inteligência em Pesquisa e Consultoria Estratégica, IPEC）

简介： 巴西研究和咨询情报机构从事于市场研究、舆论和政治咨询以及情报领域。该机构负责倾听、理解、解释受众的反映和意见，并将其转化为解决方案。

网址：https://www.ipec-inteligencia.com.br/

10. 巴西数据调查公司（Data Popular）

简介：巴西数据调查公司创建于 2002 年，曾提出一项关于研究方法的创新性提案，该提案直到今天仍具有重要意义。该公司研究整个巴西的阶级群体消费行为，收集相关数据，为客户提供参考。该公司的研究覆盖半数以上的巴西人，在极大程度上体现了巴西的真实情况。

网址：https://datapopular.com.br/

11. Instituto de Pesquisa MDA

简介：该机构在研究市场拥有超过 30 年的从业经验，从事公共管理领域的研究工作，确定城市的优先事项，进行公共服务评估，并协调公民与政府部门的沟通。

网址：https://mdapesquisa.com.br/

12. 巴拉那研究所（Instituto Paraná Pesquisas）

简介：该研究所在巴西市场耕耘了 32 年，是政治、民意和市场研究的参考机构。截至目前，该研究所已经实施了 1600 项研究，对 160 万民众进行过访谈。该研究所的实验成功率高、可靠性强、赢得了巴西舆论界的认可。

网址：https://www.paranapesquisas.com.br/

13. 社会、政治和经济研究所（Instituto de Pesquisas Sociais, Políticas e Econômicas, IPESPE）

简介：该机构由大学教授和研究人员于 1986 年创立，是巴西市场研究和舆论领域最受尊敬的机构之一，持续在国内和国际舆论与市场研究领域耕耘，已经在巴西 5570 个城市进行过调查。

网址：https://ipespe.org.br/

（五）外国调查机构（Institutos Estrangeiros de Pesquisa de Opinião）

1. 皮尤研究中心（Pew Research Center）

简介：皮尤研究中心是一家美国独立性民调机构，总部设于华盛顿特区，是皮尤慈善信托基金（The Pew Charitable Trusts）的子公司。皮尤研究中心没有特定的政策立场，负责向公众介绍世界发展趋势、问题和各方立场，并开展民意调查、人口统计、媒体内容分析等实证社会科学研究。

网址：https://www.pewresearch.org/

2. 拉美晴雨表公司（Latinobarómetro Corporation）

简介： 拉美晴雨表公司是一家总部位于智利圣地亚哥的非营利、非政府的民意调查所，全权负责数据的制作和发布。其中，Latinobarómetro 是一项年度民意调查，涉及18个拉丁美洲国家、覆盖6亿多居民。该机构利用意见、态度、行为和价值观等指标研究民主、经济和社会的发展。其结果被社会和政治人士、国际组织、政府和媒体广泛使用。

网址：https://www.latinobarometro.org/lat.jsp?Idioma=0

3. 盖洛普（Gallup）

简介： 盖洛普是一家以调查为基础的全球性的分析和咨询公司，于1935年由乔治·盖洛普（George Gallup）创立。该公司于2005年开始世界民调，持续调查了160个国家的公民，可覆盖世界上超过98%的成人人口。盖洛普世界民调包含了100多个全球性的问题和一些地区性的问题，例如：法律与秩序、食物和庇护所、社会组织、基础设施、职业评估、幸福指数等。盖洛普也与政府、组织、国家合作，制作其他的调查项目，以收集特定议题的资讯。该公司也以其覆盖各国的民意调查而闻名。

网址：https://www.gallup.com/

4. 太比特咨询公司（Terabit Consulting Company）

简介： 该公司是为全球信息通信领域技术和宽带社区提供分析、预测和战略咨询服务的第一信息来源。它提供海底电缆、地面光纤网络、卫星地面站、微波网络和其他服务。自2000年以来，Terabit Consulting 一直是全球诸多客户的首选专业咨询公司。

网址：http://www.terabitconsulting.com/

二 ⟨ 学术研究（Pesquisa Acadêmica）

（一）科研机构（Instituições Científicas）

1. 应用经济研究所（Instituto de Pesquisa Econômica Aplicada, IPEA）

简介：应用经济研究所是一个与经济部有联系的联邦公共基金会。其研究为政府制定和重新制定巴西公共政策和发展方案提供了技术和体制支持。IPEA 通过大量定期电子出版物、印刷品和活动向社会提供相关知识产品。

网址：https://www.ipea.gov.br/

2. 埃德尔斯坦社会研究中心（Edelstein Center for Social Research）

简介：埃德尔斯坦社会研究中心是巴西的一个智库，于 2004 年由居住在巴西的美国公民乔尔·埃德尔斯坦（Joel Edelstein）建立，总部设在里约热内卢，旨在促进和改善公共政策机构的研究和出版，以增强拉丁美洲的民主，维护社会正义。该研究中心还促进社会行动者和知识生产者之间的对话，在国际上传播拉美社会科学等相关机构的研究，开发免费访问的虚拟图书馆、数据库，并将拉美社会研究作品翻译成英语。

网址：www.centroedelstein.org.br/

3. 社会、政治和经济研究所（Instituto de Pesquisas Sociais, Políticas e Econômicas, IPESPE）

简介：社会、政治和经济研究所于 1986 年由众多大学教授和研究人员成立，是巴西市场研究和舆论领域地位最高的机构之一。该所将经验和创新结合在一起，开发和使用现代研究方法和工具。

网址：https://ipespe.org.br/

4. 巴西计划分析研究中心（Centro Brasileiro de Análise e Planejamento, CEBRAP）

简介：巴西计划分析研究中心成立于 1969 年，由一组来自不同领域的被军事独裁政权逐出大学的教师组成，是巴西重要而独立的知识生产场所。该研究机构研究各种问题，包括发展、创新、可持续性、城市、城市流动性、不平等、人口、健康、教育、社会运动、民主、暴力、人权、种族、性别、宗教和毒品等。它的许多调查为公共机构、民间协会和企业的战略决策提供了资金支持。CEBRAP 是一个全球化的研究中心，与美国、英国、德国、法国、印度、中国、墨西哥、南非等国的研究所、大学、发展机构和民间协会保持国际伙伴关系，为新政策的制定提供资金支持，为公共政策的制定与评价作出贡献。

网址：https://www.cebrap.org.br

5. 劳工和社会研究所（Instituto de Estudos do Trabalho e Sociedade, IETS）

简介：劳工和社会研究所成立于 1999 年，是一家私营非营利机构。自运作以来，该研究所一直致力于生产和传播关于社会和经济问题的知识，并诊断、评估和设计国家公共政策或私营企业政策，以消除不平等和贫困等问题，提高人民的生活质量。为了实现这些目标，劳工和社会研究所与社会不同部门，如私营公司、企业协会、政府实体、学术和研究机构以及第三部门组织开展研究项目和技术合作，重点是里约热内卢和巴西的大都市地区。

网址：https://www.iets.org.br/

（二）高校机构（Instituições de Ensino Superior）

1. 里约热内卢州立大学社会政治研究所（Instituto de Estudos Sociais e Políticos da Universidade do Estado do Rio de Janeiro, IESP-UERJ）

简介：自 2010 年以来，该研究所一直是拉丁美洲政治科学和社会学研究生研究和教学中心。该所已为巴西全国和国外著名大学、公共或私人机构输出了很多优秀教学人员。除了政治学和社会学的硕士和博士课程外，该所还提供其他各种培训，并开展一系列国内国际活动。

网址：https://iesp.uerj.br/

2. 圣保罗大学经济、行政、会计和精算学院（Faculdade de Economia, Administração, Contabilidade e Atuária da Universidade de São Paulo, FEA-USP）

简介：圣保罗大学经济、行政、会计和精算学院是一家公共教学和研究机构。该学院旨在培养行政、经济和会计方面的专业人才，以满足巴西大型中心的需求。成立几十年来，该学院在其涵盖的领域中已闻名国内外。该学院以圣保罗大学的高标准开展活动，并将有关巴西现实的知识与最著名的国际机构的参考资料和方法学知识相结合，在培训经济学家、行政人员、会计和精算专家方面尤其突出。

网址：http://www.fea.usp.br/

3. 里约热内卢联邦大学哲学和社会科学研究所（Instituto de Filosofia e Ciências Sociais da Universidade Federal do Rio de Janeiro, IFCS-UFRJ）

简介：里约热内卢联邦大学哲学和社会科学研究所位于里约热内卢市中心圣弗朗西斯科拉戈的一座历史建筑内。该研究所的起源可追溯到根据 1939 年 4 月第 1190 号法令创建的国家哲学学院。该研究所在巴西科学生产以及相关知识领域的毕业生和研究生培养方面有着悠久的历史，如今该机构也正在开展大量学术研究活动，因此被视为人文学科领域中最重要的机构之一，其成果也越来越重要。

网址：https://ifcs.ufrj.br/

4. 圣保罗大学暴力研究中心（Núcleo de Estudos da Violência da Universidade de São Paulo, NEV-USP）

简介：圣保罗大学暴力研究中心是圣保罗大学的研究中心之一，办公室在哲学、文学和人文科学学院。1987 年以来，该中心研究的主要问题涉及巴西民主巩固过程中持续存在的暴力和人权侵犯事件之间的复杂关系，并通过跨学科方法在暴力、民主和人权相关问题的讨论中开展研究并培训研究人员。NEV-USP 成立 30 多年来，该研究中心开发了一系列研究项目和推广课程。

网址：https://nev.prp.usp.br/

（三）重要学者（Pesquisadores）

1. 何塞·阿方索·马松（José Afonso Mazzon）

简介：José Afonso Mazzon 是圣保罗大学经济管理和会计学院的教授。1972 年，他获得了 Fundação Alvares Penteado 的经济学学位，也获得了 Horacio Berlinck 奖。他以优异的成绩获得了圣保罗大学经济管理和会计学院工商管理硕士（1978）和博士（1981）学位，1985 年在巴黎国立艺术学院（Conservatoire National des Arts et metiers）获得博士后学位。

研究领域：应用社会科学、工商管理、社会福利经济学等。

2. 安东尼奥·马查多·达席尔瓦（Luiz António Machado da Silva）

简介：生于1941年，逝于2020年9月21日，是巴西知名教授，巴西城市社会学和暴力研究的先驱，获得国家博物馆社会人类学硕士学位（1971年）和罗格斯大学社会学博士学位（1979年）。

研究领域：从社会理论和城市社会学的角度研究巴西贫民窟、暴力、劳动和社会运动等社会问题。

代表作品：《暴力社会：解读当代巴西城市犯罪》（Sociabilidade violenta: por uma interpretação da criminalidade contemporânea no Brasil urbano2004）；《里约热内卢贫民窟：昨天和今天》（Favelas Cariocas: Ontem e Hoje）；《被围困的生活：里约热内卢贫民窟的暴力行动和日常生活》（Vida Sob Cerco: Violência e Rotina nas Favelas do Rio de Janeiro）

（四）学术期刊（Revistas Acadêmicas）

1. 社会与国家杂志（Sociedade & Estado）

简介：社会与国家杂志旨在鼓励发表原创文章，自1986年以来，主要由巴西利亚大学社会学系（Departamento de Sociologia da Universidade de Brasília）负责编辑该杂志。杂志的目的是反映社会科学领域以及相关研究理论和方法的多样性。

网址：https://www.periodicos.unb.br/index.php/sociedade/index

2. 巴西社会科学评论（Revista Brasileira de Ciências Sociais, RBCSOC）

简介：巴西社会科学评论是巴西社会科学领域领先的跨学科期刊之一。其使命是宣传人类学、政治学和社会学三大领域的前沿学术成果。该期刊涵盖了上述领域内的，以及在方法论、概念理论发展方面的多元化主题。

网址：https://www.scielo.br/j/rbcsoc/

三 数据调查（Pesquisa Estatísticas）

（一）国家住户抽样调查（Pesquisa Nacional por Amostra de Domicílios, PNAD）

简介：国家住户抽样调查是巴西地理统计研究所每年进行一次的调查，始于1967年，该调查的主要目的是查明人口的一般特征，包括教育、工作、收入和住房方面的数据。此外，调查还根据国家的信息需要，定期提出其他问题，并通过各种指标来显示国家的社会经济状况。

网址：https://www.ibge.gov.br/estatisticas/sociais/populacao/2044-pesquisa-nacional-por-amostra-de-domicilios

四 数据库（Banco de Dados）

（一）民间社会组织地图（Mapa das Organizações da Sociedade Civil, MOSC）

简介：该地图数据库是巴西应用经济研究所（IPEA）建立的民间社会组织数据库，可以查询巴西本土的民间社会组织信息。

网址：https://mapaosc.ipea.gov.br/#

（二）暴力地图（Atlas da Violência）

简介：该地图由巴西应用经济研究所（IPEA）和巴西公共安全论坛（Fórum Brasileiro de Segurança Pública）发布。试图描绘巴西的暴力事件，相关数据主要来自卫生部死亡率信息系统（Sistema de Informações sobre Mortalidade, SIM）和法定疾病信息系统（Sistema de Informação de Agravos de Notificação, SINAN）的数据，主要从性别、种族、年龄等角度分析凶杀案信息。

网址：https://forumseguranca.org.br/atlas-da-violencia/

第二编
中间层

民族
（**Etnia**）

一 组织机构（Organizações/Órgãos）

（一）政府部门（Setores Governamentais）

1. 巴西公民部（Ministério da Cidadania）

简介：巴西公民部于 2018 年 11 月由文化部、体育部和社会发展部联合组建而成。该部门主要制定国家社会发展政策、国家社会援助政策以及对国家去殖民化和土地改革研究提供援助，以保护巴西殖民时期的文化。

网址：www.gov.br/cidadania/pt-br

2. 国家一体化部（Ministério da Integração Nacional, MI）

简介：国家一体化部成立于 1999 年，主要负责制定区域经济一体化战略，推动区域发展和区域民族融合。2019 年 1 月该部门被并入区域发展部（MDR）。

网址：https://www.gov.br/mdr/pt-br

3. 巴西地理统计局（Instituto Brasileiro de Geografia e Estatística, IBGE）

简介：目前，该统计局关于"肤色或种族"问题的分类中，有以下几类：白色、棕色、黑色、黄色和土著。除此之外，该统计局还进行巴西人种族观念的调查。

网址：www.ibge.gov.br

（二）公共机构（Instituições Públicas）

1. 印第安人保护和本国工人本地化服务处（Serviço de Proteção aos Índios e Localização de Trabalhadores Nacionais, SPILTN）

简介：该机构成立于1910年，主要目标是保护土著人民免受非土著人民的攻击，并帮助他们融入国家社会。

网址：https://pib.socioambiental.org/

2. 全国印第安人基金会（Fundação Nacional do Índio, Funai）

简介：全国印第安人基金会是巴西政府的官方土著研究机构，隶属于司法和公共安全部（Ministério da Justiça e Segurança Pública），以协调和执行联邦政府的土著政策为使命，在全国范围内保护和促进土著人民的权利。

网址：https://www.gov.br/funai/pt-br

3. 印第安人博物馆（Museu do Índio）

简介：印第安人博物馆是隶属于国家印第安人基金会（Funai）的科学和文化机构，位于里约热内卢市。该博物馆旨在传播一个没有社会偏见、正确的土著形象，引起人们对土著事业的关注。

网址：http://www.museudoindio.gov.br/

4. 保护和促进非裔巴西秘书处（Secretarìa Extraordinária de políticas para Afrodescendentes, SEAFRO）

简介：该秘书处旨在促进保护黑人和打击种族主义的活动，并按照该准则开展广泛的活动和项目。除了设立公民事务柜台，该秘书处接收受到种族歧视行为的受害者的投诉，SEAFRO还与司法和安全秘书处合作，建立了第一个种族主义犯罪特别警察局，还在首都和内陆地区举办论坛和会议，培训教师教授非洲—巴西的历史和文化。

网址：https://www.escavador.com/

5. 非洲—巴西博物馆（Museu Afro-Brasileiro）

简介：该馆隶属于圣保罗州文化部，位于圣保罗最著名的公园——伊比拉普埃拉公园（Parque Ibirapuera）的 Padre Manoel da Nóbrega 馆内，占地11000

平方米，收藏了18世纪以来的6000多件作品，包括绘画、雕塑、版画、照片、文件和由巴西和外国作家创作的民族学作品。这些作品涵盖了非洲和非洲裔巴西人文化世界的各个方面，包括宗教、工作、艺术、奴隶制等领域，记录巴西社会建设中的历史轨迹和非洲对其发展的影响。

网址：http://www.museuafrobrasil.org.br/

6. 萨卡卡博物馆（Museu Sacaca）

简介：萨卡卡博物馆是一个文化和科学机构，位于巴西阿马帕州首府马卡帕市。它隶属于阿马帕州科学技术研究所（IEPA），该所是一个负责促进和传播当地科学技术生产的公共机构。萨卡卡博物馆旨在促进研究、保存亚马孙当地原住民的传统文化、生活方式、流行习俗等，并加强与原住民的文化交流。

网址：http://www.museusacaca.ap.gov.br/

7. 废奴博物馆（Museu da Abolição, MAB）

简介：废奴博物馆—非裔巴西文化中心（Museu da Abolição-Centro de Referência da Cultura Afro-Brasileira）位于巴西伯南布哥州首府累西腓市，受巴西博物馆研究所（IBRAM）管辖。该博物馆旨在保护收藏非洲人后裔的物质和非物质遗产，以研究、保护和传播各种形式的非裔巴西文化。此外，该博物馆促进非裔巴西人对巴西奴隶制进程、奴隶制废除、自由主义斗争和国家形成的历史进行批判性反思。特别是在废除奴隶制问题上，该博物馆通过鼓励反思和批判性思维，为加强巴西人的民族和公民身份作出贡献。

网址：http://museudaabolicao.museus.gov.br/

8. 原住民艺术博物馆（Museu de Arte Indígena, MAI）

简介：原住民艺术博物馆位于巴拉那州，是巴西第一个专门致力于收藏和保护巴西土著人民艺术的私人博物馆。

网址：https://www.maimuseu.com.br/quem-somos

9. 原住民纪念馆（Memorial dos Povos Indígenas, MPI）

简介：原住民纪念馆是巴西的研究机构，致力于研究巴西土著文化，位于巴西利亚，收藏了巴西各民族共380件作品。

网址：https://web.archive.org/web/20101012123937/http://www.sc.df.gov.br/?s

essao=conteudo&idSecao=96&titulo=MEMORIAL-DOS-POVOS-INDIGENAS

10. 圣保罗州移民博物馆（Museu da Imigração do Estado de São Paulo）

简介：圣保罗州移民博物馆是隶属于圣保罗州文化秘书处（Secretaria de Estado da Cultura de São Paulo）的公共机构，因其在巴西和圣保罗州的移民文化宣传中的重要作用而被列入世界历史遗产名录，是圣保罗最重要的景点和文化区之一。

网址：https://museudaimigracao.org.br/

11. 圣保罗州公共档案馆（Arquivo Público do Estado de São Paulo）

简介：该档案馆创建于 1891 年，隶属于圣保罗州政府秘书处，负责圣保罗公共档案的协调和系统化，同时也记录有关巴西殖民及移民历史的宝贵资料。

网址：http://www.arquivoestado.sp.gov.br/

（三）社会组织（Organizações Sociais）

1. 巴西人类学协会（Associação Brasileira de Antropologia, ABA）

简介：巴西人类学协会在处理与教育、社会行动和人类保护有关的公共政策问题方面发挥着重要的作用，一直积极捍卫少数民族的权利，反对歧视并始终坚持反对社会不公正现象。

网址：http://www.portal.abant.org.br/

2. 印第安人博物馆协会之友（Sociedade de Amigos do Museu do Índio, SAMI）

简介：SAMI 为非营利组织，旨在起到维系博物馆与民间社会之间的纽带作用，传播巴西土著文化的项目，获取和保存巴西土著藏品，保护土著文化传统。

网址：http://antigo.museudoindio.gov.br/projetos-e-parcerias/rede-de-parceiros/20-projetos-e-parcerias/76-sociedade-de-amigos-do-museu-do-indio

3. 黑人艺术博物馆（Museu de Arte Negra, MAN）

简介：最初是 Teatro Experimental do Negro（TEN）的一个项目，该项目

是在 Abdias Nascimento 的领导下创立的。MAN 诞生于 1950 年，旨在打击审美种族主义并重视艺术、文化和黑人人权。

网址：http://man.ipeafro.org.br/

4. 联合黑人运动（Movimento Negro Unificado, MNU）

简介：MNU 于 1978 年在圣保罗（São Paulo）成立，是一个有关政治、文化和社会活动的团体，是巴西黑人斗争的先驱组织，为文化上的自我肯定和促进巴西非洲文化发展而奋斗，为黑人运动的进步和黑人文化的复兴作出了贡献。

网址：https://mnu.org.br/

5. 黑人实验剧场（Teatro Experimental do Negro, TEN）

简介：TEN 由 Abdias do Nascimento 和妻子 Maria Nascimento 创立并执导，旨在通过戏剧重视黑人及其文化。TEN 专注于为黑人在表演艺术和巴西社会中的价值开辟新道路。在此剧场上演的很多戏剧，引发了人们对黑人在后奴隶制社会中的处境的批判性思考。

网址：https://ipeafro.org.br/acoes/acervo-ipeafro/secao-ten/

6. 黑人社交俱乐部（Clubes Sociais Negros）

简介：该俱乐部旨在传播黑人文化，是一个不分肤色或宗教，男女平等相处的空间。

网址：https://clubessociaisnegros.com/

二 学术研究（Pesquisa Acadêmica）

（一）科研机构（Instituições Científicas）

1. 非裔巴西文化研究所（Ipeafro）

简介：Ipeafro 旨在为捍卫非洲人后裔的权利作出贡献，并保护和传播巴西非裔的文化、历史，反对激进主义。该机构的行动重点是将种族、种族之间的关系、非裔历史和文化纳入巴西教育体系。

网址：https://ipeafro.org.br/

（二）**高校机构**（Instituições de Ensino Superior）

1. **圣保罗大学考古与民族学博物馆**（Museu de Arqueologia e Etnologia da Universidade de São Paulo, MAE - USP）

简介：该博物馆是圣保罗大学（USP）的下属机构，是巴西收藏最多考古和民族志文物的博物馆之一。

网址：https://mae.usp.br/

2. **巴伊亚联邦大学考古与民族学博物馆**（Museu de Arqueologia e Etnologia da Universidade Federal da Bahia, MAE-UFBA）

简介：该博物馆是巴伊亚联邦大学（UFBA）的下属机构，拥有四个民族学收藏展区：Pedro Agostinho、Aristóteles Barcelos e Maria Ignês Mello、Pankararé 和 Tuxá。

网址：http://www.mae.ufba.br/

3. **土著语言和文学实验室**（Laboratório de Línguas e Literaturas Indígenas, LALLI）

简介：土著语言和文学实验室隶属于巴西利亚大学，旨在建立一个语言的记录、分析和对比机构，以更好地保存巴西土著语言。

网址：https://www.researchgate.net/lab/Ana-Suelly-Arruda-Camara-Cabral-Lab

4. **土著语言实验室 / 土著民族研究中心**（Laboratório de Línguas Indígenas/ Núcleo de Estudos e Pesquisa com Povos Indígenas, LALI）

简介：该机构与巴西利亚大学开展语言学领域的合作，培训研究人员，对巴西土著语言进行研究，旨在记录和传承巴西的土著语言，传播有关于土著语言的知识，强调土著语言在巴西多种族背景下的重要性。

网址：http://www.uft.edu.br/lali/

（三）**重要学者**（Pesquisadores）

1. **阿布迪亚斯·多·纳西门托**（Abdias do Nascimento）

简介：创立了黑人实验剧场和黑人艺术博物馆项目，被称为 20 世纪非洲世界最全才的知识分子和文化人，也是诗人、作家、剧作家、视觉艺术家和泛非主义活动家。其画作在巴西和国外广泛展出，他也在打击种族主义的背景下探索非洲文化遗产。

研究领域：巴西非裔文化、巴西的种族主义、巴西艺术。

代表作：《巴西黑人的种族灭绝》（O Genocídio do Negro Brasileiro）、《巴西种族关系》（O Genocídio do Negro Brasileiro）

2. 安德烈·雷布萨斯（André Rebouças）

简介：巴西工程师、发明家和废奴主义者。他与 Joaquim Nabuco、José do Patrocínio 等人共同创建了巴西反奴隶制协会，还加入废奴联盟并起草了中央解放协会章程。

研究领域：废奴问题。

代表作：《从奴隶制的废除到苦难的废除》（Da Abolição da Escravatura à Abolição da Miséria）

3. 多米尼克·蒂尔金·威尔士（Dominique Tilkin Gallois）

简介：比利时人类学家，研究法属圭亚那、苏里南、巴西阿马帕州和帕拉州的土著人民，是研究巴西的主要民族学家之一，对瓦雅皮人的萨满教进行了开创性的研究。她还研究亚马孙原住民的种族间关系，在与这些种族之间的现有接触中发现了社会文化的复杂性，对该主题的民族学研究进行了创新，考虑到在特殊社会模式下建立的种族间关系，为原住民隔离问题的研究开辟了新的理论视角。

研究领域：民族学、亚马孙原住民问题。

代表作：《非物质文化遗产和土著人民：以阿马帕和帕拉北部为例》（Patrimônio cultural imaterial e povos indígenas: exemplos do Amapá e norte do Pará）

4. 爱迪生·德·苏萨·卡内罗（Edison de Souza Carneiro）

简介：毕业于巴伊亚联邦大学法学院（FDUFBA），巴西最伟大的民族学家之一，致力于研究非裔巴西文化。

研究领域：非裔巴西文化。

代表作：《黑人宗教》（Religiões Negras）；《巴西黑人选集》（Antologia do Negro Brasileiro）

5. 弗洛雷斯坦·费尔南德斯（Florestan Fernandes）

简介：巴西社会学家和政治家，劳工党（PT）党员，毕业于圣保罗大学哲学、科学和文学学院（Faculdade de Filosofia, Ciências e Letras da Universidade de São Paulo）的社会科学专业。

研究领域：社会学、民族学。

代表作：《巴西的民族学和社会学》（A etnologia e a sociologia no Brasil）；《巴西的民族调查和其他文章》（A investigação etnológica no Brasil e outros ensaios）

6. 赫伯特·巴尔杜斯（Herbert Baldus）

简介：德裔巴西民族学家，出生于德国，后定居于圣保罗。定居后，组织了一次在巴西南部进行的探险活动，并发表了几篇以居住于巴西和巴拉圭的已知印第安人为主题的文章。

研究领域：巴西民族学、巴西土著、考古研究。

代表作：《巴西民族学批判书目》（Bibliografia Crítica da Etnologia Brasileira）；《印第安人的传说故事》（Estórias e lendas dos índios）；《巴西民族论文集》（Ensaios de Etnologia Brasileira）

7. 杰弗里·莱瑟（Jeffrey Lesser）

简介：美国的拉丁美洲历史学家，学士和硕士阶段就读于布朗大学，随后在纽约大学获得拉丁美洲历史学博士学位，师从已故的沃伦·迪安（Warren Dean）教授。杰弗里·莱瑟曾担任特拉维夫大学富布赖特人文学科主席，并在圣保罗大学和坎皮纳斯州立大学担任客座教授。2007—2008年，他担任拉丁美洲历史会议主席，该会议是隶属于美国历史协会的拉丁美洲学者专业组织。2015年，莱瑟成为圣保罗大学高级研究所的研究学者。2022年他获得圣保罗联邦历史、地图和计算机研究中心富布赖特研究资助。

研究领域：巴西种族问题、移民问题、民族认同研究。

代表作：《国家认同：巴西的移民、少数族群与种族身份的斗争》（A Negociação da Identidade Nacional: Imigrantes, Minorias e a Luta pela Etnicidade no Brasil）；《从1808年至今的巴西移民、种族与国家认同》（Immigration, Ethnicity, and National Identity in Brazil, 1808 to the Present）；《欢迎不受欢迎的人：巴西与犹太问题》（Welcoming the Undesirables: Brazil and the Jewish Question）

8. 若昂·费尔南德斯·克拉普（João Fernandes Clapp）

简介：巴西商人和废奴主义者，是废奴主义者联合会的主席，也是推进前奴隶免费教育的先驱。他创建了 Clube dos Libertos de Niterói，这是一项促进前奴隶免费教育的开创性倡议，旨在培养最近获得自由的黑人知识分子。

9. 若泽·杜·帕特罗西尼奥（José do Patrocínio）

简介：巴西药剂师、记者、作家、演说家和政治活动家，是巴西废奴主义和君主制运动中最重要的人物之一。他与 Joaquim Nabuco André Rebouças 一起创立了巴西反奴隶制协会（SBCE），为废除奴隶制努力。

研究领域：君主制、奴隶制、黑人运动

代表作：《里约之城》（A Cidade do Rio）

10. 曼努埃拉·卡内罗·达库尼亚（Manuela Carneiro da Cunha）

简介：葡萄牙裔巴西人类学家，是民族学和历史人类学研究的参考人物。她被公认为巴西土著人民权利的重要知识分子和活动家，是圣保罗大学人类学系教授，也是巴西人类学协会（ABA）主席。

研究领域：民族学、印第安人史、后现代文学。

代表作：《印第安人的权力》（Direito dos Índios）；《巴西印第安人的历史》（História dos Índios no Brasil）

11. 佩德罗·阿戈斯蒂尼奥·达席尔瓦（Pedro Agostinho da Silva）

简介：毕业于弗鲁米嫩塞联邦大学（Universidade Federal Fluminense）历史系（1962 年），获巴西利亚大学（Universidade de Brasília）人类学硕士学位（1968 年），目前是巴伊亚联邦大学（UFBA）人类学和民族学系的兼职教授。

研究领域：土著民族学、土著政治、人类学、仪式与象征。

12. 皮埃尔·爱德华·利奥波德·韦尔热（Pierre Edouard Leopold Verger）

简介：是一位自学成才的法裔巴西摄影师、民族学家、人类学家和作家，搬去萨尔瓦多市（Salvador）后，致力于研究非洲和巴西的黑人宗教和文化，曾任巴伊亚联邦大学（UFBA）教授，还是 1982 年开馆的非裔巴西博物馆的主要人物。

研究领域：非洲人民的宗教多样性、奴隶贸易、黑人传统植物学。

代表作：《巴伊亚肖像》（Retratos da Bahia）

13. 瓦尔德卢尔·雷戈（Waldeloir Rego）

简介：巴西民族学家、历史学家和民俗学家，研究了圣本笃修道院（Mosteiro de São Bento）的历史。

代表作：《安哥拉的卡波耶拉》（Capoeira Angola）

（四）学术期刊（Revistas Acadêmicas）

1. 考古民族学博物馆杂志（Revista do Museu de Arqueologia e Etnologia）

简介：由圣保罗大学杂志门户（Portal de Revistas USP）出版，是一本出版考古学、民族学和博物馆学著作的学术期刊（半年刊）。

网址：https://www.revistas.usp.br/

2. 新论（Novos Debates）

简介：该刊是巴西人类学协会（ABA）出版的半年刊，旨在通过学术辩论，对当代人类学研究进行广泛传播和批判性反思。

网址：http://novosdebates.abant.org.br/

3. 振奋（Vibrante）

简介：是巴西人类学协会的期刊，旨在世界范围内传播巴西人类学的知识，发表英文、法文和西班牙文的文章。

网址：http://www.vibrant.org.br/

4. 民族语言学档案（Cadernos de Ethnolinguistics）

简介：是一本专门从事语言科学和南美洲土著语言领域工作的电子期刊，由科特·尼穆恩达茹数字图书馆出版。

网址：http://www.etnolinguistica.org/cadernos:home

5. 巴西人类学语言学杂志（Revista Brasileira de Linguística Antropológica, RBLA）

简介：专注人类语言学和南美土著语言领域的期刊。由巴西利亚大学土著语言和文学实验室出版。

网址：https://periodicos.unb.br/index.php/ling/index

三 ＜ 电子资源（Recursos Eletrônicos）

（一）**数据库**（Banco de Dados）

1. 科特·尼穆恩达茹数字图书馆（Biblioteca Digital Curt Nimuendajú）
简介：科特·尼穆恩达茹数字图书馆主要收藏南美洲土著语言和文化资源。
网址：http://www.etnolinguistica.org/

2. 巴西原住民数字民族收藏库（Acervo Digital Etnográfico dos Povos Indígenas no Brasil）
简介：该收藏库是巴西第一个经过系统化分类处理的数字民族收藏库，并允许用户使用过滤器进行搜索。该库主要收藏和研究土著人民使用过的陶瓷、装饰品、乐器等。
网址：https://acervo.museu.ufg.br/acervo-museu-antropologico/acervo-etnografico/

（二）**影视资源**（Recursos Audiovisuais）

1. 女奴伊佐拉（Escrava Isaura）
简介：本片讲述了女奴伊佐拉在 19 世纪的巴西农场的爱恨情仇，最大程度地反映了当时巴西的人文风情。

2. 非洲思维频道（Canal Pensar Africanamente）
简介：旨在制作和传播有关非洲和非裔散居历史、传统和血统的内容和信息。该倡议始于 2020 年，当时新冠疫情在全球肆虐，迫切需要网络媒体扩大行动，以打击种族主义，重视非洲黑人文化。

3. 贵族俱乐部（Aristocrata Clube）
简介：黑人社会俱乐部推出的一部纪录片，讲述了黑人抵抗运动的概况。
网址：https://www.youtube.com/watch?v=dRFudNGTkqA

一　主要家族（Famílias Importantes）

（一）莫雷拉·萨勒斯家族（Família Moreira Salles）

1. 成员关系

费尔南多·罗伯托·莫雷拉·萨勒斯（Fernando Roberto Moreira Salles）是一位巴西商人。他是伊塔乌联合银行创始人瓦尔特·莫雷拉·萨勒斯（Walther Moreira Salles）的儿子，他和他的兄弟们是银行的股东。

若奥·莫雷拉·萨勒斯（João Moreira Salles）是瓦尔特·莫雷拉·萨勒斯大使的儿子，也是电影制片人沃尔特·萨勒斯的兄弟。1920 年，他在波索德卡尔达斯（Poços de Caldas）创立了莫雷拉·萨勒斯银行（Moreira Salles Banking House）。

佩德罗·莫雷拉·萨勒斯（Pedro Moreira Salles）是巴西银行家，现任伊塔乌·乌班科（Itaú Unibanco）银行董事会主席。

小华尔特·莫雷拉·萨勒斯（Walther Moreira Salles Junior）是一位巴西商人、银行家、外交官和律师，毕业于圣保罗大学拉戈德圣弗朗西斯科法学院。

2. 家族企业：伊塔乌联合银行（Itaú Unibanco）

简介：伊塔乌联合银行是巴西最大的银行，总部设在圣保罗市。该银行成立于 2008 年 11 月 4 日，由 Banco Itaú 和 Unibanco 合并而成，Unibanco 是巴西最大的两家金融机构之一，是南半球最大的金融集团，也是全球市值最大的 20 家金融集团之一。该银行的股票在圣保罗的 BM&FBovespa 和纽约的纽约证券交易所上市。Itaú Unibanco 拥有 91 年的历史，拥有 90000 多名员工，近 5500

万客户和超过 95000 名股东。

网址：https://www.itau.com/

（二）马吉家族（Família Maggis）

1. 成员关系

露西亚·博尔赫斯·马吉（Lucia Borges Maggi）是已故安德烈·安东尼奥·马吉的妻子。这对夫妇于 1977 年共同创立了安德烈·马吉集团，是巴西最大的大豆生产商之一，创造了数十亿美元的财富。2001 年安德烈·马吉去世后，露西亚成为公司的主要股东，并从此对公司承担主要责任。2023 年，露西亚凭借 14 亿美元的财富成为福布斯亿万富翁排行榜上的巴西女首富。

布莱罗·博尔赫斯·马吉（Blairo Borges Maggi）是巴西农学家、商人和政治家，隶属于进步党（PP），2016 年 5 月 12 日至 2019 年 1 月 1 日担任米歇尔·特梅尔政府的农业、畜牧业和供应部长；2003 年至 2010 年担任马托格罗索州第 53 任州长，并于 2011 年至 2016 年 5 月担任该州联邦参议员。

安德烈·安东尼奥·马吉（André Antônio Maggi，1927—2001）是马吉家族的族长，一位政治家和大豆商人。

2. 家族企业：阿马吉（Amaggi）

简介： 阿马吉是一家巴西跨国公司，由露西娅·博尔赫斯·马吉、其子布莱罗·博尔赫斯·马吉（Blairo Borges Maggi）和她的四个姐妹拥有，是家族成员与族长安德烈·安东尼奥·马吉一起建造的家族企业。总部位于马托格罗索州首府库亚巴市，目前是拉丁美洲领先的农业综合企业公司之一，在 7 个国家开展业务。该公司业务除贸易外，还在育种、内河运输、大豆加工、发电和金融领域设有分支机构。

网址：https://www.amaggi.com.br/

（三）马里尼奥家族（Família Marinhos）

1. 成员关系

罗伯托·伊利内乌·马里尼奥（Roberto Irineu Marinho）是巴西记者和商人。他是 Irineu Marinho 的继承人，从 1925 年到 2003 年接手和经营环球集团（Grupo Globo），是巴西 20 世纪最强大和最有影响力的人之一。

若昂·罗伯托·马里尼奥（João Roberto Marinho）是罗伯托·伊利内乌·马里尼奥的四个孩子中的老三。他曾任环球集团总裁、编辑委员会和机构委员会主席以及全国报纸和广播电视广播协会的副主席。

若泽·罗伯托·马里尼奥（José Roberto Marinho）是罗伯托·伊利内乌·马里尼奥的儿子，目前控制着罗伯托·马里尼奥基金会（Fundação Roberto Marinho），该基金会由其父于1977年11月创建。他是环球集团董事会副主席，其兄若昂·罗伯托·马里尼奥担任主席。

2. 家族企业：环球集团（Grupo Globo）

简介： 是巴西和拉丁美洲最大的媒体和传播集团，拥有以下子公司：环球Globo（自2020年1月起统一了TV Globo公司、Globosat和Globo.com）、环球出版社、Globo Radio System和Globo Ventures。环球集团是Roberto Marinho基金会的维护者。2016年，根据咨询公司Zenith Optimedia发布的排名，环球集团被列为全球最大的媒体所有者之一，也是唯一上榜的巴西公司，它旗下有巴西最大的电视台，该电视台同时也是世界第二大电视台。

网址：https://moverpar.com.br/

（四）塞图巴尔家族（Família Setubals）

该家族是公开上市的伊塔乌联合银行的控股股东。

1. 成员关系

罗伯托·埃吉迪奥·塞图巴尔（Roberto Egydio Setúbal，生于1954年10月13日），巴西银行家和慈善家，曾任伊塔乌银行（Banco Itaú）总裁。2016年11月9日，由经济学家坎迪多·博特略·布拉彻（Candido Botelho Bracher）继任。

奥拉沃·埃吉迪奥·塞图巴尔（Olavo Egydio Setúbal）是巴西工程师、实业家、银行家和政治家、圣保罗州首府的市长。他是律师、政治家、诗人和作家保罗·塞图巴尔（Paulo de Oliveira Leite Setúbal）和弗朗西斯卡·埃吉迪奥·德·索萨·阿兰哈的儿子，圣保罗州副州长奥拉沃·埃吉迪奥·德·索萨·阿兰哈（Olavo Egídio de Sousa Aranha）的孙子。他负责伊塔乌联合银行的成长和扩张，是该银行的最大股东之一和董事会主席，也是该集团控股公司Itaúsa的执行主席。

2. 家族企业：伊塔乌联合银行（Itaú Unibanco）

简介：伊塔乌联合银行（Itaú Unibanco）通常被称为 Itaú，它是巴西最大的银行，总部设在圣保罗市。该银行成立于 2008 年 11 月 4 日，由 Banco Itaú 和 Unibanco 合并而成。Unibanco 是巴西最大的两家金融机构之一，是南半球最大的金融集团，也是全球市值最大的 20 家金融集团之一。该银行的股票在圣保罗的 BM&FBovespa 和纽约的纽约证券交易所上市。Itaú Unibanco 拥有 91 年的历史，拥有 90000 多名员工，近 5500 万客户和超过 95000 名股东。

网址：https://www.itau.com/

（五）维莱拉家族（Família Villelas）

维莱拉家族（Villelas）和塞图巴尔家族（Setubals）共同控股伊塔乌公司（Itaúsa），这家控股公司又控股南半球最大的私人银行——伊塔乌联合银行。两个家族在圣保罗以"第十五"而著称，因为其家族的财富和权势可以追溯到 16 世纪。

1. 成员关系

阿尔弗雷多·艾吉迪奥·德·阿鲁达·维莱拉·菲尔霍（Alfredo Egydio de Arruda Villela Filho）是一位巴西高管、工程师，毕业于马乌阿（Mauá）理工学院，是 Itaúsa 集团的总裁和最大股东。父母在一次飞机失事中丧生后，他由姨妈 Milu Villela 抚养长大。他是伊塔乌银行（Banco Itaú）创始人 Alfredo Egídio de Sousa Aranha 的曾孙，被《福布斯》杂志评定为拥有 32 亿美元财富，是世界排名第 347 位最富有的人，在巴西排名第 10 位。

安娜·露西亚·德·马托斯·巴雷托·维莱拉（Ana Lucia de Mattos Barretto Villela）是一位社会活动家。她是 Itaú 董事会成员，继承了曾祖父 Alfredo Egídio de Sousa Aranha 的遗产。她还是 Alana Institute 联合创始人兼总裁。

阿尔弗雷多·埃吉迪奥·德·索萨·阿兰哈（Alfredo Egídio de Sousa Aranha）（1894 年 5 月 28 日—1961 年 5 月 29 日）是巴西律师、商人和银行家。

2. 家族企业：伊塔乌萨公司（Itaúsa）

简介：该公司是一家拥有超过 45 年的市场经验的巴西上市公司，在许多领域拥有多元化的分公司和子公司，并在 50 多个国家开展业务，拥有约 900000 名个人股东，是巴西证券交易所最大的股票基地之一。它在对应的经济领域投资相关公司，其行业亮点包括 Itaú Unibanco、Alpargatas、Duratex、Copagaz 和 NTS（东南新运营商）。Itaúsa 的既定目标是为股东和整个社会可持续地创造价值。

网址：https://www.itausa.com.br/

（六）马塔拉佐家族（Família Matarazzos）

一个充满进取精神的实业家族，祖先来自意大利。20 世纪初，马塔拉佐家族控制着巴西最大甚至可能是拉美最大的商业帝国，在 367 家工厂（生产纺织、食品和 80 多种其他各类产品）雇用着 3 万多名工人。然而到了 1983 年，公司创立 101 年后，马塔拉佐集团（Matarazzo Group）被 1.6 亿美元的债务压垮，申请进行财务重组。当时，马塔拉佐家族把自身的经营困境归咎于巴西政府的经济政策。

1. 成员关系

弗朗切斯科·安东尼奥·玛丽亚·马塔拉佐（Francesco Antonio Maria Matarazzo，1854 年 3 月 9 日—1937 年 12 月 10 日）是一位意大利裔巴西商人、银行家、实业家和慈善家，20 世纪初拉丁美洲最大的工业园区 Indústrias Reunidas Fábricas Matarazzo 的创始人。又称弗朗西斯科·马塔拉佐伯爵、马塔拉佐伯爵或弗朗切斯科伯爵。

弗朗西斯科·马塔拉佐·朱尼奥（Francisco Matarazzo Júnior），巴西商人，经营着弗朗西斯科·马塔拉佐（Francisco Matarazzo）的重聚工业公司长达四十年，这是拉丁美洲最大的工业综合体。1937 年，其创始人弗朗切斯科·马塔拉佐去世，他开始执掌公司。

2. 家族企业：复聚工业弗朗西斯科·马塔拉佐（IRFM）

简介：复聚工业弗朗西斯科·马塔拉佐（Indústrias Reunidas Fábricas Matarazzo），巴西乃至拉丁美洲最大的商业集团，总部设在圣保罗市，雇员人数占当地人口总数的 6%。该集团拥有巴西第四高的总收入，3 万多名员工分布巴西各地的众多单位。其创始人是意大利移民弗朗切斯科·马塔拉佐，他曾是巴西首富。

网址：https://www.facebook.com/industriasmatarazzo/

（七）艾尔米里奥·德莫拉埃斯家族（Família Ermirio de Moraes）

1. 成员关系

安东尼奥·艾尔米里奥·德莫拉埃斯（Antônio Ermírio de Moraes），巴西作家、企业家、工程师和实业家，曾任 Group Votorantim 主席及董事会成员。

厄米里奥·佩雷拉·德莫拉埃斯（Ermirio Pereira de Moraes），巴西商人，私营公司 Votorantim S.A. 的共同所有者。

玛丽亚·海伦娜·莫拉埃斯·斯克利皮利蒂（Maria Helena Moraes Scripilliti），巴西女商人，是私营公司 Votorantim S.A. 的共同所有者。她嫁给了克洛维斯·斯克里皮利蒂（Clovis Scripilliti），二人在 20 世纪 60 年代和 70 年代一起在巴西东北部扩展了 Votorantim S.A.。他们有四个孩子，包括 Votorantim S.A. 集团副总裁 Clovis Ermírio de Moraes Scripilliti。

若泽·罗伯托·厄米里奥·德莫拉埃斯（Jose Roberto Ermírio de Moraes），巴西商人、工程师和政治家，沃托兰廷集团（Votorantim S.A.）的创始人。

若泽·厄米里奥·德莫拉埃斯·内托（Jose Ermírio de Moraes Neto），巴西企业家和投资者，Vox Capital 的联合创始人。

2. 家族企业：沃托兰廷集团（VSA）

简介： 沃托兰廷集团（Votorantim S.A.），一家巴西家族控股的跨国公司，由伯南布哥州工程师 José Roberto Ermírio de Moraes 创建，业务遍及全球，目前在 19 个国家开展业务，在采矿、水泥、能源、金融、房地产投资和浓缩橙汁等生产领域进行投资，拥有超过 34000 名员工，2018 年净利润为 20 亿雷亚尔。

网址：https://www.votorantim.com.br/

（八）萨夫拉家族（Família Safras）

该家族掌握着萨夫拉集团（Grupo Safra），特别是萨夫拉银行（Banco Safra S.A.）。该家族企业的创始人为银行家雅各布·萨夫拉（Jacob Safra, 1891—1963），是叙利亚移民，在巴西组建了家庭。目前家族企业的主要经营者是约瑟夫·萨夫拉（Joseph Safra, 1938—2020）的遗孀维姬·萨夫拉（Vicky Safra）和儿子雅各布·萨夫拉（Jacob Safra）、阿尔贝托·萨夫拉（Alberto Safra）与大卫·萨夫拉（David Safra）。

1. 成员关系

约瑟夫·萨夫拉于 1955 年开始接管父亲雅各布·萨夫拉一手创办的银行，2020 年去世后，他的四个孩子和遗孀维姬共同继承了大约 176 亿美元的财富。约瑟夫·萨夫拉将银行股份都授予四个孩子，其中大姐埃斯特不参与银行业务，长子雅各布负责国际业务，三子大卫主管国内业务。二子阿尔贝托则因为分歧，离开了家族贷款机构的董事会而没有被安排任务。

2. 家族企业：萨夫拉集团（Grupo Safra）

简介： 该集团是一家私营企业集团，为银行家约瑟夫·萨夫拉的遗孀维姬·萨夫拉及其孩子雅各布·萨夫拉、埃斯特·萨夫拉、阿尔贝托·萨夫拉和大卫·萨夫拉所拥有。集团总部设在圣保罗市，在美洲、欧洲和亚洲共超过25 个国家设有分支机构，是世界上最大的私人家族银行集团。其中萨夫拉银行（Banco Safra S.A.）是巴西第四大私有银行，提供广泛的金融产品和服务。

网址：https://www.safra.com.br/

（九）奇维塔家族（Família Civitas）

截至 2018 年，该家族掌握着阿布里尔集团（Grupo Abril）。该集团的创始人为意大利犹太裔记者和商人维克多·奇维塔（Victor Civita, 1907—1990），后入籍巴西，1950 年创立阿布里尔出版社（Editora Abril）。目前家族主要成员有罗伯托·奇维塔（Roberto Civita）的子女吉安卡洛·弗朗西斯科·奇维塔（Giancarlo Francesco Civita）、安娜玛丽亚·罗伯塔·奇维塔（Anamaria Roberta Civita）和维克多·奇维塔·内托（Victor Civita Neto）。2018 年 12 月 20 日，阿布里尔集团宣布其业务由奇维塔家族出售给巴西商人法比奥·卡瓦略（Fábio Carvalho）。卡瓦略从集团手中接管了 16 亿雷亚尔的债务，成为集团的新执行总裁。

1. 成员关系

父亲维克多·奇维塔去世后，罗伯托·奇维塔（Roberto Civita, 1936—2013）于 1990 年开始担任阿布里尔集团的总裁，在任期间，致力集团业务的多样化发展。罗伯托去世后，其子女吉安卡洛·弗朗西斯科·奇维塔、安娜玛丽亚·罗伯塔·奇维塔和维克多·奇维塔·内托继承了集团。维克多成为阿布里尔集团编辑部的负责人，还负责以他祖父名字命名的维克多·奇维塔基金会的董事会。

2. 家族企业：阿布里尔集团（Grupo Abril）

简介： 该集团是一家巴西媒体集团，总部位于圣保罗市，主要运营出版业务。该集团在分销领域与物流领域分别与 Total Express 和 Dinap 开展业务，还出版 Veja 等杂志。该集团旗下的阿里布尔出版社在巴西拥有 54% 的杂志发行量和 58% 的杂志广告收入的市场份额，出版了巴西十大杂志中的五本。

网址：https://www.abril.com.br

（十）伊格尔家族（Família Igels）

该家族掌握着欧特培集团。该家族企业的创始人是一位归化巴西、出生于奥地利的商人埃内斯托·伊格尔（Ernesto Igel, 1893—1966），他于 1937 年创建了巴西家用天然气有限公司（Empresa Brasileira de Gáz a Domicilio Ltda），1938 年公司发展为 Ultragaz/SA。通过 Ultragaz 的发展和新公司的创建，埃内斯托建立了欧特培集团。

1. 成员关系

目前家族的主要成员有埃内斯托的女儿黛西·伊格尔（Daisy Igel）及其孙子埃内斯托·伊格尔（Ernesto Igel）。

埃内斯托·伊格尔（Ernesto Igel）去世后，其子佩里·伊格尔（Pery Igel, 1921—1998）接任了欧特培集团，任第二任总裁。黛西继承了集团 8% 的股份，除了 Extrafarma 药店外，还控制着 BrasilGaz、Ultragaz 和 Ipiranga。

2. 家族企业：欧特培集团（Ultrapar）

简介： 该集团是一家巴西石油化工集团，总部位于圣保罗市。该集团通过 Ipiranga 和 Ultragaz 在燃料配送部门运营，通过 Oxiteno 生产特种化学品，通过 Ultracargo 提供液体散装存储服务。所有这些都是 Ultrapar 控股公司完全控股的子公司。该公司的股票以 Ultrapar 的名义在圣保罗（B3）和纽约（NYSE）证券交易所交易。

网址：https://www.ultra.com.br /

（十一）阿吉亚尔家族（Família Aguiars）

该家族掌握着布拉德斯科银行（Banco Bradesco S.A.）。银行的创始人阿马多尔·阿吉亚尔（Amador Aguiar, 1904—1991）于 1943 年创立了该公司。

1. 成员关系

目前家族的主要成员有利亚·阿吉亚尔（Lia Aguiar）、丽娜·阿吉亚尔（Lina Aguiar）和玛丽亚·阿吉亚尔（Maria Aguiar）三姐妹。

阿马多尔去世后，其遗孀与其养女们因为遗产问题进行了一场法庭诉讼。女儿利亚·阿吉亚尔和丽娜·阿吉亚尔最终胜诉，成为亿万富翁。多年来，两姐妹一直在巴西法院围绕已故银行家的遗嘱，与阿多亚尔的第二任妻子和前私人秘书在法庭上进行斗争，而后该遗嘱被判决无效。除了布拉德斯科银行，姐妹俩还拥有该银行非金融部门 Bradespar 的股份，该部门持有全球最大铁矿石生产商 Vale S.A. 的主要股份。

2. 家族企业：布拉德斯科银行（Banco Bradesco S.A.）

简介：布拉德斯科银行，巴西第三大银行，总部位于圣保罗州的奥萨斯库，也是拉丁美洲第三大、世界第七十九大银行，是世界上最有价值的 50 家银行之一。

网址：https://banco.bradesco/html/classic/index.shtm

（十二）巴蒂斯塔家族（Família Batistas）

该家族掌握着 JBS 集团（Grupo JBS）。该集团的创始人是若泽·巴蒂斯塔·索布里尼奥（José Batista Sobrinho），也叫泽·米内罗（Zé Mineiro）。1953 年，他在戈亚斯州内陆的阿纳波利斯市创立了 JBS，名为 Casa de Carnes Mineira。

1. 成员关系

目前家族的主要成员有若泽·巴蒂斯塔的儿子乔斯利·巴蒂斯塔（Joesley Batista）、韦斯利·巴蒂斯塔（Wesley Batista）和儒尼奥尔·弗里博伊（Júnior Friboi）。

儒尼奥尔·弗里博伊是若泽·巴蒂斯塔的大儿子，是一位巴西商人和政治家。

乔斯利·巴蒂斯塔是若泽·巴蒂斯塔的第二个儿子，目前担任 JBS 集团的董事会主席，负责 JBS 的扩张和国际化进程。

韦斯利·巴蒂斯塔是若泽·巴蒂斯塔的第三个儿子，曾是 JBS 的首席执行官和董事会成员，但在其被捕后被韦斯利·巴蒂斯塔·菲利奥取代。2007 年收购斯威夫特后，他负责该公司在美国的业务经营，并于 2011 年回到巴西。

2. 家族企业：JBS S.A.

简介： JBS 成立于 1953 年，是一家巴西的食品工业跨国公司，也是世界上最大的食品工业公司之一，总部位于圣保罗市，在 20 多个国家设有公司。该公司主要业务为牛肉、猪肉、羊肉和鸡肉的加工以及皮革的加工。此外，该公司还销售卫生和清洁产品、胶原蛋白、金属包装、生物柴油等。该公司拥有三家子公司：JBS Mercosur、JBS Foods 和 JBS USA，其中包括美国、澳大利亚和加拿大的牛肉业务，以及美国、墨西哥和波多黎各的猪肉和家禽业务。

网址：https://jbs.com.br/

（十三）奥德布莱切特家族（Família Odebrechts）

该家族掌握着诺沃诺集团（Novonor）。该集团的创始人诺贝尔托·奥德布莱切特（Norberto Odebrecht, 1920—2014）于 1944 年创立了奥德布莱切特机构（Organização Odebrecht）（现为 Novonor）。经过几十年的市场运作，该公司已成为一个在各大洲开展业务的企业集团，在全球 23 个国家拥有超过 18 万名员工。

1. 成员关系

目前家族的主要成员有创始人诺贝尔托的儿子埃米利奥·奥德布莱切特（Emílio Odebrecht）和孙子马塞洛·奥德布莱切特（Marcelo Odebrecht）。

埃米利奥·奥德布莱切特是诺沃诺的董事会主席。在 2016 年的洗车运动（Lava Jato）中，他与儿子马塞洛·奥德布莱切特一起与总检察长办公室达成认罪协议，被判软禁四年。

马塞洛·奥德布莱切特，埃米利奥之子，曾在 2008—2015 年间担任诺沃诺的总裁，2016 年，因腐败等罪名被捕。随后，他与父亲埃米利奥一起达成了认罪协议，承诺支付 86 亿雷亚尔作为赔偿。因合作协议而减刑后，他被释放，以软禁方式服完剩余的刑期。

2. 家族企业：诺沃诺（Novonor）

简介： 诺沃诺（前身为奥德布莱切特集团）是一家私有制巴西商业集团，在世界多个地区的建筑工程、化学品和石化产品及能源等领域经营。该集团由伯南布哥州工程师诺贝尔托·奥德布莱切特（Norberto Odebrecht）于 1944 年在巴伊亚州萨尔瓦多市创立，目前在美洲、非洲、欧洲和中东的 21 个国家设有分支机构。

网址：https://novonor.com/

（十四）佩尼多家族（Família Penidos）

该家族掌握着 CCR 集团（Grupo CCR）。在 CCR 集团中持股的索亚雷斯·佩尼多集团创始人佩尔森·索亚雷斯·佩尼多（Pelerson Soares Penido, 1918—2012）是 20 世纪巴西工程的先驱之一，积极参与巴西利亚的建设，生前在索亚雷斯·佩尼多集团和 CCR 集团中发挥领导作用。

1. 成员关系

目前家族的主要成员有佩尔森的女儿安娜·玛丽亚·马孔德斯·佩尼多·圣安娜（Ana Maria Marcondes Penido Sant'Anna）和罗莎·伊万格丽娜·佩尼多·圣安娜（Rosa Evangelina Penido Sant'Anna）。

安娜·佩尼多和罗莎·佩尼多姐妹俩共同继承了父亲佩尔森的财富。目前安娜担任 CCR 集团董事会的副主席。

2. 家族企业：CCR 集团（Grupo CCR）

简介：CCR 集团，前身为道路特许公司，是一家巴西基础设施、运输和服务特许公司，是巴西公路管理的领导者之一，管理里程共计 3955 千米，是巴西股市最重要的指数的一部分。该公司成立于 1999 年，由大型国家集团持有的股份统一而成，包括 Andrade Gutierrez 集团（持有 17% 的股份）、Camargo Corrêa 集团（持有 17% 的股份）、Soares Penido 集团（持有 17.22% 的股份），其余的股份（48.78%）在 BM & FBovespa 的新市场交易。目前，CCR 出版了《GIRO》杂志，每两个月在集团的收费站和所管理的高速公路的服务站免费发放，内容涉及旅游、文化、道路安全、健康和服务等主题。目前该杂志印刷量为 45 万份，是巴西最大的杂志出版物之一。

网址：https://www.grupoccr.com.br/

二　组织机构（Organizações/Órgãos）

（一）社会组织（Organizações Sociais）

1. 家族企业网络（The Family Business Network, FBN）

简介：家族企业网络是世界上最大的商业家族组织，旨在促进家族企业的成功、长寿和可持续发展。它于 1989 年在瑞士洛桑成立，目前汇集了 4000 多个商业家族，17000 名成员，4300 名后代（NxG），32 个分会，覆盖 65 个国家。家族企业网络巴西分会是其在世界上的第五大重要分会，有 22 年的历史，有 1022 名成员和 123 个相关的商业家族。

网址：http://www.fbn-br.org.br/sobre-a-fbn

宗教
（Religião）

一　组织机构（Organizações/Órgãos）

（一）主要宗教派别（Grupos Religiosos）

1. 巴西神召会大会（Convenção Geral das Assembleias de Deus no Brasil, CGADB）

简介：该大会是巴西神召会最大的全国性会议，其总部位于里约热内卢，是一个宗教性质的非营利性民间团体，主要目的是聚集和协调巴西境内的神召会教会。神召会出版社（Casa Publicadora das Assembleias de Deus，CPAD）是该教派的官方出版社。该大会自 2017 年 7 月 3 日以来，由小若泽·惠灵顿·科斯塔（José Wellington Costa Junior）牧师主持。

网址：https://cgadb.org.br/

2. 巴西基督教会（Congregação Cristã no Brasil, CCB）

简介：巴西基督教会是一个在巴西成立的五旬节矩阵基督教会，通过路易斯·弗朗西斯科（Louis Francescon）的布道在巴西开始，是巴西最大的福音派教派之一，目前有 2289634 名成员。2010 年，按成员人数计算，该教派是巴西第三大新教教派。

网址：https://congregacaocristanobrasil.org.br/

3. 马杜雷拉神召会全国大会（Convenção Nacional das Assembleias de Deus Ministério de Madureira, CONAMAD）

简介：该大会是巴西第二大神召会的全国大会，于 1929 年 11 月 15 日由保罗·莱瓦斯·麦卡朗（Paulo Leivas Macalão）创立，目前共有 200 名牧师，500 名福音传道者，600 座教堂，1000 个教友会，3000 个讲道点，以及 500000 名成员和会众。

网址：https://www.wikifox.org/pt/wiki/CONAMAD

4. 上帝王国普世教会（Igreja Universal do Reino de Deus, IURD）

简介：上帝王国普世教会，或简称为普世教会，是一个新教福音派和新基督教教派，总部设在巴西圣保罗市的所罗门圣殿。巴西地理统计局（IBGE）2010 年人口普查数据显示，IURD 在全国拥有 6000 多座教堂，12000 名牧师和 1800000 名信徒，是巴西最大的宗教组织之一，也是世界第 29 大教会。

网址：https://www.universal.org/para-as-adolescentes/post/nivel-24-queridas/?p=254746

5. 四方福音教会（Igreja do Evangelho Quadrangular, IEQ）

简介：四方福音教会是一个五旬节派福音派基督教教派。总部位于美国加利福尼亚州洛杉矶。上帝的圣灵在心中诞生，并被托付给被称为"艾梅修女"（Irmã Aimee）的传道人艾梅·森普尔·麦克弗森（Aimée Semple McPherson）的手中，她在传道过程中负责了若干行动，产生了巨大的传道影响。

网址：https://www.portalbr4.com.br/

6. 巴西浸信会（Convenção Batista Brasileira, CBB）

简介：该会属福音派基督教教派，隶属于世界浸信会联盟（Aliança Batista Mundial），其办公室位于里约热内卢。

网址：https://convencaobatista.com.br/siteNovo/index.php

7. 基督复临安息日会（Igreja Adventista do Sétimo Dia, IASD）

简介：该会是一个恢复主义的、新教的、三位一体的、遵守安息日的、凡人的、非终止主义的基督教教派，其特点是将安息日作为主日，即按照犹太教—基督教一周的第七天（安息日）来遵守，并强调犹太教在其教义中的影响以及耶稣基督即将第二次到来。该教会是在 1844 年 10 月 22 日由 19 世纪上半叶美国的米勒主义运动（Movimento Milerita）引发的大失望（Grande Desapontamento）之后产生的，并于 1863 年正式成立。在它的众多先驱中，艾伦·怀特（Ellen White）的著作被基督复临安息日会视为上帝的启示。

网址：https://www.adventistas.org/pt/

8. 上帝恩典国际教会（Igreja Internacional da Graça de Deus, IIGD）

简介：也称为恩典教会，是一个新教福音派教会，由传教士 Romildo Ribeiro Soares 于 1980 年 6 月 9 日在里约热内卢市成立。在全世界，包括巴西在内，它总共有 5000 多座教堂。总部位于圣保罗，此外，其新总部已经在建设中，可容纳一万人，并将被称为万国圣殿。

网址：https://ongrace.com/portal/

9. 五旬节教会上帝是爱（Igreja Pentecostal Deus é Amor, IPDA）

简介：属于巴西五旬节派福音派教派，分布在 88 个国家，总部设在圣保罗市。该教会由传教士 David Martins de Miranda（1936—2015）于 1962 年 6 月 3 日创立，他声称日期和名称是圣灵启示给他的。

网址：https://www.ipda.com.br/

10. 巴西长老会（Igreja Presbiteriana do Brasil, IPB）

简介：是一个以加尔文主义（Calvinista）为导向的新教教会。由美国传教士阿什贝尔·格林·西蒙顿（Ashbel Green Simonton）于 1862 年创立。它是巴西第 10 大新教教会，也是巴西最大的长老会和改革派教会。2021 年，它拥有约 702949 名成员，分布在巴西各地的 5420 多个地方教会和会众中。

网址：https://www.ipb.org.br/

11. 巴西路德教派福音派教会（Igreja Evangélica de Confissão Luterana no Brasil, IECLB）

简介：该教会是以路德（Luterana）宗神学为基础的新教教派，是路德会世界联合会（Federação Luterana Mundial）的一部分。由西尔维亚·比阿特丽斯·根茨（Sílvia Beatrice Genz）牧师担任教会领袖。总部位于南里奥格兰德州的阿雷格里港。截至 2018 年，该教会拥有约 587175 名成员，是巴西第 11 大新教教会。1824 年巴西宪法颁布后，该教会在巴西建立第一座新教教堂，而该宪法确立了巴西的宗教信仰自由。

网址：https://www.luteranos.com.br/

12. 全国浸信会（Convenção Batista Nacional, CBN）

简介：全国浸信会是一个历史教派，诞生于 1608 年，一群英国难民在圣公会牧师约翰·史密斯（John Smyth）和律师托马斯·赫尔维斯（Thomas Helwys）的领导下前往荷兰寻求宗教信仰自由。次年，他们在阿姆斯特丹创立了浸信会。在巴西，第一批传教士于 19 世纪 60 年代抵达，全国浸信会的第一座教堂于 1882 年成立。

网址：https://cbn.org.br/

13. 马拉纳塔基督教会（Igreja Cristã Maranata, ICM）

简介：马拉纳塔基督教会属于巴西五旬节教派，而这一教派也叫新戊二叶派（Neopentecostal）或申托节派（Deuteropentecostal）。它始于长老会信徒在圣灵中的属灵更新运动，是巴西发展最快的教派之一。2010 年巴西人口普查数据显示，该教会有 356021 名成员，这些成员遍布各大洲。

网址：https://www.igrejacristamaranata.org.br/

14. 上帝力量世界教会（Igreja Mundial do Poder de Deus, IMPD）

简介：上帝力量世界教会是一个新的保守福音派基督教教会，由牧师巴尔德米罗·圣地亚哥（Valdemiro Santiago）于 1998 年 3 月 3 日在索罗卡巴市成立。上帝力量世界教会位于圣保罗布拉斯附近的世界城，与圣保罗圣阿马罗附近的世界梦想之都交替举行主要会议，该教会如今在 24 个国家分设了教堂。

网址：https://impd.org.br/

15. 巴西卫理公会（Igreja Metodista do Brasil, IMB）

简介：该会是一个卫理公会新教教会，具有古典或传统的卫理公会和新教取向，由美国传教士在 1835 年创立，早期活动失败后于 1867 年再次创立。从那时起，它稳步发展，于 1930 年获得独立自主权。它是巴西最大的卫理公会教派，2015 年就拥有 259729 名成员，是巴西第十五大新教教会。

网址：https://www.metodista.org.br/

16. 巴西福音派路德教会（Igreja Evangélica Luterana do Brasil, IELB）

简介：巴西福音派路德教会属于路德教派（Luterana），总部设在南里奥格兰德州阿雷格里港市。官方统计，该教会有 245097 名受洗成员，分布在会众和

529 个堂区，牧师人数在 2020 年达到 933 人。它隶属于国际路德会理事会（ILC），该机构负责路德教派。随着其成员人数多年来的稳步增长，IELB 已成为路德教会—密苏里州主教（Igreja Luterana - Sínodo de Missouri）会中最大的姊妹教会。

网址：https://www.ielb.org.br/&r=1

17. 巴西基督福音派五旬节教会（Igreja Evangélica Pentecostal O Brasil Para Cristo, OBPC）

简介：该教会是一个五旬节派福音派基督教教会，1955 年由来到圣保罗达马塔南布哥的建筑工人 Manoel de Mello e Silva（1929—1990）创立，他在上帝的大会中皈依了福音派，后来加入了全国福音十字军东征，现在被称为 Foursquare Gospel 运动。他被国际四方福音教会按立为牧师，组织了传教工作，在巴西建立了四边形教会。现在该教会在巴西有 2300 个会众，有 180000 名成员，在巴拉圭、玻利维亚、秘鲁、智利、乌拉圭、阿根廷、葡萄牙和美国都有业务。

网址：https://obpcjaguariaiva.com.br/home

18. 福音派社区（Comunidade Evangélica Sara Nossa Terra）

简介：福音派社区是巴西的新五旬节福音派教会。它于 1992 年 2 月在巴西巴西利亚成立，由罗布森·罗多瓦略主教（Bispo Robson Rodovalho）和玛丽亚·卢西亚·罗多瓦略主教（Bispa Maria Lúcia Rodovalho）创立。

网址：https://saranossaterra.com.br/

19. 巴西新长老会（Igreja Presbiteriana Renovada do Brasil, IPRB）

简介：巴西新长老会是一个巴西新教教派，成立于 1975 年，由两个教会合并而成，即长老会基督教教会（Igreja Cristã Presbiteriana）（教会成员是巴西长老会的持不同政见者）和更新的独立长老会（Igreja Presbiteriana Independente Renovada）（独立于巴西独立长老会）。前两个教派的出现受到五旬节派运动的影响。2016 年，该教派在巴西各地有 1140 个教堂和教友会，约有 154048 名成员。

网址：http://iprb.org.br/

20. 坎皮纳斯拿撒勒中央教会（Igreja do Nazareno Central de Campinas, INCC）

简介：拿撒勒教会是一个新教基督教教派，于 1900 年在美国兴起，源于

19 世纪的圣洁运动，这是基于卫斯理教和卫理公会（Movimento de Santidade）原则的最大教派。它在全球 2965 座教堂中拥有大约 200 万会众，这些会众被称为"拿撒勒人"。该教会主要使命是通过派遣传教士到世界各地传播福音，"回应耶稣基督的大使命"。该教派的传教通过"传福音、教育、同情和为正义而工作"等方式进行。绝大多数拿撒勒人生活在美国、莫桑比克和巴西，这些国家是教会和拿撒勒传教团数量最多的国家。

网址：https://www.nazareno.com.br/

21. 耶稣会幕教会（Igreja Tabernáculo Evangélico de Jesus, ITEJ）

简介：该教会也被称为祝福之家（Igreja Casa da Bênção，ICB），是一个五旬节派福音派教会，根据 2010 年 IBGE 人口普查的数据，有 125550 名成员，是巴西第二十大福音派教派。

网址：https://cb.org.br/

22. 卫理公会教堂（Igreja Metodista Wesleyana, IMW）

简介：该教堂是 1967 年 1 月 5 日在巴西五旬节城市新弗里堡（Nova Friburgo）成立的一个宗教教会，在该国和其他 20 个国家拥有约 140000 名信徒。卫斯理圣联会与救世军、卫理公会、自由卫理公会和拿撒勒教会一起，在 21 世纪的第一个十年中成立，其原则是通过行动的外化来区分对信仰的追求。卫理公会教堂除了内部改造外，还寻求善行的实践。

网址：https://www.igrejametodistawesleyana.com.br/

23. 巴西独立长老会（Igreja Presbiteriana Independente do Brasil, IPIB）

简介：巴西独立长老会是一个起源于 16 世纪新教改革的教会，以加尔文主义（Calvinista）为导向。它于 1903 年 7 月 31 日由爱德华多·卡洛斯·佩雷拉牧师（Rev. Eduardo Carlos Pereira）（1856—1923）领导的七位牧师组成，是改革宗（加尔文主义）的新教教派。它是巴西第三大长老会教派。

网址：https://ipib.org/

24. 新生命基督教会联盟（Aliança das Igrejas Cristãs Nova Vida, AICNV）

简介：新生命基督教会联盟简称为新生命基督教会（Igreja Cristã Nova Vida, ICNV），是改革宗五旬节派的新教教派。它由罗伯特·麦卡利斯特主教于 1960

年创立。自其创始人去世以来，该教派一直由灵长主教沃尔特·麦卡利斯特（Walter McAlister）主持。

网址：https://www.icnv.com.br/

25. 巴西天主召会大会（Igreja Evangélica Avivamento Bíblico, IEAB）

简介： 1946 年 9 月 7 日，该教会诞生于圣保罗州圣贝尔纳多坎波市 Rudge Ramos。该教会的使命包括：传播福音，教化门徒，帮助他们在与上帝和他们的兄弟姐妹的共融中成长，使他们通过属灵的恩赐来服侍上帝和他人。

网址：https://avivamentobiblico.org/

26. 基督复临安息日会（Igreja Adventista da Promessa, IAP）

简介： 基督复临安息日会属于基督教教派，也是第一个福音派五旬节派和巴西洗礼派教会，由基督复临安息日会的前长老约翰·奥古斯托·达·西尔维拉（John Augusto da Silveira）创立。西尔维拉在学习了属灵恩赐之后，开始寻求圣灵的洗礼。他将 1932 年 1 月 24 日视为基督复临安息日会的开始。

网址：https://promessistas.org/

27. 生命之源使徒教会（Igreja Apostólica Fonte da Vida, IAFV）

简介： 生命之源使徒教会是一个新五旬节福音派教会，由塞萨尔·奥古斯托（César Augusto）与罗布森·罗多瓦略（Rúbia de Sousa）合作组建并作为戈亚尼亚福音派社区的一个部门。随着教会发展，生命之源在戈亚尼亚和巴西利亚的福音派社区 Sara Nossa Terra 兴起。教会还卷入了与戈亚斯联邦大学的争议和冲突，因为教会获得了原本属于公共机构的电视特许权。从中，Fonte TV 站应运而生，此外，该教会还拥有两个广播电台。

网址：https://fontedavida.com.br/home

28. 拉戈伊尼亚浸信会教堂（Igreja Batista da Lagoinha, IBL）

简介： 该教堂是一个翻新的浸信会巨型教堂，总部设在巴西米纳斯吉拉斯州的贝洛奥里藏特。教会现任牧师兼主席是 Márcio Valadão。教会主要通过其事工之一，即王座前的赞美事工而闻名。一些主要的教会事件将通过互联网、他们自己的电视频道（超级网络）和超级 FM 广播电台进行直播。拉戈伊尼亚是全国浸信会和世界浸信会联盟的教会成员。

网址：https://lagoinha.com/home

29. 普通浸信会教堂（Associação das Igrejas Batistas Regulares do Brasil, AIBRB）

简介：普通浸信会教堂是 1932 年在美国正式成立的第一个正规浸信会教会协会，几年后通过 ABWE 和浸信会美国传教士的传教工作开始在巴西传教。该教会旨在传播与常规浸信会运动有关的信息，并为神国度的进步作出贡献，不受任何特定协会或团体的约束。

网址：http://aibreb.org.br/

30. 联合教会（Igreja Unida, IU）

简介：联合教会是第二波五旬节派的福音派机构，于 1963 年 7 月 12 日在巴西圣保罗成立。成立之初，由主席路易斯·希利罗（Luís Schiliró）牧师领导。该教会信仰和实践的唯一准则，即是《圣经》（Bíblia）。其成员接受并实行浸泡式的水洗，并以神圣的三位一体的名义进行洗礼。它成立时的第一个名字是联合福音派五旬节教会，后来因法律问题而改变。

网址：https://www.convencaounida.com.br/quem-somos/

31. 巴西福音派公理会联盟（União das Igrejas Evangélicas Congregacionais do Brasil, UIECB）

简介：巴西福音派公理会联盟是一个具有宗教和慈善性质的民间协会，出于非经济目的而组织起来联系和代表巴西的公理会福音派教会，促进各个领域的相互合作，如传福音、国内外宣教、宗教和神学教育以及其他部长级活动，是目前该国最大的会众教派。

网址：https://uiecb.com.br/home

32. 巴西公理会福音派教会（Igreja Evangélica Congregacional do Brasil, IECB）

简介：巴西公理会福音派教会是巴西的一个改革宗会，于 1942 年创立，如今是该国第三大会众宗派。该教会由来自阿根廷的会众传教士创立，他们最初于 1938 年开始在巴西南里奥格兰德州工作。随着虔诚派运动的到来，许多独立教会出现在巴西路德教会的持不同政见者中，这些教会集中在南里奥格兰德州。卡尔·斯皮特勒（Karl Spittler）牧师是该教会成立后的领导人之一。自1948 年起，阿根廷神学研究所开始向巴西的教会派遣牧师。

网址：https://www.iecb.org.br/

33. 巴西独立浸信会（Convenção das Igrejas Batistas Independentes no Brasil, CIBIB）

简介：巴西独立浸信会是巴西浸信会的福音派基督教教派，起源于厄勒布鲁（Örebro）传教团的工作。厄勒布鲁传教团是瑞典的五旬节派浸信会运动。其传教士埃里克·杨松（Erik Jansson）于 1912 年来到这里，会见了居住在南里奥格兰德州瓜拉尼达斯米索斯市的瑞典移民，后来也在巴西其他州进行传教。该教会总部设在坎皮纳斯市，于 1952 年在伊胡伊市（RS）成立，主席是Marcos Elias Silva 神父。

网址：https://www.cibi.org.br/

34. 巴西福音派基督教会（Igreja Cristã Evangélica do Brasil, ICEB）

简介：巴西福音派基督教会是一个新教教派，成立于 1901 年，目前在巴西拥有 300 多个教堂。巴西福音派基督教会实行民主 / 代议制，其领导人通过每四年一次的选举产生。该教派有 15 个教会区，这些地区又将当地教会分组。教会牧师大多数在巴西福音派基督教神学院（SETECEB）毕业后，由当地教会的大会选举产生。

网址：https://www.igrejacristaevangelica.com.br/

35. 生命之道教会（Igreja Verbo da Vida, IVV）

简介：生命之道教会是五旬节派新教基督教教派。1985 年，该教会由Harold Leroy Wright 和他的妻子 Janace Sue Wright 在圣保罗瓜鲁柳斯创立，总部设在帕拉伊巴州的 Campina Grande。该教派以举办音乐活动而闻名，分布在安哥拉、阿根廷、加拿大、智利、美国、法国、英国、莫桑比克、巴拉圭、葡萄牙、瑞典、瑞士、巴西和乌拉圭等国家。

网址：https://verbodavida.org.br/

36. 葡萄藤教会（Igreja Videira, IV）

简介：葡萄藤教会属于基督教教派，由牧师 Aluízio A. Silva 于 1997 年在戈亚尼亚创立。它采用教会的细胞小组模式，目前是戈亚尼亚最大的宗教派别之一，全球约有 171544 名成员。

网址：https://www.igrejavideira.com.br/

37. 巴西上帝教会（Igreja de Deus no Brasil, IDB）

简介：巴西上帝教会是基督教会的代表，起源于 19 世纪上帝教会的宗教改革运动。从那时起，该教会在巴西所有地区建立了会众，并创造了许多社会工作机构，如日托中心、学校、医院、社会农场和职业学校。该教会现在成了巴西福音派基督教联盟的一部分。

网址：https://igrejadedeusbrasil.org/

38. 巴西圣经五旬节基督教会（Igreja Cristã Pentecostal da Bíblia do Brasil, ICPBB）

简介：巴西圣经五旬节基督教会属于五旬节派教派，由巴西独立长老会持不同政见的团体的 Epaminondas Silveira Lima 牧师和 Ada Silveira Lima 牧师于 1958 年创立。该教会由 130 个教会和 11000 名成员组成，分布在巴西、智利和美国。

网址：https://pentecostaldabiblia.com.br/

39. 巴西福音派教会门诺派兄弟会（Convenção das Igrejas Evangélicas Irmãos Menonitas no Brasil, COBIM）

简介：巴西福音派教会门诺派兄弟会是巴西最大的门诺派教派，2018 年有 10400 名成员。它于 1995 年成立，是由巴西福音派教会门诺派兄弟会和巴西门诺派兄弟会大会组成的。

网址：http://www.cobim.com.br/

40. 自由卫理公会教堂（Igreja Metodista Livre, IML）

简介：自由卫理公会教堂是一个历史悠久的福音派教派，拥有卫理公会的遗产，并受到 19 世纪发生的圣洁运动的影响，其全球成员估计超过 120 万人。在巴西，该教派在 2017 年共有 9802 名成员，7347 名大会成员和 2455 名理事会成员。

网址：https://metodistalivre.org.br/

41. 巴西保守长老会（Igreja Presbiteriana Conservadora do Brasil, IPCB）

简介：巴西保守长老会是一个改革后的长老会教派，由从巴西独立长老会（IPIB）分离的教会和成员于 1940 年成立。分裂的主要原因是 1938 年 IPIB 大会决定任命一个委员会，以准备新的信仰宗派。反对这一观点的成员分离并成立了 IPCB。其目前是巴西第三大改革宗派，紧随巴西长老会（IPB）和巴西独立长老会（IPIB）之后，并保留了长老会的传统立场。

网址：https://ipcb.org.br/index/

42. 巴西改革宗福音派教会（Igrejas Evangélicas Reformadas no Brasil, IERB）

简介：巴西改革宗福音派教会是由荷兰移民在巴西创建的教会。今天，该教会是世界归正教会的一部分，与巴西教会保持着良好的关系，并在全世界进行改革。该教派于 2021 年由 13 个教堂组成。2015 年，该教会有 2700 名成员。

网址：http://www.ierb.org.br/

43. 巴西联合长老会（Igreja Presbiteriana Unida do Brasil, IPU）

简介：巴西联合长老会是巴西的新教教派，属于从 16 世纪新教改革中继承的教会团体。它是巴西几个长老会教派之一，除长老会以外，巴西还有巴西长老会（IPB）、巴西独立长老会（IPIB）、巴西保守长老会（IPCB）、巴西新长老会（IPRB）等。

网址：http://ipu.org.br/

44. 巴西原基要主义长老会（Igreja Presbiteriana Fundamentalista do Brasil, IPFB）

简介：巴西原基要主义长老会是巴西改革宗基督教教派，由伯南布哥州累西腓的以色列牧师盖罗斯于 1956 年成立。2019 年，它有 5 个长老会，37 个教堂，5 个教友会和 1639 名成员，分布在巴西的几个州，是巴西第七大长老会教派。

网址：http://IPFB.com.br

45. 巴西归正教会（Igrejas Reformadas do Brasil, IRB）

简介：巴西归正教会是大陆归正教会的联盟，由加拿大和荷兰传教士于 1970 年创立。这些教会作为地方教会的联盟，在巴西的几个州都存在，是该国最大的荷兰传统改革宗教会联合会。2020 年，它由 19 个教堂、教友会以及 1038 名成员组成（690 名社区成员和 348 名非社区成员）。

网址：https://www.irbrasilia.org/

46. 韩裔美国长老会（Igreja Presbiteriana Coreana Americana, IPCA）

简介：韩裔美国长老会是一个保守的改革宗派，在美国、加拿大、巴西、菲律宾和俄罗斯存在分布。该长老会成立于 1978 年，由韩国移民组成，与韩国长老会（HapDong）结盟，位于费城威斯敏斯特神学院的校园内。在成立之日，该宗派由 5 个长老会组成。

网址：https://kapc.org/

47. 巴西长老会土著教会（Igreja Indígena Presbiteriana do Brasil, IIPB）

简介：巴西长老会土著教会是一个改革后的新教教派，于 2008 年由巴西长老会和巴西独立长老会参加的 Caiuá Evangelical Mission 组织演化而来。该教会的传教工作因其自成立以来对土著部落的教育而脱颖而出。

网址：https://www.iipresbiteriana.com.br/

（二）非裔宗教组织（Organizações Religiosas Afrodescendentes）

1. 巴西翁班达高级机构（Superior Órgão de Umbanda do Brasil, SOUBRA）

简介：该机构成立于 1961 年 12 月 8 日，最初为圣保罗州第一届 Umbandista 大会而设立，后来成为圣保罗州第一届 Umbandista 大会的常设执行委员会，圣保罗州翁班达（Umbanda do Estado de São Paulo）的高级机关，目前是巴西翁班达（Umbanda do Brasil）的高级机关，是一个全国性的宗教组织。该机构根据巴西民法典的法律人格，通过整合或将要整合该国的联邦来争取来自该国的 Umbandistas 大会的恩典，通过维持翁班达宗教的联合会，促进对话、和平文化、公民意识、道德和人权进步。

网址：https://www.souesp.com.br/blog

2. 巴西翁班达联合会（Federação Brasileira de Umbanda, FBU）

简介：该联合会是翁班达（Umbanda）、坎东布雷（Candomblé）和其他非洲裔巴西宗教的实体，具有国家认可的法人资格，主要职能是使宗教合法化，提供开展宗教和社会活动所需的经营许可证、法规和其他文件。

网址：https://fbu.com.br/novo%20site/

3. 巴西翁班达·坎多姆布莱和尤雷马宗教协会（Associação Brasileira dos Religiosos de Umbanda Candomblé e Jurema, ABRATU）

简介： 巴西翁班达·坎多姆布莱和尤雷马宗教协会是一个为来自巴西各地的 Axé 宗教服务的机构。

网址：https://www.abratu.com.br/?lightbox=dataItem-kmm6j2oa

4. 翁班达老黑人兄弟会（Confraria dos Pretos Velhos de Umbanda, CPVU）

简介： 翁班达老黑人兄弟会文化协会（Instituto Cultural Confraria dos Pretos Velhos de Umbanda）是一个私人的营利性协会，是巴西翁班达高级机构（Superior Órgão de Umbanda do Brasil）的成员，隶属于大 ABC 翁班达联合会（Federação Umbandista do Grande ABC-FUGABC）。该协会主要研究、评价和传播传统土著、非洲、吉卜赛和东方社区的祖传知识，打击宗教领域的各种偏见，寻找可持续性的环境保护方式。根据巴西和世界上众所周知的原则，对翁班达宗教及其分支进行理论和实践研究，并在巴西和全世界出版。通过一切可及的合法手段，进行道德、精神和物质上的慈善活动。

网址：https://confrariadospretosvelhosdeumbanda.org/

5. 全国非裔巴西宗教协会（Associação Nacional das Religiões Afro-Brasileiras, FNAB）

简介： 全国非裔巴西宗教协会是为了组织非洲宗教社区的宗教场所并使其合法化而成立的，旨在保护巴西各地教堂和牧师的权利并使其合法化。

网址：https://www.fnab.com.br/

6. 非裔巴西异教联盟（União Umbandista dos Cultos Afro Brasileiros, UUCAB）

简介： 非裔巴西异教联盟一个国家承认的法律实体，主要职能是使翁班达、坎东布雷和其他非裔巴西教派的教堂合法化。

网址：https://www.uucab.com.br/

7. **非裔巴西宗教权利保护研究所**（Instituto de Defesa dos Direitos das Religiões Afro-Brasileiras, IDAFRO）

简介：非裔巴西宗教权利保护研究所的使命是捍卫良心和信仰自由，为消除宗教歧视而斗争，促进宽容与文化和平，维护非裔巴西宗教的权利。

网址：https://idafro.org.br/

8. **非裔巴西人传统文化国家研究所**（Instituto Nacional de Tradição e Cultura Afro-Brasileira, INTECAB-SP）

简介：非裔巴西人传统文化国家研究所的主要目标是保护巴西非洲传统宗教的精神、文化和科学价值及其成果，加深国内和国际交流。

网址：https://intecabsp.wordpress.com/intecab-sp/

（三）以色列宗教组织（Organizações Religiosas Israelitas）

1. **巴西以色列联邦**（Confederação Israelita do Brasil, CONIB）

简介：该组织是巴西以色列社区的代表和协调机构，刊载了所有巴西境内的以色列/犹太人宗教组织的网站。巴西的犹太社区是拉丁美洲第二重要的社区，仅次于阿根廷，领先于墨西哥，在 2.04 亿巴西人中有 12 万犹太人，占人口的 0.06%（2023 年，巴西人口增长到了 2.16 亿）。

网址：https://www.conib.org.br

2. **巴西利亚以色列协会**（Associação Cultural Israelita de Brasília, ACIB）

简介：ACIB 支持 3 个不同的 Wizo 团体，分别是 HaShomer HaTzair 团体、当地的犹太公墓和 Chevra Kadisha（来自阿拉姆语"神圣社会"）。此外，ACIB 还开展日常课程并组织学习小组，包括继续教育课程。该协会的活动具有开放性，并给予成员极大的参与感。

网址：https://acibdf.org.br

3. **巴拉那以色列联邦**（Federação Israelita do Paraná, FIP）

简介：巴拉那以色列联邦作为犹太教文化与民族和国家价值观的宣传者、监护人和保证人，活跃在巴拉那州的民间社会和公共管理机构。其任务是在巴拉那州创建、计划和执行传播犹太价值观的活动，组建犹太价值观的传播者队伍，通过自发或媒体行为传播犹太价值观。

网址：https://www.comunidadeisraelita.com.br/federacao-israelita-do-parana

4. 圣保罗州以色列联邦（Federação Israelita do Estado de São Paulo, FISESP）

简介：圣保罗州以色列联邦涵盖社区生活的主要方面，如教育、宗教、社会援助、殡葬服务、体育、保健、青年、资助，以及对该州沿海和内陆社区的支助。在其附属机构中，有几个机构多年来在其活动领域表现亮眼，为整个圣保罗社区作出了贡献。它的主要目的为加强犹太教，保持犹太价值观和传统的连续性，领导民众更积极地参与国家生活，重视社区。在和媒体的联系中，该联邦发挥了重要作用。

网址：https://www.fisesp.org.br/

5. 以色列巴伊亚协会（Sociedade Israelita da Bahia, SIB）

简介：以色列巴伊亚协会成立于 1947 年，该协会成员约为 800 人，活动包括戏剧和新闻。

网址：http://www.sibenews.wordpress.com/

6. 伯南布哥州以色列联邦（Federação Israelita de Pernambuco, FIPE）

简介：该组织曾经停止过一段时间活动，于 2002 年 3 月 18 日重新开启，并在其旧址创建了一个博物馆，旨在记录巴西犹太人生活的历史。

网址：https://www.israelita.org.br/fipe/

7. 以色列亚马孙委员会（Comitê Israelita Do Amazonas, CIAM）

简介：该委员会成立于 1929 年 6 月 15 日，所属第一座犹太教堂于 1925 年开始运营。1962 年 1 月，合并为一个大型新教堂，成为亚马孙地区主要宗教场所。

网址：http://www.comiteisraelita.com.br/

8. 以色列塞阿拉州协会（Sociedade Israelita do Ceará, SIC）

简介：1993 年以色列塞阿拉州协会正式成立。在福塔雷萨工作的、与该协会有联系的犹太实体包括：犹太教堂 Beit Yaacov，Chevra Kadisha，非正规的犹太教育学校 Atid（针对三至十岁的儿童）。还有一个犹太人墓地，位于福塔雷萨大都市区。

网址：https://ujr-amlat.org/instituicoes/comunidades/sic-sociedade-israelita-do-ceara/

9. 里约热内卢州以色列联邦（Federação Israelita do Estado do Rio de Janeiro, FIERJ）

简介：该组织是一个无政治党派、非营利的巴西协会。该协会尊重组成机构的自主权，代表里约热内卢州的犹太人和该州犹太社区的利益，特别是犹太人协会成员的利益。该协会在巴西的以色列联合会、类似的联合会和任何其他机构或实体面前，宣传和推动有关犹太社区的运动，以及其对国家社会生活的参与，倡导尊重、传播并遵守犹太教的宗教传统和戒律。

网址：http://fierj.org

10. 以色列帕拉中心（Centro Israelita Do Pará, CIP）

简介：以色列帕拉中心是继殖民时期的累西腓社区之后，巴西历史上的第二个犹太社区。该社区成立于 19 世纪 20 年代的帕拉州首府贝伦，鼓励摩洛哥的犹太人移居到巴西（15 世纪和 16 世纪的犹太移民来自伊比利亚半岛）。

网址：http://www.centroisraelitadopara.com.br/

11. 以色列阿马帕州委员会（Comitê Israelita do Amapá, CIA）

简介：以色列阿马帕州委员会成立于 2004 年。2009 年，以色列阿马帕州委员会推进公共事业建设，在该州逐渐形成三个规范化管理的以色列墓地。

网址：http://www.comiteisraelitadoamapa.com.br

12. 巴西以色列联邦（Confederação Israelita do Brasìl, CONIB）

简介：该组织是巴西犹太社区的代表实体，代表犹太社区，协调来自附属实体的机构间战略。无论是在犹太社区内部还是在南里奥格兰德州的大社区，南里奥格兰德州巴西以色列联邦都重视保护所处的多元化社会，始终在民族的价值、道德和伦理的范围内为犹太身份的持续发展而奋斗。

网址：https://www.conib.org.br/

13. 卡塔琳娜以色列协会（Associação Israelita Catarinense, AIC）

简介：该协会成立于 1990 年 6 月 2 日，是一个非营利组织，汇集了圣卡塔琳娜州的犹太社区成员及其亲属和犹太教的支持者。该协会的基本目标是促进巴西犹太文化传播，促进联想精神和社区融合，鼓励犹太社区与圣卡塔琳娜州和巴西的文化与社会环境联系起来，加强同族各组织之间的精神和文化联系，充当社区中心并促进社会活动，包括文化、宗教、娱乐和体育。

网址：https://associacaoisraelitadesc.blogspot.com/

（四）社会组织（Organizações Sociais）

1. 巴西基督教会全国理事会（Conselho Nacional de Igrejas Cristãs do Brasil, CONIC）

简介：巴西基督教会全国理事会是巴西基督教会协会，旨在寻求对上帝的服务、共同信仰的忏悔和传教士的承诺，并促进巴西的基督教共融和福音见证。成员教会承担普世教会的承诺，尊重每个特定教会的身份。该教会旨在召集更多成员，致力于传播普世教会主义，活跃于各个地区，被教会、普世组织、社会运动、伙伴机构和巴西政府认可为促进正义与和平的对话者。

网址：https://conic.org.br/portal/

2. 巴西全国主教会议（A Conferência Nacional dos Bispos do Brasil, CNBB）

简介：巴西全国主教会议是一个常设机构，会集了巴西天主教的所有主教。根据教会法典，他们"共同履行某些牧灵职能，有利于其领土上的信徒，以促进教会创造更大的利益"。

网址：https://www.cnbb.org.br/

3. 巴西天主教教育全国协会（Associação Nacional de Educação Católica do Brasil, ANEC）

简介：该协会的宗旨是支持卓越的教育，以及促进基督教福音解放教育，目的是根据福音和教会的社会教义，对人进行综合培养，使其成为建设公正、友爱、支持与和平社会的主体和代理人。此外，该协会强调《世界人权宣言》《巴西联邦共和国宪法》和教廷教义中规定的教学自由，进一步促进科学研究、社会延伸和文化发展，并且为生活服务。

网址：https://anec.org.br/

4. 巴西福音派基督教联盟（Aliança Cristã Evangélica Brasileira, ACEB）

简介：巴西福音派基督教联盟是巴西的一个福音派联盟，具有民族性，是世界福音派联盟的成员。它是巴西基督教教派、基督教组织、教育机构和当地教会的协会。总部设在巴西利亚的一家公司内。该公司总裁是 Olgálvaro Bastos，在巴西的首席执行官是 Cassiano Luz。

网址：https://aliancaevangelica.org.br/

5. 神的福音教会大会（Igreja Evangélica Assembléia de Deus, IEAD）

简介：神的福音教会大会是世界上最大的五旬节派代表，传播耶稣救人、治病、用圣灵施洗的思想。该教会起源于 1906 年的洛杉矶，当时有一群人开始在祷告会上使用独特的祷告方式。领导这些会议的是牧师查尔斯·福克斯·帕勒姆和威廉·西摩（Charles Fox Parham e William Seymour）。

网址：https://www.infoescola.com/religiao/igreja-evangelica-assembleia-de-deus-iead/

6. 宗教研究所（Instituto de Estudos da Religião, ISER）

简介：宗教研究所是一个非政府组织，1970 年 6 月 26 日在坎皮纳斯成立。1979 年以来，其总部一直设在里约热内卢市，旨在减少社会不平等，尊重文化和宗教多样性，以及维护社会环境可持续发展。该组织的主题是：宗教与社会、环境与发展、暴力与人权以及民间社会组织等。

网址：https://www.iser.org.br/linha-do-tempo/

二 学术研究（Pesquisa Acadêmica）

（一）科研机构（Instituições Científicas）

1. 福音派观察室（Observatório Evangélico）

简介：由里约热内卢联邦大学的人类学家 Juliano Spyer 研究员创建的学术信息网站，旨在搭建与巴西的基督教福音派有关的辩论平台。该机构自愿行动，没有党派或宗教背景，由各教派的福音派人士以及宗教问题的学术专家在其网站上提供专业和权威的学术见解。

网址：https://congressoemfoco.uol.com.br/author/observatorio-evangelico/

（二）高校机构（Instituições de Ensino Superior）

1. 坎皮纳斯天主教大学（Pontifícia Universidade Católica de Campinas, PUC-Campinas）

简介：该大学是一所私立的天主教社区大学，位于巴西圣保罗州坎皮纳斯市，是圣保罗州内陆地区最古老的大学，也是坎皮纳斯市第二大的大学。

网址：https://www.puc-campinas.edu.br/

2. 圣保罗天主教大学（Pontifícia Universidade Católica de São Paulo, PUC-SP）

简介：该大学是巴西的一所天主教私立高等教育机构，有独立的财务行政结构，还分设有另外四个教会机构。圣保罗天主教大学创建时的使命是培训天主教领袖和圣保罗精英的子女。它由圣保罗基金会（FUNDASP）赞助，并与圣保罗市的大主教管区相联系。教学单位分布在五个校区，四个位于圣保罗州的首都，还有一个位于州内陆的索罗卡巴。

网址：https://www5.pucsp.br/paginainicial/

3. 里约热内卢天主教大学（Pontifícia Universidade Católica do Rio de Janeiro, PUC-Rio）

简介：该大学是慈善和非营利性的高等教育机构。总部位于巴西里约热内卢的加维亚区，是巴西本科课创业教学的先驱大学之一。该大学在其校园内拥有创始企业孵化器，其中 90% 的公司在离开研究所后能够成功进入市场。

网址：https://www.puc-rio.br/index.html

4. 南里奥格兰德罗马天主教大学（Pontifícia Universidade Católica do Rio Grande do Sul, PUCRS）

简介：该大学是一家非营利性的私立高等教育机构，位于南里奥格兰德州首府阿雷格里港，属于天主教体系。学生完成该校提供的课程和项目后，可获得官方认可的高等教育学位，如多个研究领域的学士学位、硕士学位、博士学位。该校还为学生提供一些学术和非学术的设施和服务，包括图书馆、体育设施、财政援助、奖学金、海外学习和交流项目、在线课程和远程学习机会，以及行政服务。

网址：https://www.4icu.org/reviews/335.htm

5. 米纳斯天主教大学（Pontifícia Universidade Católica de Minas Gerais, PUC Minas）

简介：该大学成立于 1958 年，是一所巴西私立天主教高等教育机构，位于米纳斯吉拉斯州首府贝洛奥里藏特。该大学以米纳斯吉拉斯天主教的名义成立，是由 Dom João Resende Costa 领导的世界上最大的天主教大学，并被梵蒂冈教育会认可，拥有约 74000 名学生，也是最受认可的高等教育机构之一。

网址：https://www.pucminas.br/main/Paginas/default.aspx

（三）重要学者（Pesquisadores）

1. 卡塞米罗·阿卜顿·伊拉拉·阿圭罗（Casimiro Abdon Irala Arguello）

简介：伊拉拉神父是巴西耶稣会牧师、作家和音乐家，是天主教界最著名作曲家之一。他很早就参加了天主教会，曾是天主教行动的参与者。1956 年，20 岁的他加入耶稣会成为一名耶稣会士。他在南里奥格兰德州的圣莱奥波尔多学习神学，并于 1968 年 12 月 14 日在巴拉圭首都亚松森被任命为牧师。

代表作：《成功的原因》（O Porque do Sucesso）；《教会小说》（Igreja Ficção）

2. 莱昂内尔·埃德加·达西尔维拉·弗兰卡（Leonel Edgard da Silveira Franca）

简介：莱昂内尔生于 1893 年 1 月 6 日，卒于 1948 年 9 月 3 日，是巴西天主教牧师和教师，于 1908 年加入耶稣会。1947 年，他获得了马查多文学奖（Prêmio Machado de Assis）（巴西主要的文学奖）。

代表作：《哲学史的节点》（Noções de História da Filosofia）；《教会、宗教改革和文明》（A Igreja, a Reforma e a Civilização）；《巴西的新教》（O Protestantismo no Brasil）

3. 安娜·卡罗莱纳·伊万格丽斯塔（Ana Carolina Evangelista）

简介：生于 1893 年 1 月 6 日，卒于 1948 年 9 月 3 日，巴西政治学家，瓦加斯基金会大学 CPDOC/FGV 的博士生，Instituto de Estudos da Religião（宗教研究所）的研究员和执行主任。

代表作：《道德、宗教和投票》（Moral, Religião e Voto）；《M 方的投票》（O Lado M da Eleição）；《反狭隘主义和民主》（Antipetismo e Democracia）

4. 杰奎琳·莫赖斯·特谢拉（Jacqueline Moraes Teixeira）

简介：在圣保罗大学（USP）获得社会人类学硕士学位及博士学位，并拥有社会科学学位（USP/2008）和神学学位（麦肯齐长老会大学/2012）。她是巴西分析和规划中心（Cebrap）的研究员，从事性别、种族、性和宗教领域的研究，是 NAU（USP 城市人类学中心实验室）的副研究员，并开展了关于城市环境中宗教信仰的研究。她也是 Numas（USP 差异社会标记中心）研究员，其实践和研究领域是城市人类学、宗教人类学和差异社会的映射。她目前在与USP 政治学系相关的大都市研究中心（CEM）进行博士后实习，并且是教育和社会科学领域的认证教授。

代表作：《濒危/濒危：示意性的种族主义和白人妄想症》（Endangered/Endangering: Schematic Racism and White Paranoia）；《低收入年轻人对学校的看法》（O Que Pensam os Jovens de Baixa Renda sobre a Escola）；《普世教会中的媒体和性别表演：Godllywood 的挑战》（Mídia e Performances de Gênero na Igreja Universal: O Desafio Godllywood）

5. 朱利亚诺·施派尔（Juliano Spyer）

简介：朱利亚诺是数字人类学家、作家、教育家及 Cecons/UFRJ 消费与社会研究中心的研究员，也是《圣保罗页报》（Folha de S.Paulo）的专栏作家和顾问。他拥有伦敦大学学院的硕士和博士学位。其兴趣包括新兴消费者、基督教福音派和社交媒体。2019 年，他因使用数字人类学方法追踪 2018 年巴西总统选举，而获得华盛顿政治艺术与科学学院颁发的年度政治创新者奖。

代表作：《上帝的子民》（Povo de Deus）；《社交媒体》（Mídias Social）

（四）学术期刊（Revistas Acadêmicas）

1. 巴西宗教哲学杂志（Revista Brasileira de Filosofia da Religião）

简介：半年刊，旨在传播与宗教现象或与上帝的概念和现实有关的问题的哲学文本。其主题包括信仰在公共空间中的存在，涉及无神论、宗教与科学之间的关系、艺术和灵性等问题。该杂志的特点是运用反思方法（现象学、组织学、辩证法、解释学等）和批判性定位的多元方法，促进不同论界对宗教观点的富有成效的对话。

网址：https://periodicos.unb.br/index.php/rbfr

2. 巴西宗教史杂志（Revista Brasileira de História Das Religiões, RBHR）

简介：期刊 ISSN 1983-2850（在线）出版与宗教史相关主题的原创和未发表的文本，并与不同知识领域保持跨学科对话。该杂志重视宗教历史，并将其作为一个知识领域，探讨其与巴西社会历史建设的关系。通过研究历史上宗教形成的方式，使人们能够更好地理解现在的新兴宗教，并为传播宗教和宗教信仰研究提供更多的参考。

网址：https://periodicos.uem.br/ojs/index.php/RbhrAnpuh

3. 宗教研究杂志（Revista de Estudos da Religião, REVER）

简介：该杂志成立于 2001 年，是拉丁美洲第一本宗教科学在线期刊，目前由圣保罗天主教大学宗教科学研究生课程与葡萄牙天主教大学宗教研究所（www.ier.ucp.pt) 共同主办，目的是向读者介绍当前的研究，并提供关于宗教科学的元理论讨论。同时，REVER 与国际接轨，积极与其他国家的相应领域作者进行学术讨论。该杂志每期都包含一个专题，用于收集特定主题的文章。

网址：https://www.pucsp.br/rever/

4. 宗教与社会（Religião & Sociedade）

简介：该刊是一本学术季刊，致力于研究宗教及其相关主题，对所有人文社会科学中的焦点、趋势、观点和可能的解释持开放态度。它于 1977 年成立，由宗教研究所（ISER）负责出版发行。

网址：https://www.scielo.br/j/rs/

（五）重要宗教人士（Figuras Religiosas）

1. 埃迪尔·马塞多（Edir Macedo）

简介：他是巴西福音派主教、电视先锋主义者、作家、神学家和商人，上帝王国普世教会（IURD）的创始人和领袖，也是巴西第三大电视台记录传媒集团（Grupo Record）和 RecordTV 的所有者。他出生于一个天主教家庭，童年时信奉天主教，直到 19 岁时皈依新教福音派。

代表作：《耶稣的脚步》（Nos Passos de Jesus）；《奥里夏、卡博克洛和引导灵：神灵还是恶魔？》（Orixás, Caboclos e Guias: Deuses ou Demônios?）

2. 塞拉斯·马拉法亚（Silas Malafaia）

简介：生于 1958 年 9 月 14 日，是巴西新保守主义新教牧师，神在基督里得胜大会（Assembleia de Deus Vitória em Cristo）的领袖，也是一名电视播音员，毕业于心理学专业，中央福音出版社院长，并且是巴西福音派牧师跨教派理事会（CIMEB）的副主席，该理事会会集了巴西几乎所有福音派教派的约八千名牧师。

代表作：《我们生命中上帝的富足》（Abundância de Deus em Nossa Vida）；《我的生活经历》（Minhas Experiências de Vida）

3. 埃斯特万·埃尔南德斯（Estevam Hernandes）

简介：是使徒教会 Renascer em Cristo 的创始人。他在市场和销售领域拥有专业经验，在一家技术领域的跨国公司担任高管约 20 年，取得了巨大的成功，体现了其开拓精神。80 年代末，他接受了上帝的呼召，与索尼娅·埃尔南德斯（Bispa Sonia Hernandes）主教一起创立了雷纳瑟教会。他放弃了自己成功的事业，专心致志地做起了传道人。如今，Renascer em Cristo 在拉丁美洲，以及其他国家如美国、意大利、加拿大、日本和安哥拉有大约 800 个教会。

4. 罗米尔多·里贝罗·苏亚雷斯（Romildo Ribeiro Soares）

简介：更广为人知的名字是传教士 Missionário R. R. Soares 或 R. R. Soares，是一位新彭特科斯塔尔牧师，也是电视播音员、商人、律师、作家、歌手和作曲家、国际上帝恩典教会（IIGD）的创始人和领导人。他还与他的姐夫埃迪尔·马塞多（Edir Macedo）一起创立了永恒之路的十字军东征。他是巴西全球推广计划"信仰秀"的主持人，该计划覆盖了 193 个国家。这一计划覆盖分散在巴西和世界各地的三千多座教堂。他拥有多家媒体，包括电视和广播网络、付费电视、唱片公司和出版商。

三　电子资源（Recursos Eletrônicos）

（一）数据库（Banco de Dados）

1. 宗教与权力（Religião e Poder）

简介：是一个提供有关巴西宗教与制度的开放数据平台，包括文章、研究报告和书目参考，此外还监测具有宗教身份的政治代理人在行政、立法和司法部门的表现。该平台最初由宗教研究所（ISER）与媒体组织"性别与人数"合作创立，目的是提供关于具有宗教身份的议员在国民议会中的表现的开放数据库，以及涉及这一主题的分析和报告。渐渐地，该平台也开始接收来自 ISER 中不同的、正在进行中的调查的数据。

网址：https://religiaoepoder.org.br/

一　媒体类型（Tipos de mídia）

（一）政府媒体（Mídias Oficiais）

1. 巴西国家通讯社（Imprensa Nacional）

简介：该通讯社是巴西政府机构，负责出版联邦政府官方出版物——《联邦官方公报》（Diário Oficial da União），负责编辑出版《总统编辑手册》（Manual de Redação da Presidência da República）。

主页：http://www.in.gov.br

2. 国家电视台（Canalgov）

简介：该台是政府所属电视台。由社会传播秘书处拥有，由巴西传媒公司（EBC）运营。该电视台专注于报道联邦行政部门的行动。博索纳罗在执政时期曾将该电视台与 TV Brasil 合并，卢拉上台后再次分离。

主页：https://agenciagov.ebc.com.br/canal-gov

优兔主页：https://www.youtube.com/channel/UCjaWLFTNqLkq3ZY2BJ4NYRg

3. 教育电视台（TV Escola）

简介：巴西教育电视台为巴西政府管理的电视台，是一个巴西卫星电视频道，旨在促进巴西教师的培训，于 1995 年 9 月成立，1996 年 3 月 4 日起，每天 24 小时在巴西全国播出。

主页：https://tvescola.org.br/

4. 巴西传媒公司（Empresa Brasil de Comunicação, EBC）

简介： 巴西企业 Comunicação S.A.（EBC）在一定程度上填补了宪法规范中的空白，促进了公共、私营和国有通信系统之间的互补。此外，它是一家联邦上市公司。公司还通过电视 NBR 频道提供政府通信服务，协调联邦国家通信系统。根据相关法律，公司必须有助于与国家和国际主题相关的公众辩论，通过有关教育、包容、艺术、文化、信息、科学和公共利益的节目，鼓励公民参与社会建设。此外，EBC 公司的治理模式必须遵循透明、公平和责任的原则。

主页：https://www.ebc.com.br/

5. 巴西电视台（TV Brasil）

简介： 巴西电视台依照宪法对私人、公共和国有传播系统之间相互补充的要求，成为具有公共性质、独立于政府和民主制度的国家电视台。其创作的目的是丰富传播内容，提供具有信息、文化、艺术、科学和教育性质的节目。巴西电视台成立于 2007 年 12 月，由巴西企业 Comunicação S.A.（EBC）运营。

主页：https://tvbrasil.ebc.com.br/

6. 参议院电视台（TV Senado）

简介： 对参议院的相关活动进行报道，由巴西参议院于 1996 年成立，因为总统罗塞夫弹劾案和新冠疫情等缘故而在近几年受关注度大涨。

主页： https://www12.senado.leg.br/tv/programas/ao-vivo

优兔主页：https://www.youtube.com/channel/UCLgti7NuK0RuW9wty-fxPjQ

（二）传媒集团（Conglomerados de Mídia）

简介： 巴西 50 家主要的大众媒体机构由 26 家公司集团拥有，其中大多数还经营其他种类的业务。其中九家归 Globo 集团所有，五家归 Bandeirantes 集团所有，五家归富商 Edir Macedo 的集团（包括他的唱片集团和他担任主教的福音教会 Igreja Universal do Reino de Deus 的媒体所有），四家归 RBS 地区集团所有，三家归 Folha 集团所有，两家归 Estado 集团、Abril 集团和 Editorial Sempre Editore/SADA 集团共有，其余的每家公司只拥有一家大众媒体机构。

四大电视台（环球电视台、SBT、Record 和 Band）拥有超过巴西全国 70% 的观众占有率，其中环球电视台就占四大电视台观众占有率的一半以上

（占巴西总观众数的 36.9%）。排名第二的 SBT 吸引了总电视观众的 14.9%，排名第三的 Record 吸引了 14.7%。

1. 环球集团（Grupo Globo）

简介：环球集团是拉美和巴西最大的传媒集团，由罗伯托·马里尼奥（Roberto Marinho）于 1925 年在巴西里约热内卢州里约热内卢创立。环球集团在新闻、体育和娱乐领域的产品覆盖了巴西 99.6% 的人口，其在线频道的节目每天向 1 亿多巴西人播放。该集团不仅拥有环球网，在有线电视台还拥有 GloboNews 和 30 个其他频道；在广播中，拥有 CBN 和 Rádio Globo；在报纸中，拥有《环球报》（*Globo*）、《号外》（*Extra*）和《经济价值报》（*Valor Econômico*）三份报纸，还拥有 *Época* 杂志。该集团由 Marinho 家族控股，为 Organizações Globo Participações S.A. 企业所有。

网址：https://grupoglobo.globo.com/

优兔主页：https://www.youtube.com/user/jornaloglobo

（1）环球网（Globo.com）

简介：环球网是 Globo 集团的互联网分支，世界上访问量最大的葡萄牙语互联网门户，同时也是巴西访问量最大的门户网站。环球门户网站旗下设有新闻、体育、娱乐等板块。它在巴西互联网中有着突出的地位，吸引了全国最多的视频流媒体受众。

主页：https://www.globo.com/

（2）G1

简介：环球集团旗下网络平台，其门户创建于 2006 年，与重要的地区集团有联系，负责联邦的 26 个州和 1 个联邦区的本地化内容生产，包括为特定地区的州制作产品。该平台常设有时事、政治、巴西、里约、世界、经济、卫生、文化、体育、专栏、观点等栏目。这些网页由全球电视网附属电视台所连接的通信组保存。自 2010 年以来，Globo 建议本地通信组建立自己的"本地"G1 结构。

主页：https://g1.globo.com/

（3）环球报（*Globo*）

简介：环球集团旗下报纸，于 1925 年由 Irineu Marinho 创立。《环球报》和其他许多晨报一样，重视专栏作家的作用，以吸引读者，并确保此类作家对商界和政界人士的影响力。

主页：https://oglobo.globo.com/

（4）**经济价值报**（*Valor Econômico*）

简介：环球集团旗下报纸，巴西最大的财经类报纸，常设巴西、政治、财政、企业、世界、农业、立法、观点、职业等板块。该报拥有高质量的专栏作家队伍，定期推出高品质专栏文章，设有可以免费注册的国际版。

主页：https://valor.globo.com/

国际板块主页：https://www.valor.com.br/international

优兔主页：https://www.youtube.com/user/valoreconomico

（5）**号外**（*Extra*）

简介：环球集团旗下报纸，创办于 1998 年。由于销量和订阅量的下降，infogobo 的高管们决定在 2017 年 2 月之后将 *Globo* 和 *Extra* 的报纸合并，以降低成本。与环球报不同，号外报使用了更"通俗"的语言风格、设计和新闻议程，用更直白的方式，更贴近日常生活。这些特点标志着自 20 世纪 90 年代后期巴西纸媒新闻编辑市场的一种趋势：由生产更多传统报纸的集团创建"小报"。

主页：https://extra.globo.com/noticias/brasil/

（6）**时代**（*Época*）

简介：环球集团旗下杂志，于 1998 年创立，每周发行。经过 9 年的筹备，该周刊形成以政治、经济、行为、科学、艺术为主题进行分析的模式。Época 总部位于圣保罗，在里约热内卢设有办事处。

主页：https://oglobo.globo.com/epoca/

（7）**环球电视台**（TV Globo）

简介：环球集团旗下电视台，是巴西最大的电视台，也是世界第二大电视台。

主页：https://redeglobo.globo.com/

（8）**环球新闻**（GloboNews）

简介：GloboNews 项目始于 1994 年，是基于新闻的付费电视频道，由环球集团旗下的 Canais Globo 拥有。2016 年，GloboNews 成为巴西第三大付费电视频道。Globo News 在付费电视新闻频道中有最多的受众，在同类节目中拥有最好的品牌声誉和收视率。

主页：http://www.g1.com.br/globonews

（9）环球网络（Rede Globo）

简介： 环球网络是巴西一家商业电视联播网，于 1965 年创建，现由巴西环球集团控股，是拉丁美洲最大的商业电视网。而按照年收入计算，环球电视网也是世界第二大商业电视网，以及全球最大的肥皂剧制片商。环球电视网总部及新闻部位于里约热内卢，节目制作中心是拉丁美洲最大的电视制作中心。环球电视网旗下拥有 122 个分台，遍布巴西全国，另外拥有环球电视国际频道、环球电视葡萄牙频道两个国际电视频道。2007 年，环球电视网开始播出地面数字电视节目。

主页：http://www.redeglobo.com.br/

（10）环球卫星（Canais Globo）

简介： 环球集团旗下付费电视服务商，成立于 1991 年，在巴西开创了订阅电视服务之先驱，拥有 29 个频道和 1000 多名员工，是巴西和拉丁美洲最大的付费电视内容提供商，其国内观众超过 1500 万户。曾用名 Globosat，在 2020 年经历重组之后变成了 Canais Globo。

主页：https://canaisglobo.globo.com/

（11）环球电台（Rádio Globo）

简介： 环球集团旗下广播台，创建于 1944 年，从一开始就有政治影响力。目前，除了两个广播电台（AM 和 FM），集团在里约热内卢还有 13 家子公司，其中 12 家子公司由 AM 运营。20 世纪 60 年代，广播电台以其"三位一体"的音乐、体育和新闻为基础，成为受众的领导者，并延续至今。该电台在 1964 年军事政变后被关闭。经过多次节目改革，环球电台现在转变为一个专注于"娱乐、音乐、信息和体育"的电台。如今，除了宗教节目之外，它的内容主要集中在体育（主要是足球）、娱乐和新闻上。

主页：https://radioglobo.globo.com/

（12）Rede CBN

简介： 环球集团旗下广播台，于 1991 年 10 月 1 日成立，是全新闻模式的先驱，在巴西 86 个主要城市设有 42 个电台，可覆盖 9400 多万人，全天候播放实时实况信息。CBN 广播以新闻为重点（"全新"模式），这是当时巴西国内第一家采用这种模式的广播电台。CBN 还有一个链接到 global.com 和一些专栏作家博客的门户网站。它的目标受众是上层社会群体，常规节目也反映了这一点。该广播台为财经、公司管理等主题提供了广阔的空间，并提供了商业人士和投资者对经济、政治等主题的看法。CBN 网络与 BBC 巴西、法国广播电台

（RFI Português）和 Rádio ONU（联合国电台）有内容方面的合作伙伴关系。

主页：https://cbn.globoradio.globo.com/

2. 旗手传媒集团（Grupo Bandeirantes de Comunicação, Grupo Bandeirantes, Bandeirantes）

简介： 由 José Pires Nicolini Oliveira Dias 于 1937 年 5 月 6 日在圣保罗市成立，是巴西第二大传媒集团。自 1999 年以来，该集团一直由若昂·豪尔赫·萨阿德（João Jorge Saad）之子约翰尼·萨阿德（Johnny Saad）担任主席。该公司目前由多个业务板块和分部组成，主要包括两个开放电视网络、一个开放卫星频道、四个付费电视频道、五个广播网络、五个独立的地方广播电台、两个印刷出版物、一家演艺公司、一家数字媒体公司、一家媒体发行公司。

主页：https://bandeirantes.gupy.io/

优兔主页：https://www.youtube.com/c/bandjornalismo/featured

（1）**旗手电视台**（Rede Bandeirantes）

简介： 旗手传媒集团旗下电视台，全国第四大电视网络运营商，属于巴西免费电视网络。它于 1967 年在圣保罗的 VHF 频道 13 开始播出。在观众和收入方面，它目前是巴西第四大电视网络。它通过其拥有和经营的电台和附属机构在巴西全境广播。它还有一系列付费电视频道，并通过国际网络进行国际广播。该电视台还会播出政治候选人之间的辩论。1982 年，它成为第二家播出圣保罗州长竞选过程的电视台，并在 1989 年成为第一家播放总统候选人竞选过程的电视台。

主页：https://www.band.uol.com.br/

（2）**旗手新闻台**（BandNews TV）

简介： 旗手传媒集团旗下 24 小时电视新闻频道，成立于 2001 年，是巴西有线卫星电视市场推出的第二个新闻频道，还是巴西第一个关注免费新闻的电视频道。BandNews TV 24 小时不间断播出新闻节目，每 30 分钟播放新闻摘要，并设有聚焦于政治、特定经济领域等多个领域的节目。BandNews TV 在巴西的几个城市、美国和一些欧洲国家设有记者。该电视台的门户网站有一个名为 Você Repórter 的版块，邀请读者发送"用智能手机拍摄的，用于谴责某种现象的视频"。

主页：https://bandnewstv.band.uol.com.br/

（3）旗手新闻（Band Jornalismo）

简介： 私营电视台，2016 年开始在优兔分享每日新闻，内容涉及政治、经济等各个领域。

优兔主页：https://www.youtube.com/c/bandjornalismo/featured

主页：https://www.band.uol.com.br/noticias

（4）Rede Band FM

简介： 旗手传媒集团旗下广播台。Band FM 是一个全国性的广播网络，在巴西 12 个州拥有 5 个独立电台和 42 个分支机构。与其他调频广播电台一样，他们的节目主要是音乐。他们没有在线门户，而是通过社交媒体、短信和电话与听众互动。他们还促进广告活动，并出现在各种活动中。1975 年，Bandeirantes 集团在圣保罗获得了第一个 FM 电台特许经营权。在其他场合，其附属电台还转播合作电台如 Band News 和 Bandeirantes AM 的新闻内容节目，如 Band News 和 Jornal da Band，传播内容是 Sorocaba 和 Dracena Band FM 节目的一部分。

主页：www.bandfm.com.br

（5）旗手电台（Rádio Bandeirantes）

简介： 旗手传媒集团旗下新闻广播网络。Rádio Bandeirantes 是旗手传媒集团的第一个广播网络，它还有两个其他的国家网络（Band News FM 和 Band FM）和一个地区网络（Nativa FM），上述网络广播都在 Kantar IBOPE 的收听率排名中占据着良好的位置。该电台专注于新闻、时事和体育，并有一个小型音乐节目。该电视台还有一个门户网站，人们可以在那里收听圣保罗制作的节目，并向其工作室发送消息。此外，它还通过社交媒体与听众互动。

主页：https://www.band.uol.com.br/radio-bandeirantes

（6）Rádio Band News FM

简介： 旗手传媒集团旗下广播台。Rádio Band News FM 是巴西第一个全新闻调频电台。该电台成立于 2005 年，目前在巴西 10 个州的首府拥有电台，每个电台都播放当地、巴西国内和国际新闻。该电台的主要节目有：Jornal da Band News FM 等。

主页：https://www.band.uol.com.br/bandnews-fm

3. 页报集团（Grupo Folha）

简介： 页报集团拥有全国发行量最大的报纸《圣保罗页报》（*Folha de*

S.Paulo）、新闻网站（Folha.com.br）、全国著名的研究机构 Datafolha、新闻社
（Folhapress）和拉丁美洲最大且最现代化的图形公司之一的 Centro Tecnológico
Gráfico-Folha（CTG-F）。该集团由商人 Octavio Frias de Oliveira 创立，1992 年
由其子 Luiz Frias 领导。

主页：https://www.folha.uol.com.br/institucional/

（1）**圣保罗页报**（*Folha de São Paulo*）

简介：页报集团所属报纸，创办于 1921 年。圣保罗页报是巴西发行量最
大的付费日报。由弗里亚斯家族所有，被 Grupo Folha 描述为"巴西最具影响
力的报纸"和"巴西最畅销的全国性日报"。该报纸致力于制作批判性、多元
化和无党派的新闻内容，为巴西改善民主和减少不平等作出贡献。

网址：https://www.folha.uol.com.br/

圣保罗页报过刊库：http://almanaque.folha.uol.com.br/

优兔主页：https://www.youtube.com/user/Folha

（2）**今日圣保罗**（*Agora São Paulo*）

简介：页报集团所属报纸，Agora São Paulo 也称为 Agora，由所有者
Companhia Folha da Manhã S.A. 在圣保罗出版。其内容更多地与日常生活、为
读者提供的服务、体育内容、警察报道有关。它的文本很短，用通俗易懂的语
言写成。该报纸每天都会发布分类广告，但在周日，只发布房地产、车辆、就
业和商业的特定广告。除了印刷版，*Agora São Paulo* 也发布在互联网上，网址
是 https://www.agora.uol.com.br/。该报纸网络版文本逐渐减少，以此鼓励读者
购买印刷版，并订阅出版物。

主页：https://agora.folha.uol.com.br/

（3）**环球在线集团**（Grupo Universo Online, Grupo UOL）

简介：该集团是页报集团控股企业，是巴西最大的咨询、技术、服务公
司。二十年来，该集团一直是巴西最大的互联网内容、服务和产品公司。九成
巴西互联网用户每月访问 UOL，其主页每月接待超过 1.14 亿独立访客，该集
团的标示是"UOL"。

主页：https://www.uol.com.br/

优兔主页：https://www.youtube.com/user/uol

4. 记录传媒集团（Grupo Record）

简介：由埃迪尔·马塞多（Edir Macedo）家族所有。该集团由巴西福音派

主教、电视福音传道者、上帝王国普世教会（IURD）创始人和领导人、作家、神学家和商人，埃迪尔·马塞多（Edir Macedo）控股。是巴西第三大电视网络运营商，旗下拥有 RecordTV、Record News、R7、Correio do Povo。

主页：https://www.r7.com/

（1）R7 网（Portal R7）

简介：记录传媒集团旗下门户网站。R7 门户网站是在亚历山大·拉波索担任唱片电视网络总裁（2005—2013）期间成立的。在其任总裁期间，他在戏剧（见 Record TV）、体育和新闻方面投入更多资金。除了启动新闻门户网站外，拉波索还创建了 RecNov，以及免费的电视信息频道 Record News。R7 门户网站收集了由不同唱片集团媒体制作的内容，以及来自巴西不同州的附属公司开发的内容，并在创立之初，整合集团不同平台的内容（和宣传销售），提供免费的电子邮件服务，报道大型活动。

主页：https://www.r7.com/

（2）**人民邮报**（*Correio do Povo*）

简介：记录传媒集团旗下纸质媒体，是拥有百年历史的报纸。Correio do Povo 的成立和转型展示了巴西媒体所有权与政治、工业和宗教之间牢固的关系。随着创始人于 1913 年去世，该报与政治团体建立了模棱两可的关系。军民独裁统治（1964—1985）开启了对媒体机构进行审查的时代，致使该报在1984 年至 1986 年间停止发行。该报采用小报形式，主要在巴西南部地区销售。作为该区域的主要纸质媒体，该报涉及国家和国际主题，但具有地方观点并强调区域问题。该报纸展示不同的新闻内容：经济、教育、世界、警察、政治和农村。其文化部分按艺术领域划分：电影、展览、文学、时尚、音乐、戏剧和电视。除了 Gente（"人民"）部分外，该报还与其他各个部门相关的代理商展开密切合作。

主页：https://www.correiodopovo.com.br/

（3）**记录电视台**（Record TV）

简介：记录传媒集团旗下电视台，由伊格雷亚环球帝国教堂（IURD）的领导人伊迪尔·马塞多（Edir Macedo）拥有。该电视台与 SBT 竞争由 Kantar Ibope 测评的，巴西第二高收视率电视台的称号。该电视台由体育主管保罗·马查多·德·卡瓦略于 1953 年创立，并在马塞多的指导下保留了大部分商业节目，而主要在清晨和深夜插入宗教节目。另外，IURD 保留了自 20 世纪 80 年代以来采用的将电网插槽租用给其他电视台（如 Rede TV）的现行做法，除了制作音乐剧外，还制作了音乐节目。Record TV 是巴西收视率最高的电视台。如今，Record TV 的节目包括新闻、肥皂剧、综艺节目、真人秀和宗教节目，这一结构与其他免费电视台非常相似。该电视台还投资了迷你剧和肥皂剧，并聘请了几位以前由环球网络雇用的艺术家。

主页：https://recordtv.r7.com/

优兔主页：https://www.youtube.com/user/rederecord

（4）记录新闻台（Record News, RN）

简介：记录传媒集团旗下电视台，是第一个完全致力于新闻业的免费电视台。该电视台于 2007 年 9 月 27 日开始运行，使用现已停用的穆勒网络信号。该电视台由媒体企业家罗伯托·蒙托罗于 1994 年创立，并于 1999 年被记录传媒集团收购。除成立新闻频道外，集团还创建了位于里约热内卢的戏剧综合电视台 RecNov，并推出了新闻门户网站 R7。Record News 网络由巴西不同州的 101 个电视台和信号发射站组成，并在德国、法国、葡萄牙、安哥拉和莫桑比克开展业务。该电视台提供 10 个新闻节目。

主页：https://noticias.r7.com/record-news/

5. RBS 集团（Grupo RBS）

简介：该集团是巴西最大的多媒体公司之一，成立于 1957 年，属于高查公司，由 Maurício Sirotsky Sobrinho 创立，由家族成员 Jayme Sirotsky、Nelson Sirotssky、Eduardo Sirotski Melzer 和 Claudio Toigo 经营。该集团在南里奥格兰德州（Rio Grande do Sul）通信领域处于领导地位，在广播、电视、报纸、数字平台的新闻和娱乐节目中具有明显优势。

主页：https://gruporbs.com.br/

（1）RBS 点击（ClickRBS）

简介：在线新闻网站 ClickRBS 是 RBS 集团数字和印刷媒体的综合门户。它创建于 2000 年。它的内容针对南里奥格兰德州和圣卡塔琳娜州的受众，每个州都有地区版本。该门户网站与该集团拥有的其他网站相连接，这些网站包括：GaúchaZH 门户（自 2017 年以来，融合了 Rádio Gaúcha 和 Zero Hora 报纸的内容），Gaúcha、Atlântida、Farroupilha 和 Itapema 电台的网站，以及 Jornal Zero Hora 和 TV RBS 网站。根据 Alexa2017 年 7 月的数据，它是巴西访问量第 108 位的网站，在 Facebook 与政治新闻相关的新闻分享网站中排名第 36 位。门户网站的新闻和其他栏目在编辑方面优先考虑主要与足球相关的体育新闻，重点关注该集团旗下其他媒体的足球节目。

主页：https://www.clicrbs.com.br/

（2）**高乔日报**（*Diário Gaúcho, DG*）

简介：该报纸属于 Grupo RBS 旗下的产品。该报纸成立于 2000 年，名字由公众选择决定，旨在成为关注大阿雷格里港地区事务的报纸，是一家以戏剧性语言、大量图像和短文本为特征的小报，其主题取材自日常生活或读者的个人兴趣。尽管是一家地区性报纸，但《高乔日报》在巴西报纸中发行量排名第七，小报发行量排名第三。

主页：http://diariogaucho.clicrbs.com.br/rs/

（3）**高乔电台**（*Rádio Gaúcha*）

简介：Grupo RBS 旗下的广播台，总部位于南里奥格兰德州首府阿雷格里港。使用 AM 600 kHz 和 FM 93.7 MHz 波段，以及 6020 kHz 和 11915 kHz 短波，覆盖全国。拥有遍布全国的 160 多家广播电台，以及南里奥格兰德州内陆的三家私有电台，播放各种节目和体育赛事。

主页：https://onlineradiobox.com/br/gaucha/

（4）**高乔零点**（*GZH*）

简介：该数字媒体是属于 Grupo RBS 旗下的数字报纸，是南里奥格兰德州最大的报纸。其前身是成立于 1964 年 5 月 4 日的零点（*Zero Hora*）报纸，于 1975 年开始在南里奥格兰德州的所有城市发行。2017 年，Grupo RBS 推出了数字报纸 GZH，在数字环境中融合了高乔（Gaúcha）和零点（Zero Hora）的新闻内容，取代了这两个媒体的旧网站。

主页：https://gauchazh.clicrbs.com.br/

（5）**高乔卫星**（*Rede Gaúcha Sat*）

简介：1927 年在阿雷格里港成立。广播网还拥有一个在线门户网站，提供文本、音频和视频新闻。2017 年，通过 GaúchaZH 门户网站，广播网的网络内容与 Zero Hora 的新闻内容融合。

主页：https://gauchazh.clicrbs.com.br/

6. 埃斯塔多集团（Grupo Estado）

简介：Grupo Estado 是一家媒体集团，也被称为 Grupo Estadão 或 Grupo OESP，是一家大型媒体集团。旗下包括圣保罗州报（*O Estado de S. Paulo*）、Agência Estado、Eldorado FM 和 Gravadora Eldorado 等多类型媒体产品。该集

团由 Mesquita 家族建立并控制。埃斯塔多集团（Grupo Estado）目前由圣保罗世界报、阿贡西亚·埃斯塔多、在线门户网站 Estadao.com.br 和广播电台 Território Eldorado 1007. 3 FM 以及其他媒体公司组成。该集团已宣布停止其广播活动，这些活动已被租赁，以用于集中对数字多媒体平台的投资。该集团现在的名字最早出现在 1890 年，目的是成为共和理想的载体。

主页：http://www.grupoestado.com.br

（1）**圣保罗州报**（*O Estado de São Paulo*）

简介：Grupo Estado 旗下纸质媒体，创立于 1875 年 1 月 4 日，是圣保罗市目前仍在发行的最古老的报纸。该报纸除星期一外每日出版。它充分报道巴西国内和国际新闻，发表政府重要官方声明。

网址：https://oestadodesaopaulo.com.br/

（2）**埃斯塔多广播**（Agência Estado）

简介：Grupo Estado 旗下广播品牌，是实时在线信息发布的先驱，是专业市场电子解决方案的提供商，通过广播产品巩固了其领导地位。该品牌成立于 1970 年，服务于企业家、高管、金融和政府机构、媒体、个人投资者等多方面受众。

主页：http://www.broadcast.com.br/sobre

（3）**埃斯塔多网**（Estadao.com.br）

简介：该网站是巴西第四大民众最常访问的门户网站，创建于 2000 年 5 月，在新闻内容平台中排名第 126 位。

主页：http://www.estadao.com.br

7. **四月传媒集团**（Grupo Abril）

简介：Grupo Abril 是拉丁美洲最大和最具影响力的传媒集团之一。自 1950 年成立以来，作为一家小型出版社，它一直致力于传播信息、教育和文化，并为国家的发展作出贡献。其旗下拥有 VEJA、VEJA São Paulo、VEJA Rio、VEJA Saúde、Superinteressante、Claudia、Capricho、Quatro Rodas 等诸多媒体品牌。

主页：https://grupoabril.com.br/

（1）**请看**（*VEJA*）

简介：Grupo Abril 旗下的杂志，成立以来，曝光了诸多政府官员的贪腐行为，影响力较大。该杂志成立于 1968 年，当时正处于军事独裁统治最严酷的时期（1964—1985），由意大利裔美国媒体企业家维克多·奇维塔的儿子罗伯托·奇维塔（Roberto Civita）创立，罗伯托·奇维塔是四月集团的创始人。尽管这一杂志今天面临着严重的财务和信誉危机，但直到2016年年底，它仍然是巴西发行量最大的杂志。自1958年以来，该杂志专门研究政治，以及在1975—2015年间出版巴西版的花花公子杂志。

主页：https://veja.abril.com.br/brasil

（2）四月门户网（Portal Abril）

简介：成立于1999年，是一个新闻和娱乐门户网站，汇集了包含数十个不同服务和内容的页面，是巴西访问量最大的网页之一，它承载了该集团的许多杂志内容。

主页：https://abril.com.br/brasil/

8. 永恒编辑报业集团（Grupo SADA - Grupo Editorial Sempre Editora）

简介：Grupo Editorial Sempre Editora 是意大利裔巴西企业家、政治家维托里奥·梅奥多里（Vittorio Medioli）拥有的基础设施和物流集团 Grupo SADA 的通信部门。该集团的发展轨迹是文化与经济精英、产业、媒体和政治之间建立良好关系的一个明显例子。该集团旗下拥有 *O Tempo* 和 *Super Notícia* 两份纸质媒体。

Grupo SADA 主页：https://www.gruposada.com.br/

Sempre Editora 主页：https://www.gruposada.com.br/nossas-empresas-comunicacao-sempre-editora/

（1）超级讯息报（*Super Notícia*）

简介：Grupo Editoria Sempre Editora 所属的报纸，该报是米纳斯吉拉斯州的一份流行报纸，由 Grupo Editorial Sempre Editora（Grupo SADA）在2002年创办，该报是巴西发行量第三大的报纸，仅次于《圣保罗页报》（*Folha de São Paulo*）和《环球报》（*O Globo*），领先于传统的《米纳斯吉拉斯州报》（*Estado de Minas*）。

主页：https://www.otempo.com.br/super-noticia/

（2）时代报（*Tempo*）

简介：Grupo Editoria Sempre Editora 所属的报纸，成立于1996年，旨在与 Grupo Diários Associados 拥有的传统《米纳斯吉拉斯州报》（*Estado de Minas*）竞争。几年后，该报的发行量超过了其竞争对手，尽管发行重点放在米纳斯吉拉斯州，但它成为巴西发行量第八大的报纸，在"优质报纸"中排名第四，仅次于圣保罗、*O Globo* 和 *Zero Hora*。《时代报》通过营销和销售活动，以及新闻格式和内容的策略获得了销售增长。该集团通过订阅活动提升了读者忠诚度，并且其销售代表还前往米纳斯吉拉斯州的农村、城市介绍报纸。该活动涉及向新客户和订阅者俱乐部分发纪念品，并提供折扣和优惠。《时代报》优先考虑各种规模的政治和经济新闻。

主页：https://www.otempo.com.br/

9. 联合日报集团（Grupo Diários Associados）

简介：该集团是拉丁美洲最大的媒体集团。1924 年，集团创始人阿西斯·夏多布里安（Assis Chateaubriand）收购了里约热内卢日报（*O Jornal*），1925 年，通过收购圣保罗《晚报》（*Diário da Noite*）扩大了集团规模。该集团于 1950 年率先引进电视节目。其旗下拥有 36 家报纸、18 家杂志、36 家电台和 18 家电视台，如《巴西利亚邮报》（*Correio Braziliens*）和《米纳斯吉拉斯州报》。

主页：https://www.diariosassociados.com.br/

（1）巴西利亚邮报（*Correio Braziliense*）

简介：该报是 Grupo Diários Associados 旗下报纸，于 1960 年 4 月 21 日在巴西利亚成立，是近年来巴西发行量最大的 20 份报纸之一。

主页：http://www.correiobraziliense.com.br/

优兔主页：

https://www.youtube.com/channel/UCK3U5q7b8U8yffUlblyrpRQ

（2）米纳斯吉拉斯州报（*O Estado de Minas*）

简介：该报属于 Grupo Diários Associados 旗下报纸，创建于 1928 年，一直是全国发行量最大的 15 家报纸之一。米纳斯州的 *O Estado de Minas* 报纸于 1928 年，由佩德罗·阿莱肖、门德斯·皮门特尔和儒塞利诺·巴尔博萨购买迪阿里奥·达·曼哈的资产而创建。根据美国国家报纸协会（ANJ）的数据，近年来，它一直是该国发行量最大的 15 家报纸之一。该集团还出版了 *Aqui MG* 报纸，其内容集中在体育、警察和电视领域，也出现在巴西发行量最大的 15 家报纸名单中。

主页：https://www.em.com.br/

10. 海梅·卡马拉集团（Group Jaime Câmara, GJC）

简介： 由 24 家报纸、电视、广播和在线媒体中的通信工具组成，总部在戈亚斯州和托坎廷斯州。该集团网站被定义为巴西最大的跨媒体平台之一和巴西中北部的主要通信综合体。该集团起源于 Papelaria e Tipografia J. Câmara e Companhia，并由 Jaime Câmara 和 Henrique Pinto Vieira 于 1935 年在前州首府戈亚斯市创建。

主页： https://www.gjccorp.com.br/

（1）**此间报**（*Daqui*）

简介： 来自戈亚斯州的流行报纸，以小报形式印刷，在中产阶级受众中具有特殊吸引力。它专注于本地主题，除了名人世界的信息外，还重点关注体育、警察和社区新闻。它创建于 2007 年，直到 2013 年还在托坎廷斯州首府帕尔马斯出版。作为全国第十大报纸，它是 Jaime Câmara 集团印刷的报纸的一部分。其数字平台包括 Daqui Radio、社交网络 Daqwitter 和 Daqui 护照，这些策略旨在加强与读者的互动。

主页： https://daqui.opopular.com.br/

11. 阿尔法集团（Conglomerado Alfa）

简介： 该金融集团总部位于圣保罗，主要在金融领域，同时也在其他领域开展业务。该集团的历史始于 1925 年，由政治家、米纳斯吉拉斯州农场主 Pacífico Faria 的儿子 Clemente Faria 创建了该集团的前身，即 Banco da Lavoura de Minas Gerais，由 Faria 家族持有。在通信领域，该集团拥有 Rede de Rádio Transamérica 和 TV Transamérica。无线电网络（Rede de Rádio Transamérica）是该国最大的调频网络之一。该集团还拥有其他网络平台 Portal Rádio Transamérica（https://www.radiotransamerica.com.br/）、Transhopping search tool（https://www.transhopping.com.br/）。

主页： https://www.alfanet.com.br/

（1）**泛美网**（Rede Transamérica）

简介： Rádio Transamérica 于 1973 年在累西腓成立，由银行家和企业家 Aloysio de Andrade Faria 创立。目前，该网络平台在巴西 15 个州拥有 73 个电视台和附属机构。该网络平台是巴西东北第一个调频广播电台。1990 年，它开始通过卫星传输内容，并通过它的附属系统创建了 Rede Transamérica 网络。自 2000 年以来，Transamérica 网络由三个子网络组成，这三个子网络的内容包括音乐节目和体育节目，面向不同的观众。

主页：https://www.radiotransamerica.com.br/

12. 恩彼里克研究公司（Empiricus）

简介：恩彼里克研究公司是一家专门的咨询公司。该公司目前有18万订阅时事通信的用户。该公司的创造者为"政治上的不正确"辩护，并推广其论点。该公司还拥有其他网络平台O Antagonista（https://www.oantagonista.com.br/）和Jolivi（https://www.jolivi.com.br/）。

主页：https://www.empiricus.com.br/

（1）**反对者网**（O Antagonista）

简介：O Antagonista（"反对者"）是一个右翼政治派别的网站，由Diogo Mainardi和Mário Sabino于2015年创建。该网站作为反工党政治力量，往往通过几段简短的注释对政治进行评论。

主页：https://oantagonista.uol.com.br/

13. 阿米尔卡·达列沃/马塞洛·德·卡瓦略集团（Grupo Amilcare Dallevo / Marcelo de Carvalho）

简介：1999年，Amilcare Dallevo Júnior和Marcelo de Carvalho Fragali两位企业家从前所有者手中买下了TV Manchete的特许经营权，创立了RedeTV!。TV Ômega由Amilcare Dallevo和Marcelo de Carvalho两家集团所共有，总部设在圣保罗市。与TV Ômega电视网一起，两家集团共同拥有的RedeTV！是一个在线多媒体门户网站，向公众提供公司生产的内容和所有与RedeTV!相关的产品。该门户网站还提供频道节目的在线直播，子公司和网络负责人之间的互动空间，以及与网络管理、广告、节目和技术支持相关的信息。最后，该集团通过RedeTV!直播平台将他们的节目提供给支持3G技术的智能手机和平板电脑。

（1）**网络电视台**（Rede TV！）

简介：RedeTV!由已不复存在的曼切特电视台的五个下属电视台组成。RedeTV！被评为"世界上最先进的数字电视制作和播放中心"。RedeTV！是世界上第一个通过免费电视播放3D节目的电视台，也是世界上第一个且唯一一个完全用数字高清技术制作节目的电视台。RedeTV！的节目以娱乐为主，包括面向女性观众的礼堂表演、喜剧表演、脱口秀和各种电视杂志，其节目包括新闻、采访和体育方面的内容，宗教内容也是其节目的主要组成部分。该电视台被认为是巴西第五大电视网络平台。

主页：https://www.redetv.com.br/

优兔主页：https://www.youtube.com/user/RedeTVhdBrasil

14. 特莱斯出版集团（Grupo de Comunicação Editora Três）

简介：特莱斯出版集团诞生于 1972 年。Domingo Alzugaray 决定离开工作了 15 年的 Abril 集团，与 Fabrizio Fasano 和 Luís Carta 一起创建新的出版公司，即今天的 Três。该公司拥有 *IstoÉ*、*Istoé Dinheiro*、*Istoé Gente*、*Planeta*、*Motor Show*、*Dinheiro Rural* 等杂志，以及 Istoé Online（https://istoe.com.br）和 Planeta（https://revistaplaneta.com.br/）网络平台。

主页：https://www.editora3.com.br/

（1）《这就是》杂志（*IstoÉ*）

简介：《这就是》于 1976 年 5 月由 Encontro Editorial Ltda 创办，是多明戈·阿祖加雷（Domingo Azugaray）和 Mino Carta 的合作项目。最初该杂志是月刊，第二年成为周刊，主要涉及政治主题，此外还有经济、文化、科学、行为、体育等。Veja（Grupo Abril）和 Época（Grupo Globo），以及 IstoÉ 组成巴西三大周刊。

主页：https://istoe.com.br/

15. 永潘集团（Grupo Jovem Pan）

简介：Grupo Jovem Pan 创立于 1944 年。1995 年，该集团采用了销售渠道 CBI（Canal Brasileiro de Informação）。集团于 2013 年设立 Jovem Pan News。这是一个全新闻广播网络平台，其节目包括新闻、体育和娱乐，是该集团旗下不同 AM 电台的融合结果。该集团归 Machado de Carvalho 家族所有。

主页：https://jovempan.com.br/

（1）Rede Jovem Pan

简介：Jovem Pan FM（100.9）电台于 1976 年 7 月在圣保罗开始广播，由 Antonio Augusto Amaral de Carvalho Filho（图提尼亚）集团控制。自 1994 年 Rede Jovem Pan 成立以来，该电台目前已在巴西 20 个州拥有 66 个分支机构，是一个全国性的媒体平台。从一开始，这个电台就选择了一种日常化和非正式的语言，用于吸引年轻听众。其大部分节目由音乐广播组成，但也有流行音乐、新闻和娱乐节目。

主页：https://jovempan.com.br/

（2）JP News

简介：集团拥有 Jovem Pan FM 和 Jovem Pan News 等电台栏目。Jovem Pan News 是一个全新闻广播网络平台（节目包括新闻、体育和娱乐），成立于 2013 年，是该集团旗下不同 AM 电台融合的结果。自 1944 年第一次广播以来，它以体育为重点，塑造了一个专注于体育和新闻节目的平台。如今，JP News 拥有三个广播电台，在巴西 7 个州拥有 14 个分支机构。该集团与 CBN、Bandeirantes 和 Globo News 等网络平台竞争。该集团广播电台的收听率虽然在圣保罗非常高，但在巴西全国范围内低于其竞争对手。

该集团的两个电台栏目有一些共同节目，主要是新闻报道领域的节目，如日报《每日新闻》（Jornal da Manhã）。这些栏目有一个在线门户网站（Jovem Pan Online），提供独家节目、音频、视频和文字新闻，还提供一个应用程序（Opina Pan），用于收集听众对经济、政治、行为和足球的意见。

主页：https://jovempan.com.br/jpnews

16. 目标集团—米克斯传媒集团（Grupo Objetivo - Grupo Mix de Comunicação）

简介：Grupo Mix de Comunicação 是 Grupo Objetivo 的一部分，Grupo Objetivo 是巴西最大的私人教育集团之一，由 João Carlos Di Genio 所有。该集团旗下的电台 Mix FM 与巴西不同州的 22 个分支机构连接到其他地区媒体集团。这种设置是巴西电视网络和广播电台的特色，它一方面加强了全国性的网络连接，另一方面壮大了地区性的大企业集团。

主页：https://www.objetivo.br/

（1）Rede Mix FM

简介：混合调频电台（106.3）（Rede Mix FM 的前身）于 1997 年在圣保罗由 João Carlos Di Genio，即 Grupo Objetivo 的创始人和首席执行官创建，Grupo Objetivo 是该国最大的私人教育集团之一。Mix FM 网络成立于 2005 年，目前在巴西 14 个州拥有 22 个附属电台。该电台的节目在所有附属电台都是一样的，但节目外的其他内容是在当地制作的（音乐精选、节目订购、新闻简报和信息）。其节目的目标受众是年轻人，也就是教育节目的听众，此类节目主要由巴西国内和国际流行音乐组成。

主页：http://radiomixfm.com.br/

17. 西尔维奥·桑托斯集团（Grupo Silvio Santos）

简介：西尔维奥·桑托斯集团目前由 Sistema Brasileiro de Televisão（SBT）、Alphaville TV、Jequiti Cosmetics、Liderança Capitalização、Baú da Felicidade、索菲特（Sofitel）、Guarujá jequtimar 酒店和 Sisan Real State Enterprises 等公司组成。该集团成立于 1958 年，由 Baú da Felicidade 企业创建，目前由西尔维奥·桑托斯的 Participações S.A. 控股，归 Abravanel 家族所有。

主页：https://gruposilviosantos.com.br/

（1）巴西电视系统（Sistema Brasileiro de Televisão – SBT）

简介：成立于 1981 年 8 月，在运营的头 10 年里，该网络平台就确立了在巴西免费电视行业的领先地位，其收视率仅次于环球电视网。

主页：https://www.sbt.com.br/

18. 权力 360 集团（Grupo Poder360）

（1）权力 360 网（Poder360）

简介：巴西重要的数字媒体，包含 Poder Drive、PoderIdeias、PoderData、Poder Conteúdo Patrocinado 等品牌。

主页：https://www.poder360.com.br/

19. 巴西出版社（Publisher Brasil）

简介：巴西出版社成立于 1994 年，为工团、政治和第三部门提供印刷和数字通信解决方案。它还提供新闻关系、社交网络监测和分析以及数字宣传等服务。由 Renato Rovai 持有。

主页：https://publisherbrasil.com.br/

（1）论坛杂志（*Revista Fórum*）

简介：Revista Fórum 杂志与第一届 Fórum Social Mundial（"世界社会论坛"）的报道一起发行，该论坛于 2001 年 1 月在巴西城市阿雷格里港举行。首期杂志于 2001 年 4 月发行，该杂志在 2001 年 9 月至 2013 年 12 月以月刊形式发行。自 2014 年 1 月起，其纸质杂志不再出版，但网站仍在运行，发布频率为每周五一期。其重点是巴西左翼和中左翼政治势力视角下的政治报道。

主页：https://revistaforum.com.br/

20. 天主教会—巴西基督教传播学院（Igreja Católica-Instituto Brasileiro de Comunicação Cristã, INBRAC）

简介： 该机构成立于1992年，由天主教徒和神职人员成立，专门维护后来创建的 Rede Vida，该学院在获得巴雷托斯独立电视台的特许经营权后开始播放节目。该机构的管理由业余人士和神职人员组成的委员会负责。尽管可以播放相关新闻，但 INBRAC 并没有得到梵蒂冈的正式承认。在巴西，该机构与许多教区保持合作关系，共同制作新闻。

主　页： http://brazil.mom-gmr.org/br/proprietarios/empresas/detail/company/company/show/catholic-church-instituto-brasileiro-de-comunicacao-crista-inbrac/

（1）**生活电视台**（Rede Vida）

简介： Rede Vida 是巴西第一个也是目前最大的天主教电视频道。节目内容包括宗教节目、新闻、体育、综艺、娱乐、食谱和访谈。这些节目涉及法律、健康、经济、农业和可持续性等主题。

主页： https://www.redevida.com.br/

（2）**团结网**（Juntos）

简介： Rede Vida 还有一个在线门户网站，它在天主教社区中推动捐款运动，以维持其电台的活动。

主页： https://juntos.redevida.com.br/

21. 巴西天主教广播（Rede Católica de Rádio, RCR）

简介： 该广播的历史可以追溯到20世纪40年代瓦加斯（Getúlio Vargas）政府期间的 Rádio Excelsior of Salvador。天主教广播电台的统一始于1976年，巴西天主教广播联盟（UNDA-BR）成立并与 UNDA- Al（拉丁美洲天主教广播联盟）和 UNDA（世界天主教广播联盟）相连。UNDA 于1928年在德国成立，是天主教会正式承认的一个世俗组织。1994年，一些与巴西天主教广播有联系的无线电广播平台成立了节目分享协会 Rede Católica de Rádio（RCR）。

巴西天主教广播拥有的纸质媒体包括 RCR: *Magazines Signis Brasil*、*Signis Media*（英语、法语、西班牙语）、*REDE APARECIDA*、*CANÇÃO NOVA*、*MILÍCIA DA IMACULADA: Magazines O Mílite*、*Pequeno Mítite*、*PAI ETERNO*、*Magazines Revista Pai Eterno*、*Revista Ação Social*、*EVANGELIZAR É PRECISO*。

巴西天主教广播拥有的电视平台还包括 REDE APARECIDA: TV Aparecida（SP），CANÇÃO NOVA: TV Canção Nova、MILÍCIA DA IMACULADA: TV

Imaculada Conceição（MS），EVANGELIZAR É PRECISO: TV Evangelizar（PR）。

巴西天主教广播拥有的其他广播电台：Rede Aparecida（SP）、Rede Canção Nova（SP）、Rede Milícia Sat - Rádio Imaculada Conceição（SP）、Rede Pai Eterno（GO）、Rede Sul de Rádio/Scalabriana（RS）、Rede Evangelizar é Preciso（PR）、Rede Católica de Rádio Espírito Santo（ES）。

巴西天主教广播拥有的其他在线平台：

RCR: portal RCR（https://www.redecatolicadewebradio.com.br/）；

portal Signis Brasil（https://signis.org.br/）；

REDE APARECIDA: portal A12（https://www.a12.com/）；

CANÇÃO NOVA: Portal Canção Nova（https://www.cancaonova.com/）；

Portal Canção Nova Kids（https://kids.cancaonova.com/）；

Blog Amigos do Céu（https://blog.cancaonova.com/amigosdoceu/）；

Blog Pais e Catequistas（https://blog.cancaonova.com/paisecatequistas/）；

Wiki Canção Nova（http://wiki.cancaonova.com/index.php/P%C3%A1gina_principal）；

MILÍCIA DA IMACULADA: Portal Milícia da Imaculada（https://www.miliciadaimaculada.org.br/）；

PAI ETERNO: Portal Pai Eterno（https://www.paieterno.com.br/）；

Blog Padre Robson（https://padrerobson.paieterno.com.br/）；

REDE SUL DE RÁDIO: Portal Tua Rádio（https://www.tuaradio.com.br/）；

EVANGELIZAR É PRECISO: Portal Padre Reginaldo Manzotti（https://www.padrereginaldomanzotti.org.br/）；

RCR ES: Portal RCR Espírito Santo（http://es.rcr.org.br/）。

主页：http://rcr.org.br/conteudo/quem-somos-1/diretoria-1

（1）天主教广播网（Rede Católica de Rádio，RCR）

简介：该广播网成立于1994年，位于圣保罗的 SEPAC（传播牧领服务）总部，是一个连接天主教会组织和基督教电台的网络平台。

主页：https://www.redecatolicadewebradio.com.br/

22. 基督教堂重生（Renascer em Cristo Church）

简介：该平台于1986年由 Estevam 和 Sônia Hernandes 在 São Paulo 创建。起初，该平台吸引了大部分年轻人，因为其举行的礼拜仪式使用了太空音乐，以及不同的音乐风格，如摇滚、雷鬼、说唱、桑巴等。

主页：http://renasceremcristo.com.br/renascer/

（1）福音网（Rede Gospel）

简介：福音网络是属于 Igreja Apostólica Renascer em Cristo 教会的一个电视网络，由巴西六个州和联邦区的 25 个电台组成。该电视台也在有线电视网络中，其部分节目由国际基督教电视台 TV Enlace 播放，覆盖拉丁美洲和西班牙语国家。

主页：https://www.redegospel.tv.br/

23. 基督复临安息日会（Igreja Adventista do Sétimo Dia）

简介：该组织是巴西第六大福音教派。该教会于 1863 年由吉列尔梅·米勒（Guilherme Miller）和艾伦·G. 怀特（Ellen G. White）在美国创立，强调"耶稣基督很快就会回到这个世界"，并捍卫基于"水、健康饮食、新鲜空气、阳光、体育锻炼、节制、休息和相信上帝"的生活方式，以周六为休息日，而不是大多数基督教教堂规定的周日。

主页：https://www.adventistas.org/pt/

（1）新时代网（Rede Novo Tempo）

简介：Rede Novo Tempo 网络由巴西 10 个州的 18 个电台组成，覆盖 893 个城市。该广播网络电台也覆盖其他国家：阿根廷、玻利维亚、智利、厄瓜多尔、福克兰群岛、巴拉圭、秘鲁和乌拉圭。在巴西，据 Rede Novo Tempo 称，其受众主要由巴西中产阶级（中低收入人群）组成，其次是更高阶层。其节目分为以下几个部分：灵性、音乐、经济、现实、健康、新闻、追随者的证词和家庭。

主页：http://novotempo.com/

24. 上帝王国普世教会（Igreja Universal do Reino de Deus, IURD）

简介：Edir Bezerra Macedo 是巴西两大权威机构，即上帝王国普世教会（Igreja Universal do Reino de Deus，IURD）和记录传媒集团（Grupo Record）的负责人。

主页：https://www.universal.org

（1）哈利路亚网（Rede Aleluia）

简介：Rede Aleluia 于 1995 年，由上帝王国普世教会成立。起初，教会购买了 FM Radio 105.1（RJ），并于 1998 年将其建设为如今的 Rede Aleluia 网络平台。其节目内容包括音乐、新闻信息、精神辅导和追随者的证词，以及健康、美容和文化方面的建议。

主页：https://redealeluia.com.br/

25. RBA 通信集团（Grupo RBA de Comunicação）

简介：Grupo RBA de Comunicação 是一家总部位于帕拉州首府贝伦的媒体集团，由参议员贾德·巴尔巴霍（Jader Barbalho）及其家族所有。它与 RBA TV 一起创建于 1988 年，当时由 Jair Bernardino 所有。Jair Bernardino 于 1989 年去世，该集团也于 1990 年初被出售给新所有者。该集团还拥有 *Diário do Pará* 报纸和 TV Tapajós（环球电视台在 Pará 州的分支机构）。

主页：www.rbagrupo.com.br

（1）帕拉报（*Diário do Pará*）

简介：帕拉州的纸质媒体，是巴西北部发行量最大的报纸。

主页：https://diariodopara.dol.com.br/

（2）塔帕若斯电视台（TV Tapajós）

简介：环球电视台（TV Globo）在帕拉州（Pará）的分支机构，创建于 1979 年 5 月 26 日，是帕拉州桑塔雷姆（Santarém）的第一家电视台。

主页：https://redeglobo.globo.com/pa/tvtapajos/

26. 巴伊亚网络集团（Grupo Rede Bahia）

简介：该集团拥有 TV Bahia（隶属于 Globo Network）和 *Correio da Bahia* 报纸。它由 Magalhães 家族控制，其中包括现任萨尔瓦多市长 Antônio Carlos Magalhães Neto，该集团先前属于已故的巴伊亚州前州长、前参议员兼部长 Antônio Carlos Magalhães。

主页：https://www.redebahia.com.br/

27. 阿诺德·梅洛传媒集团（Organização Arnon de Mello, OAM）

简介：该集团位于阿拉戈斯州（Alagoas），它拥有 TV Gazeta Alagoas（隶属于 Globo Network）、*Gazeta de Alagoas* 报纸、G1 Alagoas 门户网站、Globo Esporte Alagoas 和 Gazeta FM 94.1 广播电台等媒体。该集团由参议员阿诺德·梅洛（Arnon de Mello）所有。

主页：http://www.oam.com.br/

（三）常用搜索引擎（Motores de Busca）

1. Google 巴西

主页：http://www.google.com.br/

2. MSN 巴西

主页：http://br.msn.com/

3. Exploora

主页：http://www.exploora.com.br/

4. Infocomercial

主页：https://infocomercial.com/

5. 雅虎巴西

主页：http://br.yahoo.com/

（四）新闻网站（Sites de Notícias）

1. 都市网（Metrópoles）

简介：常设时事、巴西、巴西利亚特区、圣保罗州、里约热内卢州、戈亚斯州、娱乐、生活、健康、体育、专栏等板块。

主页：https://www.metropoles.com/

2. 地球网（Terra）

简介：巴西和世界、体育、娱乐、生活和时尚的最新新闻和最佳直播。

主页：https://www.terra.com.br/

3. IG 网（IG）

简介：IG 是巴西互联网集团（Internet Group do Brasil Ltda.）的简称，由 GP Investimentos 和 Opportunity 创立，致力于成为巴西最大和最好的通信公司。

主页：https://www.ig.com.br/

4. 巴西 247（Brasil 247）

简介：该网站是巴西最大的新闻网站之一，旨在发表充分表明进步理想、人道主义价值观、国民经济的发展、外交政策的多边主义和公民权利等信息。

主页：https://www.brasil247.com/

（五）报纸（Jornais）

巴西全国日报有 500 多种，发行量在 15 万份以上的主要报纸有：《圣保罗页报》《圣保罗州报》《环球报》等。

1. 巴西利亚报（*Jornal de Brasília*）

简介：主要发行于巴西首都巴西利亚。该报成立于 1972 年，旨在为本地读者提供最新的新闻和信息，内容涵盖政治、经济、文化、体育等各个方面。

主页：https://jornaldebrasilia.com.br/

2. 巴西日报（*Jornal do Brasil*）

简介：创立于 1891 年，是巴西历史最悠久的日报之一。长久以来，该报在巴西新闻界占据着重要地位，为读者提供各类新闻信息，广泛涵盖政治、经济、社会、文化和体育等领域。该报于 2010 年停止了纸质版的发行，并转向了全数字版面。其网络平台不仅持续提供全面的新闻报道，还包括博客、视频和社交媒体等内容。此举标志着该报与时俱进，以满足现代读者的多样化需求，迎接数字化新闻时代的到来。

主页：https://www.jb.com.br/

3. 人民报（*Jornal do Povo*）

简介：创立于 1929 年，是南大河（南里奥格兰德）州中部地区历史最悠久的新闻机构，连续发行已超过 90 年。平均发行量达到 8000 份，读者覆盖了南卡舒埃拉市 86% 的人口，对于了解和跟踪该市以及周边城市的最新动态具有重要价值。*Jornal do Povo* 尤其关注社会问题，致力于提升公众对社会问题的认识和理解。

主页：http://www.jornaldopovo.com.br/

4. 巴西通讯社（Agência Brasil）

简介：成立于 1990 年，是由巴西政府运营的国家公共新闻机构，也是巴西最重要的新闻机构之一，为巴西全国数千家报纸、网站、媒体提供新闻来源。该机构拥有一支专业团队，负责将新闻内容翻译成英语和西班牙语，并与 Lusa、新华社和 Telam 等国有新闻机构合作，撰写和传播国际新闻。

主页：http://www.radiobras.gov.br/

5. 葡萄牙数字新闻（Portugal Digital）

简介：由一支专业新闻团队持续更新，重点关注巴西、葡萄牙以及其他葡语国家和社群中最重要的新闻报道。主要包括政治、社会、经济、企业、文化、旅游、葡语国家及舆论等领域。

主页：http://www.portugaldigital.com.br/

6. 巴西利亚邮报（*Correio Braziliense*）

简介：创办于 1960 年，与《圣保罗页报》《环球报》等同为巴西主流媒体之一。*Correio Braziliense* 是巴西报纸中获得"Society for News Design"（SND）最多设计奖项的刊物，在设计方面处于领先地位，这一点显著体现在报纸的头版设计中，强调一个或两个主题，并利用精细的字体层次结构来突出标题。

优兔主页：https://www.youtube.com/channel/UCK3U5q7b8U8yffUlblyrpRQ

7. 里约时代（*The Rio Times*）

简介：是一份英文出版物，受众主要为对巴西和南方共同市场感兴趣的人。该报纸除报道国家和地方事件，还报道外国国民特别感兴趣的事件，为读者提供广泛的信息，并提高他们对里约热内卢、圣保罗和南方共同市场的了解。

主页：https://riotimesonline.com

8. 巴西报告（*The Brazilian Report*）

简介：巴西英文报纸，《巴西报告》与威尔逊中心巴西研究所合作，为读者提供了一系列简短但具有实质性意义的文章，研究巴西目前面临的问题。

网址：https://brazilian.report/

9. 人民公报（*Gazeta do Povo*）

简介：巴西受众最广、历史最悠久的报纸之一，创建于 1919 年，提供包括政治、经济、文化、体育等在内的全方位新闻报道。该报以其深入的新闻报道和分析而闻名，尤其在关于巴西社会和政治的问题上。近年来，该报进行了一系列改革，大力发展数字平台和新兴技术，从而深入分析读者行为，扩大读者群。

主页：https://www.gazetadopovo.com.br/

（六）杂志（Revistas）

巴西全国拥有 3000 多种杂志，主要的杂志包括以下几种。

1. 审视（*EXAME*）

简介：巴西第一大财经类半月刊。

主页：https://exame.com/

2. 这是钱（*Istoé Dinheiro*）

简介：巴西的商业杂志，提供经济、数码市场、财政、投资者等方面的新闻与消息，其网站于 1996 年上线。

主页：https://istoedinheiro.com.br/

3. 资本来信（*Carta Capital*）

简介：巴西的周刊新闻杂志，由 Editora Confiança 在全国范围内发行，拥有明显的左翼政治立场。主要关注焦点包括政治、经济、社会、文化等领域。其创立者巴西籍的意大利记者 Mino Carta 因不满于自己先前参与创立的另两大杂志 *Veja* 与 *IstoÉ*，于 1994 年创立本刊，主张对读者诚实，批判巴西权力过于集中于经济精英手中的现象。

主页：https://www.cartacapital.com.br/

（七）外国媒体（Mídias Estrangeiras）

1. 美国有线电视新闻网巴西分社（CNN Brasil）

简介：CNN 在巴西的分支机构。

主页：https://www.cnnbrasil.com.br/

优兔主页：https://www.youtube.com/channel/UCvdwhh_fDyWccR42-rReZLw

2. BBC Brasil

简介：BBC Brasil 是英国广播公司（BBC）的子公司，也是巴西的主要通讯社，负责该品牌、该公司信息和产品的商业化运作。BBC 负责新闻门户网站 BBC Brasil，该网站在伦敦和 São Paulo 有自己的团队，用葡萄牙语制作巴西国内和国际新闻。该门户网站除英语学习"Aprenda inglês"部分外，还设有巴西、国际、经济、卫生、科学、技术和 #SalaSocial（社交网络）部分，并提供英语新闻视频，用于语言实践。

主页：https://www.bbc.com/portuguese
http://www.bbcbrasil.com/

优兔主页：https://www.youtube.com/user/BBCBrasil

二　学术研究（Pesquisa Acadêmica）

（一）媒体研究（Estudos de Mídia）

1. 媒体所有权监督（Media Ownership Monitor Brazil）

简介：媒体所有权监督是一项全球研究和宣传倡议项目，旨在提高媒体所有权的透明度。作为媒体所有权监督信息平台，该项目目前已覆盖巴西在内的 21 个国家。

平台主页：http://www.mom-gmr.org/

巴西部分入口：https://www.mom-gmr.org/en/countries/brazil/

2. 扬声器—巴西社交传播媒体（Intervozes-Coletivo Brasil de Comunicação Social）

简介：是一个致力于在巴西实现媒体权利的非政府组织，具体承担媒体所有权监督项目，负责巴西部分信息平台建设。成员由社会传播、法律、建筑、艺术和其他领域受过专业培训并具备丰富经验的活动家和专业人士组成，分布在巴西 15 个州和联邦区。该组织还出版诸多关于媒体方面的出版物，如年度出版物《巴西媒体权利报告》（Relatório Direito à Comunicação no Brasil）。

主页：https://intervozes.org.br/

3. 巴西媒体所有权报告 2017（Media Ownership Monitor Brazil 2017）

简介： 2017 年 7 月 至 10 月，Intervozes-Coletivo Brasil de Comunicação Social 和 Reporters Without Borders 联合开展了一项科研计划，联合调查巴西 50 家最重要的媒体机构及其背后的 26 家控股集团，形成调研报告，并据此形成详细分类的巴西媒体库和巴西媒体所有者库。

报告主页：http://brazil.mom-gmr.org/

巴西媒体库入口：http://brazil.mom-gmr.org/en/media/

巴西媒体所有者库入口：http://brazil.mom-gmr.org/en/owners/

4. 巴西无国界记者组织（Reporters Sem Fronteiras, RSF, Brasil）

简介： 该组织报道巴西境内的新闻从业人员的境况。

网址：https://rsf.org/pt-br/pais/brasil

5. 媒体多元化风险指标（Indicators of Risk to Media Pluralism）

简介： 该组织调查媒体多元化风险指标，包括受众集中度、所有权集中度和外部控制，以及透明度。当受众，甚至记者或监管者都不清楚谁控制着媒体渠道，并且这些实际控制者对其他业务的投资以及指导新闻生产的相关因素都不明确时，多元化的风险就会更高。

网址：https://brazil.mom-gmr.org/

6. 流通性验证研究所（Instituto Verificador de Circulação, IVC）

简介： 负责跨平台媒体审计的非营利组织，其目标是向市场提供免费和详细的通信数据，包括台式机和智能手机、平板电脑和应用程序的网络流量，以及流通、活动、库存和家庭外媒体活动。它建有一个独特的平台，将受众的通信数据连接到全国最重要的机构。该组织由广告商、广告代理和出版商代表组成。

主页：https://ivcbrasil.org.br/

7. 新闻学高级研究实验室（Laboratório de Estudos Avançados em Jornalismo, Labjor）

简介： 该实验室是坎皮纳斯州立大学（UNICAMP）所属机构。下设新闻观察站（Observatório da Imprensa）、新闻地图集（Atlas da Notícia）和大小型媒体（Grande Pequena Imprensa）等项目。

新闻观察站是一个以媒体批评为重点的新闻工具。自 1996 年 4 月以来，定期在互联网发布研究成果。2007 年，维尼西奥·德利马（Venício de Lima）在《新闻观察》发表的一项研究中首次提到了"新型电子上校主义"（Coronelismo Eletrônico de Novo Tipo）。

新闻地图集项目灵感来源于美国《哥伦比亚新闻评论》（*Columbia Journalism Review*）的"日益增长的新闻沙漠"（Growing News Desert）项目。新闻地图集在第五版之前一直在对巴西的新闻出版物进行年度普查，同时也确定了所谓的"新闻沙漠"，即没有当地新闻来源的地方。该项目由"元新闻项目"（Meta Journalism project）赞助，得到 Intercom（https://www.portalintercom.org.br/）和 Abraji（https://www.abraji.org.br/）的支持，目前还致力于对收集的数据进行定性分析，以评估所进行的报道类型以及与互联网车辆迁移相关的趋势。

大小型媒体项目是巴西的一项开创性举措，旨在加强区域和地方新闻业。

网址：http://www.labjor.unicamp.br/

网址：https://www.observatoriodaimprensa.com.br/

网址：https://www.projor.org.br/atlas-da-noticia/

网址：https://www.projor.org.br/manual-gpi/

8. 新闻发展研究所（Instituto Para o Desenvolvimento do Jornalismo, Projor）

简介：2002 年 4 月，记者 Alberto Dines 与坎皮纳斯州立大学（Unicamp）新闻学高级研究实验室（Labjor）合作创建了新闻发展研究所。该研究所是一个非政府、多元化和无党派的民间非营利实体。

网址：https://www.projor.org.br/

（二）新闻传播类学术期刊（Revistas Acadêmicas de Jornalismo e Comunicação）

1. 传播与教育（*Comunicação & Educação*）

简介：创立于 1994 年，半年刊，专注于传播学领域，尤其是传播、文化、教育之间的相互关系，旨在破除常见的针对媒体的陈旧观念。这种观念一方面表现为僵化、传统的态度，无法意识到媒体的重要性；另一方面表现为过度迷恋媒体，导致缺乏批判性。本刊主张对媒体进行批判性阅读，以反思如何运用传媒语言来构建民主、公民意识和尊重人权的其他可能的叙事方式，使传媒工作者、教育工作者和教育传媒从业者能够理解和利用媒体，以实现批判性思维、社会权利、民主和公民意识的目标。

主页：https://www.revistas.usp.br/comueduc

2. 传播、媒体和消费（*Comunicação, Mídia e Consumo*）

简介：成立于 2004 年，每四个月以电子版形式出版一期，遵循科学知识民主化的原则，鼓励公众即时免费访问其所有内容。本刊旨在促进与社会传播领域相关的学术讨论，注重不同领域和派别理论的结合与理论解释性分析，将媒体研究（媒体、其生产逻辑和接受过程）与消费研究联系起来，理解消费作为当代社会文化实践的重要性。

主页：https://revistacmc.espm.br/revistacmc

3. 巴西媒体史杂志（*Revista Brasileira de História Da Mídia*）

简介：成立于 2012 年，是巴西媒体历史研究者协会的半年刊电子出版物，旨在推广研究媒体与历史关系的成果，以促进该领域的研究。本刊发表来自传媒、历史和其他领域学者的学术成果，也致力于提升关于媒体历史问题的讨论。

主页：https://revistas.ufpi.br/index.php/rbhm/index

4. 新闻与媒体研究（*Estudos em Jornalismo e Mídia*）

简介：成立于 2004 年，半年刊，以电子版形式免费发布，由巴西圣卡塔琳娜联邦大学新闻研究生项目编辑，收集来自巴西和国外作者的文章、思考、书评、访谈和研究报告。旨在促进关于新闻领域的科学思考，关注其与社会、市场和学界的关系。

主页：https://periodicos.ufsc.br/index.php/jornalismo

5. 三合一：传播、文化和媒体（*Tríade: Comunicação, Cultura e Mídia*）

简介：成立于 2013 年，半年刊，旨在出版来自国内外高等教育机构研究人员、与博士合著的硕士研究生、博士研究生的原创成果。主要关注的领域和话题有：媒体（印刷、视觉、音频和超媒体）中的意义生成、语言过程和实践的组织和结构方式；与流派和格式相关的叙事；构成媒体过程的互动、可见性、主体性、身份和社会性制度；通过沟通实践在城市空间和机构中形成的社会性形式，考虑到涉及的媒体过程，以及媒体的历史和结构性变化对社会文化实践的影响。

主页：https://periodicos.uniso.br/triade

（三）重要学者（Pesquisadores）

1.卡琳娜·扬兹·沃伊托维奇（Karina W. Janz）

简介：蓬塔格罗萨州立大学（Universidade Estadual de Ponta Grossa）记者专业学士，巴西淡水河谷大学（Universidade do Vale do Rio dos Sinos）传播科学硕士（2002年），圣卡塔琳娜联邦大学（Universidade Federal de Santa Catarina）人文科学博士（2010年），曾在智利大学（Universidade de Chile）工作。现任拉丁美洲通信高级研究中心研究生院（Escola de Pós-Graduação do Centro Internacional de Estudos Superiores de Comunicação para América Latina）的博士后研究员、蓬塔格罗萨州立大学新闻学副教授。她自2012年起担任《国际民间传播杂志》[*Revista Internacional de Folkcomunicação* (RIF)]的编辑，也是《巴西媒体史杂志》（*Revista Brasileira de História da Mídia*）的联合编辑（2016—2021）。

研究领域：替代媒体、性别研究、新闻文化、互联网多元文化等。

2.安娜·保拉·古拉特·里贝罗（Ana Paula Goulart Ribeiro）

简介：拥有弗鲁米嫩塞联邦大学（Universidade Federal Fluminense）新闻学学位，并同时在此学习了历史课程。之后，她又先后在里约热内卢联邦大学（Universidade Federal do Rio de Janeiro）获得传播与文化硕士和博士学位，并在此担任教授至今。她主导了多项科研系列项目的完成，并且牵头成立了多个重要的拉美传媒学研究小组。

代表作品：《国民杂志：新闻创造历史》（*Jornal Nacional: a notícia faz história*）；《50年代里约热内卢的新闻与历史》（*Imprensa e história no Rio de Janeiro dos anos 50*）；《电视与记忆：在证词与忏悔之间》（*Televisão e Memória: entre testemunhos e confissões*）。

研究领域：媒体、记忆和媒体史、记忆病理学研究等。

3.桑德拉·雷曼（Sandra Reimão）

简介：圣保罗大学传播学博士，现任该大学传播学院教授。

代表作品：《巴西出版行业市场》（Mercado Editorial Brasileiro）；《书籍和电视相关性》（Livros e Televisão-Correlações）。

4. 路易斯·贡萨扎·莫塔（Luiz Gonzaga Motta）

简介：1968 年毕业于米纳斯吉拉斯联邦大学（Universidade Federal de Minas Gerais）新闻系，之后长期任教于巴西利亚大学（Universidade de Brasília）。曾担任国家文化部部长和联邦通讯部部长。创办了《达西》（Darcy）和《田野》（Campus）两种杂志。

（四）媒体法律（Regulação da Mídia）

1. 2011 年 9 月 12 日第 12485 号法律（Lei Nº 12.485, de 12 de Setembro de 2011）

简介：该法是巴西限制交叉所有权的唯一法律，是规范付费电视市场的法律。它一方面禁止公司制作部分视听内容，另一方面禁止广播和付费电视公司相互控股。

网址：https://www.planalto.gov.br/ccivil_03/_ato2011-2014/2011/lei/l12485.htm

（五）新闻媒体协会（Associações de Mídia）

1. 巴西国家报纸协会（Associação Nacional de Jornais, ANJ）

简介：该协会成立于 1979 年，是代表巴西主要报纸的组织，成员包括《圣保罗页报》《环球报》《圣保罗州报》《经济价值报》等。其主要目标是捍卫和促进其成员报纸的利益，以及促进新闻自由和专业新闻事业。该协会在倡导巴西新闻界的权利和责任方面发挥着重要作用。它力求保持较高的新闻标准和道德，并积极促进言论自由和获取信息的权利。协会广泛参与各种活动，包括与新闻界相关的法律和立法倡议、媒体相关问题的公共活动以及促进其成员报纸之间的对话与合作。协会旨在通过其倡议和努力，在巴西培育充满活力和独立的新闻界，为民主社会作出贡献，让媒体能够发挥其向公众提供信息和追究权利责任的关键作用。

网址：https://www.anj.org.br/

三〈新闻媒体组织（Organizações de Mídia）

（一）沉睡的巴西巨人（Sleeping Giants Brasil）

简介：反对仇恨言论和假新闻融资的消费者运动。

网址：https://sleepinggiantsbrasil.com/

（二）服务者机构（Agência Servidores）

简介：该组织是一家专门监测巴西利亚公共事业的新闻机构，重点关注政府和议会的动态。

网址：http://agenciaservidores.com.br/

第三编 · 外层

政治
（**Política**）

一 组织机构（Organizações/Órgãos）

（一）**行政部门**（Órgãos Administrativos）

1. **巴西共和国总统府**（Presidência da Republica Federativa do Brasil, PRFB）

简介：巴西共和国总统府是直接协助总统行使行政权力的机构的统称，由巴西总统统领，包含以下机构：民事办公室（Casa Civil）、共和国总统府政府秘书处（Secretaria de Governo da Presidência da República）、共和国总统府总秘书处（Secretaria-Geral da Presidência da República）、共和国总统办公室（Gabinete Pessoal do Presidente da República）、机构安全办公室（Gabinete de Segurança Institucional）和国家个人数据保护机构（Autoridade Nacional de Proteção de Dados Pessoais）。

网址：http://brazil.gov.br/

http://www.planalto.gov.br/

http://www2.planalto.gov.br/

优兔主页：https://www.youtube.com/channel/UCjjYaSHsZSUNTSwUV8OfOrA

2. **民事办公室**（Casa Civil）

简介：民事办公室是巴西共和国总统府（PRFB）的下设机构之一。该办公室的主要职能包括：协调各政府部门的工作，分析国民议会（Congresso Nacional）提案以及政府的指导方针的优点、作用和兼容性，评估和监督政府行动以及联邦公共行政部门和机构的管理，协调和监督各部委的活动，制定公共方案和公共政策。该办公室下设特别顾问办公室（Assessoria Especial）、部长办公室（Gabinete do Ministro）和执行秘书处（Secretaria Executiva）。

网址：https://www.gov.br/casacivil/pt-br

3. 共和国总统府总秘书处（Secretaria-Geral da Presidência da República, SGPR）

简介：共和国总统府总秘书处成立于1990年，是组成巴西共和国总统府的机构之一，与联邦各部委同级。经过多次重组，其下属机构现由以下部门组成：执行秘书处（Secretaria Executiva）、社会交流特别顾问办公室（Assessoria Especial de Comunicação Social）和内阁（Gabinete）、国家现代化特别秘书处（Secretaria Especial de Modernização do Estado）、法律事务副主管办公室（Subchefia para Assuntos Jurídicos）、内部控制秘书处（Secretaria de Controle Interno）、行政特别秘书处（a Secretaria Especial de Administração）和国家出版社（Imprensa Nacional）。

网址：https://www.gov.br/secretariageral/pt-br

4. 共和国总统府政府秘书处（Secretaria de Governo da Presidência da República, Segov）

简介：共和国总统府政府秘书处是巴西共和国总统府的机构之一。该机构主要负责协助共和国总统履行其职责，与各州、联邦区和各市的政府机构以及民间社会实体沟通，加强联邦政府各部门间的协调性，处理联邦政府（Governo Federal）与国民议会（Congresso Nacional）和各政党的关系，并进行政治一体制性质的研究。

网址：https://www.gov.br/secretariadegoverno/pt-br

5. 机构安全办公室（Gabinete de Segurança Institucional, GSI）

简介：机构安全办公室是巴西联邦共和国总统机构之一。该机构主要负责保护总统、副总统及其家属的人身安全，直接或间接协助总统履行职责，消除一切危害总统机构的因素，协调国家情报和信息通信安全的活动。

网址：https://www.gov.br/gsi/pt-br

6. 司法和公共安全部（Ministério da Justiça e Segurança Pública, MJSP）

简介：司法和公共安全部前身为司法部（Ministério da Justiça）以及司法

和公民部（Ministério da Justiça e Cidadania），于 2019 年正式更名为司法和公共安全部。作为联邦公共行政机构，其职责包括捍卫法律秩序，保障公民政治权利和维护宪法权威，强化公共安全工作的协调机制，捍卫国家经济秩序和消费者权利，打击毒品贩运和相关犯罪，预防和打击腐败、洗钱和恐怖主义行为。

网址：https://www.justica.gov.br/

7. 国防部（Ministério da Defesa, MD）

简介：国防部是巴西联邦政府主管武装部队的机构，成立于 1999 年，由海军、陆军和空军组成。该机构主要负责协调综合防御工作，保障国家主权，制定与国家国防和安全有关的政策，管理兵役制度，制定国防预算，实施军事行动和参加国际国防合作。

网址：https://www.gov.br/defesa/pt-br

8. 外交部（Ministério das Relações Exteriores, MRE，也被称作 Itamaraty）

简介：外交部是巴西联邦政府的行政机关之一。该部门主要职能包括：协助总统制定和执行巴西外交政策，构建和维系双边、区域和多边层面的国际关系，提供领事服务，参与外国政府和实体的商业、经济、技术和文化谈判，组织国家元首和高级官员的访问。此外，外交部还设有国家对外关系秘书处（Secretaria de Estado das Relações Exteriores）。

网址：http://www.itamaraty.gov.br/

9. 总检察长办公室（Advocacia-Geral da União, AGU）

简介：总检察长办公室成立于 1993 年，在法律意义上代表巴西联邦共和国，与国家财政部总检察长办公室（Procuradoria-Geral da Fazenda Nacional）、联邦司法部部长办公室（Procuradoria-Geral Federal）和中央银行总检察长办公室（Procuradoria-Geral do Banco Central）一起行使公诉权。该机构的主要职能包括监管政府机构，向国家实体提供司法代理和法律咨询，以及保护公共资产免受第三方或政府人员侵害。

网址：http://www.agu.gov.br/

10. **透明、审查和管控部**（Ministério da Transparência, Fiscalização e Controle, MTFC）

简介：透明、审查和管控部是联邦政府（Governo Federal）的内部控制机构。前身为总审计长办公室（Controladoria-Geral da União），于 2016 年改制为透明、审查和管控部。该部门主要负责通过公共审计、监督、预防和打击腐败以及开展监察员活动，保护公共资产和提高管理透明度。

网址：https://www.gov.br/cgu/pt-br

11. **社会衔接特别秘书处**（Secretaria Especial de Articulação Social, SEAS）

简介：社会衔接特别秘书处隶属于共和国总统府政府秘书处（Segov）。该机构主要职能包括以下内容：协调和监督联邦政府与在巴西境内运作的国际组织和民间社会组织的对话，就政府秘书处的相关要求与国际组织和民间社会组织进行对话，与民间社会不同阶层及其代表基于向共和国总统提议的各事项进行对话。

网址：https://www.gov.br/secretariadegoverno/pt-br/assuntos/secretaria-especial-de-articulacao-social

12. **妇女、家庭和人权部**（Ministério da Mulher, da Família e dos Direitos Humanos, MDH）

简介：妇女、家庭和人权部成立于 1997 年，旨在通过参与性、包容性和跨领域的公共政策来促进、保护和捍卫人权，确保所有人过上有尊严、公平、平等和多元的生活。

网址：https://www.gov.br/mdh/pt-br

13. **战略事务秘书处**（Secretaria de Assuntos Estratégicos, SAE）

简介：战略事务秘书处成立于 2008 年。其主要职能包括以下内容：为巴西的发展制定长期的国家政策和战略，指导政府机构进行长期规划，并协调准备国家战略行动所需的计划和项目，协助共和国总统与外国当局和个人接触，以及组织其他国际性质或与外交领域相关的活动。

网址：https://www.gov.br/planalto/pt-br/assuntos/assuntos-estrategicos

（二）立法部门（Órgãos Legislativos）

1. 巴西国民议会（Congresso Nacional do Brasil, CNB）

简介：巴西国民议会是行使巴西联邦共和国最高立法权职能的宪法机构。起草并通过法律，对巴西国家部门及其下属机构进行会计、财务、预算、业务和资产监督。由联邦参议院（Senado Federal）和联邦众议院（Câmara dos Deputados）组成。每年于 2 月 2 日至 7 月 17 日和 8 月 1 日至 12 月 22 日在国家首都举行会议。下设：计划、公共预算和检查联合委员会（Comissão Mista de Planos, Orçamentos Públicos e Fiscalização）、国会代表委员会（Comissão Representativa）、议会联合调查委员会（Comissão Parlamentar Mista de Inquérito）、联邦立法合并联合委员会（Comissão Mista de Consolidação da Legislação Federal）。

网址：https://www.congressonacional.leg.br/

2. 巴西参议院（Senado Federal）

简介：巴西参议院是巴西国民议会（CNB）的上议院，与众议院一起行使立法权。代表着巴西所有州和联邦区的利益。负责立法、监督、授权和批准行政和司法机关；审理和判决总统、副总统、最高法院法官等国家最高级别官员的罪行；批准与本国有关的金融性质的外国业务。

网址：https://www.senado.gov.br/

优兔主页：https://www.youtube.com/channel/UCLgti7NuK0RuW9wty-fxPjQ

TV Senado: https://www.youtube.com/channel/UCLgti7NuK0RuW9wty-fxPjQ

3. 巴西众议院（Câmara dos Deputados）

简介：巴西众议院是巴西国民议会（CNB）的下议院。由巴西众议院局（Mesa da Câmara dos Deputados do Brasil）、领导人学院（Colégio de Líderes）和委员会（Comissões）组成，与联邦参议院一起行使立法权。代表着人民的利益，负责提出、讨论、修改和批准法律；监督行政部门；授权启动针对共和国总统的弹劾程序；代表民众倾听和发言；调解冲突和社会需求；统计、监察总统账目。下设联邦会计法院（Tribunal de Contas da União）。

网址：http://www.camara.leg.br/

优兔主页：https://www.youtube.com/channel/UC-ZkSRh-7UEuwXJQ9UMCFJA

（三）司法部门（Órgãos Judiciais）

1. 联邦最高法院（Supremo Tribunal Federal, STF）

简介：联邦最高法院是行使联邦司法权的最高机关。该法院主要职责包括以下内容：依照联邦或州的法律或规范性文件，对违宪行为进行直接诉讼或声明性诉讼，对违反宪法性法律案件进行诉讼，以及对他国的引渡请求进行审查，颁布人身保护令、强制令等。联邦最高法院拥有对国家高级官员（如总统、副总统）的刑事违法行为进行审判的权力。

网址：http://www.stf.jus.br/

2. 高等法院（Superior Tribunal de Justiça, STJ）

简介：高等法院是负责规范整个巴西联邦法律解释工作程序的法院。该法院主要负责以下内容：对不涉及宪法事务或专门法庭的民事和刑事案件进行最终审判，主持调查并审判州长、劳工法官、审计法院的审计员和公共检察官等人犯下的普通罪行；处理同级法院之间的管辖权的冲突问题。高等法院下开办有国家法官培训和提高学校（Escola Nacional de Formação e Aperfeiçoamento de Magistrados），上述学校是联邦法官和地方法官的官方培训机构。

网址：https://www.stj.jus.br/sites/portalp/Inicio

3. 第一区联邦地方法院（Tribunais Regionais Federais da 1ª Região, TRF1）

简介：第一区联邦地方法院，是巴西联邦司法的五大二审机构之一。该法院主要负责以下内容：对在其管辖范围内的联邦法官和州法官审判的民事和刑事案件进行二审，处理联邦法官和州法官之间的管辖权冲突，负责审理在其管辖范围内的联邦法官的普通犯罪案件。其总部位于巴西利亚（Brasília）。该法院管辖区域包括联邦区（Distrito Federal）、阿克里州（Acre）、阿马帕州（Amapá）、亚马孙州（Amazonas）、巴伊亚州（Bahia）、戈亚斯州（Goiás）、马拉尼昂州（Maranhão）、马托格罗索州（Mato Grosso）、米纳斯吉拉斯州（Minas Gerais）、帕拉州（Pará）、皮奥伊州（Piauí）、朗多尼亚州（Rondônia）、罗赖马州（Roraima）和托坎廷斯州（Tocantins）。

网址：https://portal.trf1.jus.br/portaltrf1/pagina-inicial.htm

4. 第二区联邦地方法院（Tribunal Regional Federal da 2ª Região, TRF2）

简介：第二区联邦地方法院位于里约热内卢（Rio de Janeiro），是巴西联邦共和国（República Federativa do Brasil）五个联邦地区法院（Tribunais Regionais Federais）之一。其管辖区域包括里约热内卢州（Rio de Janeiro）和圣埃斯皮里图州（Espírito Santo）。

网址：https://www.trf2.jus.br/portal/

5. 第三区联邦地方法院（Tribunal Regional Federal da 3ª Região, TRF3）

简介：第三区联邦地方法院位于圣保罗市（São Paulo），是巴西联邦共和国五个联邦地区法院之一。其管辖区域包括圣保罗州（São Paulo）和南马托格罗索州（Mato Grosso do Sul）。

网址：https://www.trf3.jus.br/

6. 第四区联邦地方法院（Tribunal Regional Federal da 4ª Região, TRF4）

简介：第四区联邦地方法院位于阿雷格里港市（Porto Alegre），是巴西联邦共和国五个联邦地区法院之一。其管辖区域包括南里奥格兰德州（Rio Grande do Sul）、巴拉那州（Paraná）和圣卡塔琳娜州（Santa Catarina）。

网址：https://www.trf4.jus.br/

7. 第五区联邦地方法院（Tribunal Regional Federal da 5ª Região, TRF5）

简介：第五区联邦地方法院位于累西腓市（Recife），是巴西联邦共和国五个联邦地区法院之一。其管辖区域包括阿拉戈斯州（Alagoas）、塞阿拉州（Ceará）、帕拉伊巴州（Paraíba）、伯南布哥州（Pernambuco）、北里奥格兰德州（Rio Grande do Norte）和塞尔吉佩州（Sergipe）。

网址：https://www.trf5.jus.br/

8. 高级劳工法院（Tribunal Superior do Trabalho, TST）

简介：高级劳工法院是巴西处理涉及劳工法问题的最高法庭。该法院总部设在巴西利亚（Brasília），负责全国所有的劳动案件，对集体经济组织成员权益纠纷以及个人纠纷进行调解和判决，规范巴西的劳工法理学。

网址：https://www.tst.jus.br/

9. 地区劳工法院（Tribunais Regionais do Trabalho, TRT）

简介：地区劳工法院是审理巴西劳工案件的二审法院。该法院主要负责调解和判决涉及工人与雇主之间冲突的案件，以及由劳资关系引起的其他争议的诉讼。巴西共有 24 个地区劳工法院，分布在全国各地。

网址：https://www.tst.jus.br/justica-do-trabalho

10. 高等选举法院（Tribunal Superior Eleitoral, TSE）

简介：高等选举法院成立于 1932 年，是巴西最高选举法律机构，具有国家管辖权。该法院由七名法官组成，其中三名来自联邦最高法院（Supremo Tribunal Federal），两名来自高等法院（Superior Tribunal de Justiça），另外两名则是法律专业代表。

网址：https://www.tse.jus.br/

（四）公共机构（Instituições Públicas）

1. 联邦警察局（Departamento de Polícia Federal, DPF）

简介：联邦警察局是巴西的警察机构，隶属于司法和公共安全部。其主要职责为打击犯罪活动，颁发护照和签证，审核并提供给私人安保公司枪支弹药。

网址：https://www.gov.br/pf/pt-br

（五）主要政党（Partidos）

1. 巴西民主运动（Movimento Democrático Brasileiro, MDB）

简介：巴西民主运动是巴西最大的政党，成立于 1980 年。其建立之初是为了反对军事独裁统治。该党主张通过政治行动来捍卫人民的合法权利，以政党多元化、三权分立与和谐为基础，加强以人民主权为基础的代议制民主，并进行土地改革。该党致力于捍卫和保障个人权利。

网址：https://www.mdb.org.br/

2. 劳工党（Partido dos Trabalhadores, PT）

简介：劳工党成立于 1980 年，是拉丁美洲最大、最重要的左翼党派之一。该党代表所有被资本主义制度剥削的人的政治利益，致力于消灭所有威胁社的独裁机制。该党主张为所有公民的自由而战，为有效保障公民权利而战，为社会各阶层的民主化而战。劳工党目前是巴西的第二大政党。出自该政党的总统包括 Luiz Inácio Lula da Silva（2003—2011）和 Dilma Rousseff（2011—2016）。

网址：https://pt.org.br/

优兔主页：https://www.youtube.com/c/ptbrasil

3. 自由党（Partido Liberal, PL）

简介：自由党是巴西的一个右翼政党，成立于 2006 年。前身是共和国党（Partido da República）。该政党寻求一个在道德标准和自由的标志下更公正的社会，并主张为祖国服务，建立一个公正的基督教社会。Jair Bolsonaro 是出自该政党的总统。

网址：http://pl22.com.br/

4. 巴西联盟党（União Brasil, UNIÃO）

简介：巴西联盟党成立于 2022 年，由民主党（Democratas）和社会自由党（Partido Social Liberal）合并而成。该党主张抛开分歧，建造一个民主、自由、繁荣和公平的巴西。

网址：https://uniaobrasil.org.br/

5. 社会自由党（Partido Social Liberal, PSL）

简介：社会自由党成立于 1994 年，于 2022 年 2 月正式与民主党合并为巴西联盟。该党最初的意识形态是社会自由主义。社会自由党主张减少国家对经济的参与，转而将国家的资源集中到卫生、教育和安全方面。

网址：https://psl.org.br/

6. 民主党（Democratas, DEM）

简介：民主党曾是巴西中右翼的政党，成立于 1985 年，前身为自由阵线党（Partido da Frente Liberal），主张捍卫民主、保守的自由主义和社会正义。该党于 2022 年 2 月正式与社会自由党合并为巴西联盟。

网址：https://uniaobrasil.org.br/

7. 巴西社会民主党（Partido da Social Democracia Brasileira, PSDB）

简介：巴西社会民主党成立于 1988 年，是中右翼派政党，该党主张捍卫工人收入水平，消除贫困，普及学校、卫生服务，维护社会安全，稳定经济，并实现国家现代化。

网址：https://www.psdb.org.br/

8. **进步党**（Partido Progressistas, PP）

简介：进步党是一个由中右翼和右翼分子结盟而成的政党，成立于 1995 年。主张为巴西建设一个自由、民主、公平、多元、团结和公民参与度高的社会。

网址：https://progressistas.org.br/

9. **民主工党**（Partido Democrático Trabalhista, PDT）

简介：民主工党成立于 1979 年。该党主张消除所有种族歧视，注重青少年的培养，彻底消除对工人的剥削，平衡女性的社会地位，保护土著文化，保护巴西自然环境。

网址：https://www.pdt.org.br/

10. **巴西工党**（Partido Trabalhista Brasileiro, PTB）

简介：巴西工党成立于1979年，致力于捍卫民主社会主义。该党支持城市、土地和教育改革，并重视经济增长、工业发展、资源国有化和教育。

网址：https://ptb.org.br/

（六）**社会组织**（Organizações Sociais）

1. **社会、政治和经济研究所**（Instituto de Pesquisas Sociais, Políticas e Econômicas, Ipespe）

简介：社会、政治和经济研究所是由大学教授和研究人员在 1986 年创立的。该研究所在巴西国内、国际舆论和市场研究领域已经运营了 36 年，是在巴西成立时间最长的国家研究机构之一。其调查和民意测验研究范围已覆盖巴西所有的 5570 个城市。

网址：https://ipespe.org.br/

2. FSB 研究所（Instituto FSB Pesquisa）

简介： FSB 研究所是巴西一家重要的研究机构。该研究所服务范围广，采用包括在线、面对面调查或设立在线焦点小组，以及深入访谈等方式。其解决方案支持客户的决策，优化投资和传播策略。

网址：https://www.institutofsbpesquisa.com.br/

3. 透明巴西（Transparência Brasil, TB）

简介： 透明巴西是巴西主要的反腐败非政府组织，是被巴西主流媒体提及最多的非政府组织。该组织是联邦总审计长透明度委员会（Transparência da Controladoria Geral da União）、联邦参议院透明度委员会（Transparência do Senado Federal）和圣保罗州政府透明度委员会（Transparência do Governo do Estado de São Paulo）的成员，在委员会中代表着民间社会组织。

网址：https://www.transparencia.org.br/

4. 巴拉那研究所（Paraná Pesquísas, PP）

简介： 巴拉那研究所成立于 1991 年，是一家政治研究、舆论研究和市场研究机构，致力于用可靠和适用的研究数据满足客户的需求。

网址：https://www.paranapesquisas.com.br/

5. 议会援助联盟（Departamento Intersindical de Assistência Parlamentar, DIAP）

简介： 该组织主要从事巴西议会问题研究，旗下拥有月度出版物《Boletim Informativo》，并出版多种类型的议会研究成果。1994 年开始，该机构还推出了关于议会精英的年度系列报告《Os Cabeças do Congresso Nacional》。

网址：https://www.diap.org.br/

6. 打击选举腐败运动（Movimento de Combate à Corrupção Eleitoral, MCCE）

简介： 该组织是一个由民间社会实体、运动、社会和宗教组织组成的网络，旨在打击选举腐败，开展关于投票重要性的教育工作，寻求更公平、更透明的政治和选举方案。在全国设立州、市和地方委员会，在监督公共预算和行政机构方面发挥着重要作用。

网址：http://www.mcce.org.br/

7. Esfera Brasil

简介：它是一个旨在促进有关巴西问题的思考和对话的组织，汇集企业家、企业家和生产力阶层的智库，是一个独立的无党派组织。旨在促进公司、政府和相关机构之间的对话，就相关问题展开富有成效的辩论，以建设一个更美好的国家。该组织不定期邀请巴西各界名流，组织重要议题的讨论。

网址：https://esferabrasil.com.br/

8. 巴西市长和副市长协会（Associação Nacional dos Prefeitos e Vice Prefeitos, ANPV）

简介：该协会是一个独立的、无党派和非营利的实体，成立于2005年4月7日，旨在为市长和副市长的公共政策和行动规划提供建议。该组织是市长和副市长任期内相关工作的重要调解人和顾问，帮助他们在维护市政管理的职责范围内发展该职位所需的新技能和专业知识。

网址：http://www.anpv.org.br/

9. 巴西市政协会（Associação Brasileira de Prefeituras, ABRAP）

简介：该协会是巴西市政的最大代表机构。于1989年在巴西利亚成立，是一个非营利组织。该协会为全国所有州提供政治和法律支持，以便他们能够单独或联合向州和联邦政府中最多元化的部门提出要求。

网址：https://abrapbrasil.org.br/

10. 巴西城市协会（Associação Brasileira de Municípios, ABM）

简介：该协会于1946年3月15日在里约热内卢市成立，是一个全国性的民间社会组织。目前，在巴西利亚设有总部和相关活动论坛，在与市政当局、类似机构以及国家、联邦和国际实体机构的密切合作下运作。

网址：https://abm.org.br/

（七）政治咨询公司（Empresas de Assessoria Política）

1. Dharma Political Risk and Strategy

简介：该公司位于巴西利亚，是专门从事巴西政治分析的咨询公司。旨在进行研究和分析，以帮助客户了解巴西政策。

网址：https://dharmapolitics.com.br/dharma_site/

二　学术研究（Pesquisa Acadêmica）

（一）科研机构（Instituições Científicas）

1. 瓦加斯基金会（Fundação Getulio Vargas, FGV）

简介：瓦加斯基金会是巴西著名的高等教育机构和智库，成立于 1944 年，旨在促进巴西的社会经济发展，目标是为巴西的公共和私人行政部门培养合格的人才。拥有 90 多个研究中心，学科涵盖宏观和微观经济学，以及金融、商业、决策、法律、健康、福利、贫困和失业、污染和可持续发展等相关专业。

网址：https://portal.fgv.br/cn

2. 瓦加斯基金会公共部门政治和经济中心数据库（CepespData）

简介：瓦加斯基金会公共部门政治和经济中心（CEPESP）提供了一个访问选举数据的平台。旨在促进对 TSE 在其数据存储库中提供的数据库的集成访问。

网址：https://cepespdata.io/

3. 应用经济研究所（Instituto de Pesquisa Econômica Aplicada, IPEA）

简介：应用经济研究所是一个与巴西经济部（Ministério da Economia）相关的联邦公共基金会，于 1964 年创建。其研究活动为政府制定和重新制定公共政策和发展计划的行动提供技术和制度支持。

网址：https://www.ipea.gov.br/

4. 卢拉研究所（Instituto Lula）

简介：卢拉研究所是一个非营利组织，其主要目标是与非洲国家分享巴西在消除饥饿和贫困的公共政策方面的经验，促进拉丁美洲的一体化，并帮助恢复和保护巴西争取民主的历史。该名称来自前总统卢拉，卢拉在该研究所内任名誉主席。

网址：https://institutolula.org/

5. 佩尔塞乌·阿布拉莫基金会（Fundação Perseu Abramo）

简介：该机构为劳工党于 1996 年 5 月 5 日创立的智库。机构相关人员均为劳工党内重要智囊成员。该机构就巴西国内的重大问题开展多种类型的研究，发布多种类型的研究报告，出版多种类型重要书籍，集中阐明劳工党的理念。

网站：https://fpabramo.org.br/

6. 费尔南多·恩里克·卡多佐基金会（Fundação Fernando Henrique Cardoso, Fundação FHC）

简介：费尔南多·恩里克·卡多佐基金会前身为费尔南多·恩里克·卡多佐研究所（Instituto Fernando Henrique Cardoso），由费尔南多·恩里克·卡多佐（Fernando Henrique Cardoso）总统离任后创建，于 2004 年开始运作。该基金会旨在促进公众辩论，生产和传播巴西与世界关系中有关发展和民主挑战的知识，保存和提供 Ruth Cardoso、Fernando Henrique Cardoso 夫妇以及其他相关公众人物的档案，举行了 500 多场辩论，出版了 40 多种书籍，为研究和传播巴西历史知识作出贡献。

网址：https://fundacaofhc.org.br/

7. 威尔逊巴西研究所（Brazil Institute of Wilson Center, BIWC）

简介：威尔逊巴西研究所是华盛顿（Washington）唯一一个专注于巴西的国别政策机构，致力于促进对巴西复杂现实的解读，并支持在巴西和美国各部门机构之间建立更紧密的关系。该研究所旨在通过探索巴西作为一个蓬勃发展的民主国家，在社会、政治和经济转型过程中所面临的关键政策挑战，提供权威的研究资源。此外，该研究所还加强巴西和美国在共同利益领域的理解和合作，加强巴西社会在政策、学术和商业方面的联系。

网址：https://www.wilsoncenter.org/program/brazil-institute

（二）高校机构（Instituições de Ensino Superior）

1. 里约热内卢州立大学巴西立法观察所（Observatório do Legislativo Brasileiro, OLB）

简介：里约热内卢州立大学巴西立法观察所是巴西主要的政治学研究中心之一，是里约热内卢州立大学（Universidade do Estado do Rio de Janeiro）的下属机构。该机构由国会研究中心（Núcleo de Estudos sobre o Congresso）和媒体与公共领域研究实验室（Laboratório de Estudos de Mídia e Esfera Pública）合作建立。该机构结合议会政治分析专业知识和数据分析工具，用以监测和评估国会议员的行为。该机构致力于为民间社会组织和公民提供有关公共政策处理和批准的实质性信息，提高立法活动的透明度。

网址：https://olb.org.br/

2. 里约热内卢州立大学社会政治研究所（Instituto de Estudos Sociais e Políticos, IESP）

简介：该所是里约热内卢州立大学（UERJ）的科研机构。该所一名学生在 1971 年通过答辩后获得巴西第一个政治学硕士学位。20 世纪 70 年代，该所在成立全国社会科学研究生协会（Pós-Graduação e Pesquisa em Ciências Sociais，Anpocs）和巴西政治科学协会（Associação Brasileira de Ciência Política，ABCP）方面发挥了决定性作用。研究所主办学术期刊 Dados–Revista de Ciências Sociais。

网址：https://iesp.uerj.br/

3. 里约热内卢州立大学国会研究中心（Núcleo de Estudos sobre o Congresso, NECON）

简介：该中心是里约热内卢州立大学（UERJ）的科研机构。

网址：http://necon.iesp.uerj.br/index.php/sobre-o-necon/

4. 法律亚马孙地缘政治研究实验室（Laboratório de Estudos Geopolíticos da Amazônia Legal, LEGAL）

简介：实验室是一个网络化的机构间观测站，由亚马孙所属各州高等教育机构的研究人员参与，由里约热内卢州立大学社会和政治研究所总协调。该实验室得到了气候与社会研究所（Instituto Clima e Sociedade，ICS）的支持。

网址：https://legal-amazonia.org/

5. 巴西利亚大学比较宪法研究中心（Centro de Estudos Constitucionais Comparados da Universidade de Brasília）

简介：巴西利亚大学比较宪法研究中心隶属于巴西利亚大学法学院（Faculdade de Direito da Universidade de Brasília）。其研究人员主要是巴西利亚大学法学院的学生或校友。该机构以不同国家宪法为对象，开展比较宪法学领域的研究，并出版相关刊物。该机构致力于通过创建知识辐射中心，促进国家层面的比较宪法领域的研究。

网址：https://constitucionalcomparado.com.br/

6. 圣保罗大学国际关系研究所（Instituto de Relações Internacionais da Universidade de São Paulo, IRI-USP）

简介：圣保罗大学国际关系研究所是负责圣保罗大学（USP）国际关系本科和研究生教学及相应研究的机构。该研究所致力于采取跨学科方法，从法律、政治学、经济学、历史社会学和统计学的角度对国际问题进行研究。

网址：http://www.iri.usp.br/

7. 里约热内卢天主教大学国际关系研究所（Instituto de Relações Internacionais da Pontifícia Universidade Católica do Rio de Janeiro, IRI-PUC-Rio）

简介：里约热内卢天主教大学国际关系研究所是里约热内卢天主教大学社会科学中心（Centro de Ciências Sociais da Pontifícia Universidade Católica do Rio de Janeiro）下属的 9 个系之一，致力于研究巴西的国际关系、拉丁美洲的政治和经济变化以及世界秩序的变化。

网址：http://www.iri.puc-rio.br/

8. 米纳斯吉拉斯州天主教大学国际关系研究所（Departamento de Relações Internacionais da Pontifica Universidade Catolica de Minas Gerais）

简介：米纳斯吉拉斯州天主教大学国际关系研究所成立于 2002 年，是巴西最大的国际关系研究所之一。该研究所重点研究国际政治制度、冲突和不平等现象。

网址：http://www.lppri.ri.pucminas.br/departamento/

9. 行政、总统和内阁政治（Executives, Presidents and Cabinet Politics, PEX）

简介：行政、总统和内阁政治是米纳斯吉拉斯联邦大学立法研究中心（CEL）的研究机构。注重对总统和行政、总统的发展和运作以及内阁政治进行研究，尤其强调对巴西政治的研究，以及从比较角度、区域内和跨区域视角展开的研究。

网址：https://pex-network.com/

10. 南美政治观察站（Observatório Político Sul-Americano, OPSA）

简介：南美政治观察站隶属于里约热内卢州立大学，是分析、检测和记录南美国家国内和国际事件的参考中心，致力于就区域事件进行定量和定性的高质量研究，形成有关南美政治问题的专业情报，影响公共领域。

网址：http://opsa.com.br/

（三）学术组织（Organizações Acadêmicas）

1. 巴西政治学协会（Associação Brasileira de Ciência Política, ABCP）

简介：巴西政治学协会成立于 1986 年，是一个非营利组织，旨在监督和维护巴西政治的民主化。从 1996 年开始，该协会每两年举办一次学术交流大会，旨在交流科学成果，促进知识传播和学术辩论。交流大会涉及国家和国际政治科学的各个专题领域的问题。

网址：https://cienciapolitica.org.br/

（四）重要学者（Pesquisadores）

1. 朱利亚诺·宰登·本温多（Juliano Zaiden Benvindo）

简介：巴西利亚大学法学院（Faculdade de Direito da Universidade de Brasília）公法领域副教授，国际公法协会巴西分会（Brazilian Chapter da International Society of Public Law）创始成员，《国际宪法法律杂志》博客（International Journal of Constitutional Law Blog）专栏作家。

代表作：《拉丁美洲的宪法肢解》（Constitutional Dismemberment in Latin America）；《拉丁美洲的宪法变革与转型》（Constitutional Change and Transformation in Latin America）；《卢拉在巴西的回归：比较总统研究的新挑战》（The Return of Lula in Brazil: New Challenges for Comparative Presidential Studies）。

研究领域： 比较宪法、法律理论、宪法政治、最高法院和法律哲学。

2. 莫伊塞斯·维拉米尔·巴莱斯特罗（Moisés Villamil Balestro）

简介： 巴西利亚大学拉丁美洲研究系（Departamento de Estudos Latino-Americanos da Universidade de Brasília）副教授，歌德大学（Goethe University）政治学博士后，国家公共政策、战略与发展科学技术研究所（Instituto Nacional de Ciência e Tecnologia em Políticas Públicas, Estratégia e Desenvolvimento）的研究员。

代表作：《地区发展公共政策的区域传播》（Difusión Regional de Políticas Públicas de Desarrollo Territorial Rural）；《农村发展公共政策中的地域维度：巴西和阿根廷之间的比较研究》（Dimensão Territorial nas Políticas Públicas para Desenvolvimento Rural: Um Estudo Comparado Entre Brasil e Argentina）；《巴西家庭农业政策在拉丁美洲的传播》（Difusão de Políticas Brasileiras para a Agricultura Familiar na América Latina）；《巴西社会和农村公共政策在拉丁美洲和加勒比地区的区域扩散》（Regional Diffusion of Brazilian Social and Rural Public Policies in Latin America and the Caribbean）。

研究领域： 比较政治经济学。

3. 奥斯塔沃·阿莫林·内图（Octavio Amorim Neto）

简介： 瓦加斯基金会巴西公共与工商管理学院（EBAPE）教授。

代表作：《从杜特拉到卢拉：巴西外交政策的行为及其决定因素》（De Dutra a Lula：A Condução e os Determinantes da Política Externa Brasileira）

研究领域： 巴西政治与外交。

（五）学术期刊（Revistas Acadêmicas）

1. 巴西政治科学评论（Brazilian Political Science Review, BPSR）

简介： 成立于 2007 年，是由巴西政治学协会（Associação Brasileira de

Ciência Política）负责出版的学术刊物，每四月一刊。其使命是传播有关政治科学和国际关系主题的高质量科学论文，从而促进巴西国际关系学界的思想交流，以及政治科学知识的国际化发展。

网址：https://www.scielo.br/j/bpsr/

2. 巴西政治科学评论（Revista Brasileira de Ciência Política）

简介：创立于 2009 年，由巴西利亚大学政治学研究所（Instituto de Ciência Política da Universidade de Brasília）出版。该刊物旨在从不同的理论和方法学角度发表关于政治和政治现象的原始科学研究，每四个月一刊，是《巴西政治科学评论》（BPSR）的英文版。

网址：https://www.scielo.br/j/rbcpol/

3. 联邦制洞见（Perspectives on Federalism）

简介：由意大利联邦政治研究中心（Centro Studi sul Federalismo）出版的期刊。致力于在不同学科领域的联邦主义研究前沿发表高质量的研究成果。一年三刊。

网址：https://www.on-federalism.eu/

4. 葡巴评论（Luso-Brazilian Review）

简介：创立于 1964 年。主要研究领域：文学、历史和社会科学。主要研究方向：葡萄牙、巴西和非洲葡语国家有关文化的跨学科学术研究。半年刊。支持英葡双语。

网址：http://lbr.uwpress.org/

5. 巴西社会科学杂志（Revista Brasileira de Ciencias Socials, RBCS）

简介：是巴西社会科学领域领先的跨学科期刊之一，由全国研究生研究和社会科学研究协会（Associação Nacional de Pós-Graduação e Pesquisa em Ciências Sociais）出版，一年三刊。主要研究领域：人类学、政治学、社会学。

网址：https://www.scielo.br/j/rbcsoc

6. 巴西政治学评论（Brazilian Political Science Review）

简介：由巴西政治学协会（Brazilian Association of Political Science）出版。

致力于传播关于政治学和国际关系主题的高水平研究成果，从而促进国际政治学界的思想交流和巴西科学知识的国际化。英文期刊，可免费下载。

网址：https://www.scielo.br/j/bpsr/

7. 数据：社会科学杂志（Dados: Revista de Ciéncias Sociais）

简介：该期刊由里约热内卢州立大学（UERJ）社会政治研究所（Instituto de Estudos Sociais e Políticos，IESP）主办。自 1966 年出版以来，该期刊进入汤姆森公司编制的科学信息研究所（ISI）索引，对巴西社会科学产生了重大影响，并在拉丁美洲进行广泛传播。

网址：http://dados.iesp.uerj.br/

8. 巴西研究所杂志（Revista do Instituto de Estudos Brasileiros）

简介：由圣保罗大学巴西研究所（Instituto de Estudos Brasileiros da Universidade de São Paulo）负责出版，致力于发表与巴西研究有关的文章。以反映巴西社会，衔接广泛的知识领域为使命。一年三刊。

网址：https://www.scielo.br/j/rieb/

9. 国家利益杂志（Interesse Nacional）

简介：由国际关系与对外贸易研究所（Instituto de Relações Internacionais e Comércio Exterior）出版，致力于以文章、分析、评论和采访国际政策及对外贸易领域的学者、外交官和专家的形式提供高水平的内容。主要研究对象：巴西与世界其他地区的关系以及巴西在国际关系中的地位。作者均为巴西重要的政治人物。支持下载 PDF 格式。

网址：https://interessenacional.com.br/

10. 公众舆论杂志（Opinião Pública）

简介：创建于 1993 年，由坎皮纳斯大学舆论研究中心（Center for Studies on Public Opinion of the University of Campinas）负责出版。致力于发表关于舆论、社会和政治行为、政治文化和民主、媒体研究、选举和政治代表的理论和方法的科学文章，季刊。支持英葡双语。

网址：https://www.scielo.br/journal/op/

三　电子资源（Recursos Eletrônicos）

（一）数据库（Banco de Dados）

1. 参议院电子书（Livraria do Senado）

简介：参议院电子书隶属于联邦参议院（Senado Federal），致力于通过联邦参议院出版的数字书籍传播知识。该电子书由 5 大板块构成，这些板块分别为历史（掺杂着一些女性文学）、立法、论文、期刊和数字图书。其中论文板块为联邦参议院公务员论文集，引用了法典的丰富内容。该电子书支持在分类板块中通过关键词搜索书目，但仅有数字图书板块可供免费阅读。

网址：https://livraria.senado.leg.br/

2. 众议院电子书（Edição Câmara）

简介：众议院电子书隶属于联邦众议院（Câmara dos Deputados）。该电子书包含有政治学、法律、历史、社会学、人类学、哲学的国内外经典著作和议员的传记。该电子书致力于通过传播众议院在行政方面的出版物，提高公民的公民意识，加强公民的民主观念。该电子书促进公众（主要是学者和专业人士）对议会辩论主题的研究，使立法机关关注当代问题，提高议会会议过程和结果的透明度，为立法领域的专业人士和学者提供技术工具，传播与巴西文化以及人权和集体权利主题相关的作品。

网址：https://livraria.camara.leg.br/

3. 众议院法规库（Portal das Constituições）

简介：众议院法规库隶属于联邦众议院，致力于为公民提供自 1824 年帝国时期创建第一部宪法文本以来，巴西所有的宪法文本。这些文本包含 1988 年巴西联邦宪法（更新至第 122/2022 号宪法修正案）、巴西帝国法律汇编、巴西共和国法律汇编，以及其他立法等。巴西的现行法律可以下载音频，现行联邦宪法和法律汇编可下载文本。在众议院法规库，巴西的历届宪法可在线浏览，每个文本都按照年份进行了分类或是有年份标注。

网　址：https://www2.camara.leg.br/atividade-legislativa/legislacao/Constituicoes_Brasileiras

4. 瓦加斯基金会期刊库（Repositório FGV de Periódicos）

简介：瓦加斯基金会期刊库是收录由瓦加斯基金会（Fundação Getulio Vargas）出版的期刊的数据库。期刊主要涉及民主法治和公共政策领域。

网址：https://portal.fgv.br/periodicos

5. 总统民事办公室法规库（Base da Legislação Federal do Brasil）

简介：总统民事办公室法规库隶属于总统民事办公室（Casa Civil da Presidência da República）。该法规库旨在为巴西公民提供了解巴西法律的渠道。其提供的法律内容主要包含法令、法律、临时措施、联邦宪法文件。该法规库提供分类详尽的法律，且支持使用快捷键（Ctrl+f）进行快速搜索。

网址：http://www.planalto.gov.br/ccivil_03/

6. 联邦官方公报（Diário Oficial da União, DOU）

简介：联邦官方公报是巴西联邦政府（Governo Federal do Brasil）的官方出版物，包含联邦政府大量重要文件。该公报创建于 1862 年，前身为巴西帝国官方公报，现由巴西国家通讯社（Imprensa Nacional）负责出版，支持通过关键词进行高级检索或按照日期查看信息。

网址：http://www.in.gov.br/web/guest/consulta

　　　https://www.in.gov.br/servicos/diario-oficial-da-uniao

7. 在线科学电子图书馆期刊库（Scientific Electronic Library Online, SciELO）

简介：在线科学电子图书馆期刊库是圣保罗研究支持基金会（Fundação de Amparo à Pesquisa de São Paulo）与拉丁美洲和加勒比卫生科学信息中心（Centro Latino-Americano e do Caribe de Informação em Ciências da Saúde）合作建立的，可以免费使用的数字图书馆。该数字图书馆旨在为电子格式的研究文章的准备、存储、传播和评估开发一种通用方法。该库收录 8 大领域的共 312 种期刊，且支持通过关键词或期刊名称搜索和下载。

网址：https://www.scielo.br/

8. 巴西开放数据门户（Portal Brasileiro de Dados Abertos）

简介：该网站包含巴西政府部门及所属机构的相关信息，是检索巴西政府部门的重要资料库。

网址：https://dados.gov.br/

9. Poder360 巴西政治人物数据库

简介： 由知名媒体 Poder360 建立的巴西政治人物数据库，可以检索不同类型政治人物的个人情况和从政经历。

网址： https://eleicoes.poder360.com.br/

10. 各国议会联盟（Inter-Parliamentary Union, IPU）

简介： 各国议会联盟成立于 1889 年，由主权国家议会参加，逐步发展成为一个全球性议会组织。致力于通过议会外交和对话促进彼此了解。包含 178 个会员国的议会、14 个准会员国。建有巴西众议院和参议院数据库。

网址： https://data.ipu.org/node/24/data-on-women?chamber_id=13349

一　组织机构（Organizações/Órgãos）

（一）政府部门（Setores Governamentais）

1. 经济部（Ministério da Economia, ME）

简介：经济部是巴西行政结构中负责制定和执行国家经济政策的机构。经济部的主要职责有：联邦的财务管理和公共会计计算，去官僚化，数字管理，监督和控制对外贸易，社会保障，与政府、多边组织和其他国家的经济和金融机构谈判。该部于 2019 年 1 月 1 日成立，将财政部，规划、发展和管理部，工业、对外贸易和服务部，劳动部合并，并吸收了各部门职能。

历史演变：

1808 年，皇家财政部和财政委员会

1821 年，财政事务处和公共财政部

1831 年，财政事务处和国家公共财政法院

1891 年，财政事务处和国家财政法院

1893 年，财政事务部

1968 年，财政部

1990 年，经济、财政和规划部

1992 年，财政部

2019 年，经济部

2023 年，划分为财政部（Ministério da Fazenda），规划部（Ministério do Planejamento），发展、工业和外贸部（Ministério do Desenvolvimento, Indústria e Comércio），公共服务管理与创新部（Ministério da Gestão e da Inovação em

Serviços Públicos）。

网址：https://www.gov.br/economia/pt-br

2. 外贸委员会（Câmara de Comércio Exterior, CAMEX）

简介：外贸委员会隶属于巴西经济部（ME），是巴西对外贸易政策的决策机构。该机构的主要职能为：制定外贸政策和方针，对外贸法律和法规拥有解释权，调整进出口关税，对不正当贸易进行调查，制定出口信贷和保险的有关方针政策，评估汇兑、货币、金融措施对外贸的影响，制定鼓励外贸出口政策，确定对外贸易谈判的总体原则和协调政府与企业间的关系，等等。

网址：https://www.camex.org.br/

3. 生产力和竞争力特别秘书处（Secretaria Especial de Produtividade e Competitividade, SEPEC）

简介：生产力和竞争力特别秘书处隶属于巴西经济部（ME），负责综合管理各项政策，通过自由企业、竞争市场、人力资本和巴西公司现代化来提高生产力。

网址：https://www.gov.br/economia/pt-br/orgaos/sec-esp-produtividade-e-compe-titividade

4. 外贸和国际事务特别秘书处（Secretaria Especial de Comércio Exterior e Assuntos Internacionais, SECINT）

简介：外贸和国际事务特别秘书处隶属于巴西经济部（ME），负责经济部在外贸和投资领域、国际经济金融机构以及对外发展融资领域的国际活动。经济部分解后，新成立的四个部分别设立了外事特别秘书处。

网址：https://www.gov.br/produtividade-e-comercio-exterior/pt-br/comercio-exterior- e-assuntos-internacionais

5. 财政特别秘书处（Secretaria Especial de Fazenda, Fazenda）

简介：财政特别秘书处隶属于巴西经济部（ME），于2019年1月1日成立。该秘书处负责监督财务管理和公共会计计算，编制、监测和评估长期投资计划和年度预算，管理内外公共债务，以及与各国政府、多边组织和政府机构进行经济和金融谈判。同时，该秘书处还监督开展调查研究，以监测经济形势，评估政府的政治计划和影响，以及准备重新制定公共政策的研究报告。

网址：https://www.gov.br/fazenda/pt-br

6. 联邦税务特别秘书处（Secretaria Especial da Receita Federal, SRF）

简介：联邦税务特别秘书处隶属于巴西经济部（ME）。该秘书处负责管理联邦内的税收，协助联邦行政部门制定税收政策，防止和打击逃税、走私、贪污、伪造和海盗犯罪行为，同时，预防和打击非法贩运麻醉品和相关毒品，走私枪支弹药，洗钱或隐瞒资产以及其他走私犯罪。

网址：https://www.gov.br/receitafederal/pt-br/acesso-a-informacao/institucional

7. 农业、畜牧业和供应部（Ministério da Agricultura, Pecuária e Abastecimento, MAPA）

简介：农业、畜牧业和供应部是巴西行政机构中负责制定和实施农业综合发展政策的机构。其主要职责有：整合技术、组织和环境市场，为国内外的消费者服务，促进食品安全，创造收入和就业，减少不平等现象和促进社会包容。该机构通过联邦农业监督局（Superintendências Federais de Agricultura）在巴西各州开展活动。

网址：https://www.gov.br/agricultura/pt-br/

（二）公共机构（Instituições Públicas）

1. 巴西出口投资促进局（Agência Brasileira de Promoção de Exportações e Investimentos, Apex-Brasil）

简介：巴西出口投资促进局是联邦投资促进机构。该机构是个非营利实体，致力于在国外推广巴西的产品和服务，并为巴西经济的战略部门吸引外国投资。同时，该机构负责与政府合作实施出口促进政策，特别是与工业、商业、农业和服务业领域相关的政策，并根据国家发展政策采取行动促进投资。

网址：https://apexbrasil.com.br/br/pt.html

2. 玛瑙斯自由贸易区监管局（Superintendência da Zona Franca de Manaus, Suframa）

简介：玛瑙斯自由贸易区监管局是一个与经济部相关联的自治机构，负责管理玛瑙斯自由贸易区（Zona Franca de Manaus），致力于建立一个可持续的区域发展模式，对自然资源进行合理利用，维持经济活力并提高当地民众的生活质量。

网址：https://www.gov.br/suframa/pt-br

3. 圣保罗研究基金会（Fundação de Amparo à Pesquisa do Estado de São Paulo, FAPESP）

简介：圣保罗研究基金会是圣保罗州经济发展秘书处下属的公共机构，致力于促进巴西科学和技术研究的发展。其年度预算约等于圣保罗州总税收的1%，为圣保罗州的科技研究、交流和传播提供资金。该基金会通过奖学金和研究补助金支持科学和技术研究，其所资助的研究涵盖以下领域：生物科学、健康科学、精确科学和地球科学、工程学、农业科学、应用社会科学、人文科学、语言学、文学和艺术等。

网址：https://fapesp.br/

（三）行业组织（Associações Setoriais）

1. 全国工业联合会（Confederação Nacional da Indústria, CNI）

简介：全国工业联合会是代表巴西工商界的最高官方机构。自1938年成立以来，联合会一直致力于维护巴西国内商业与制造业利益，与政府的行政、立法、司法机构积极开展对话，代表巴西的组织和实体机构在国内和国际发声。联合会直接管辖的机构包括：工业社会服务机构（Serviço Social da Indústria）、国家工业培训服务中心（Serviço Nacional de aprendizagem Industrial）、Euvaldo Lodi学院（Instituto Euvaldo Lodi）。

网址：https://www.portaldaindustria.com.br/cni/

2. 全国商业联合会（Confederação Nacional do Comércio de Bens, Serviços e Turismo, CNC）

简介：全国商业联合会，又称全国商品、服务和旅游贸易联合会，是巴西第三产业最高级别的工会实体，主要目标是代表和维护巴西经贸活动，从而服务于国家利益。该联合会管理着世界上两个最大的社会发展系统：商业社会服务机构（Serviço Social do Comércio）和国家商业培训服务中心（Serviço

Nacional de Aprendizagem Comercial）。上述机构被称作"S"系统的一部分。

网址：https://www.cnc.org.br/

3. 全国农业联合会（Confederação da Agricultura e Pecuária do Brasil, CNA）

简介：该联合会又称农业和畜牧业联合会，是代表巴西农业的最高官方机构，领导全国各地地方农业协会。该联合会致力于为技术创新提供支持，发展农业产业以提高农村生产力，支持区域农业发展计划，以消除巴西地区经济不平等的现象。该联合会与国家农村培训服务中心（Serviço Nacional de Aprendizagem Rural）、CNA 研究所（Instituto CNA）共同组成 CNA 系统。

网址：https://www.cna.org.br/

4. 动物蛋白协会（Associação Brasileira de Proteína Animal, ABPA）

简介：动物蛋白协会是代表巴西家禽饲养业和养猪业的国家机构，主要职责是在巴西国内和国际论坛上为家禽、猪养殖部门发声，确保产品的质量、卫生和可持续性，促进生产链一体化。该协会通过各种举措，促进部门技术发展、专业化和提高生产部门绩效。

网址：https://abpa-br.org/sobre/

5. 巴西肉类出口行业协会（Associação Brasileira das Indústrias Exportadoras de Carnes, ABIEC）

简介：该协会是全球范围内的重要协会。成立于 1979 年，基于肉类出口商在捍卫其特定利益方面需要采取有针对性和更积极的行动，是该行业在贸易监管、卫生要求和市场开放等国际领域的主要代表。协会与巴西驻世界各地的大使馆合作举办了研讨会，并接待了访问肉类生产链的权威机构和意见制定者，以便在国外推广巴西肉类产品。协会的主要任务是在国家和国际层面捍卫巴西牛肉出口部门的利益，努力减少关税和非关税贸易壁垒，促进巴西产品在国外的形象，以期开放和巩固市场，确保该行业在世界市场的代表性，以影响国际牛肉贸易的决策、规范和立法程序。

网址：https://www.abiec.com.br/

6. 外贸协会（Associação de Comércio Exterior do Brasil, AEB）

简介：外贸协会是代表巴西外贸、商品和服务部门的国家机构，在促进商业链各环节与国外市场的相关事务中，始终努力协调成员的要求与公共利益。该协会致力于维护与不同联邦政府的关系，以提出有利于国家对外贸易的要求和政策建议。该协会的主要目标为：刺激出口增长，降低成本，抵制官僚主义，确保国家产品和服务在国内外市场中更具竞争力。

网址：https://www.aeb.org.br/

7. 全国超市协会（Associação Brasileira de Supermercados, ABRAS）

简介： 全国超市协会是巴西食品零售业的代表性机构，领导着 27 个州的超市协会。该协会主要致力于帮助重塑超市业务，实现相关业务专业化，以满足消费者的需求，提高零售公司的竞争力，改善巴西商业环境。

网址：https://www.abras.com.br/

8. 食品工业协会（Associação Brasileira da Indústria de Alimentos, ABIA）

简介： 食品工业协会是巴西食品业的代表性机构。该协会致力于通过对话、发展科技和创新，在尊重消费者和社会和谐的前提下，促进巴西食品行业的可持续发展。

网址：https://www.abia.org.br/

9. 全国信贷、融资和投资机构协会（Associação Nacional das Instituições de Crédito, Financiamento e Investimento, ACREFI）

简介： 全国信贷、融资和投资机构协会成立于 1958 年，总部位于圣保罗市，旨在将该行业的公司聚集在一起，捍卫其合法利益，加强成员之间的关系，并促进其活动的发展。自 20 世纪 90 年代以来，由于多个金融机构的成立，该协会成员经历了几次变化，目前，ACREFI 有 50 多名成员。虽然经济和金融市场发生了转型和多样化的转变，但 ACREFI 仍然是消费者信贷之家，也始终是消费者办理信贷业务的优先选择。

网址：https://acrefi.org.br/

10. 巴西银行联盟（Federação Brasileira de Bancos, Febraban）

简介： 巴西银行联盟是巴西的主要银行代表机构，代表 119 家金融机构，占全国金融机构总资产的 98% 以及权益的 97%。

网址：https://portal.febraban.org.br/

11. 圣保罗州工业联合会（Federação das Indústrias do Estado de São Paulo, FIESP）

简介：圣保罗州工业联合会是一个巴西地方工业机构，隶属于全国工业联合会（Confederação Nacional da Indústria），是巴西最大的工业领域行业协会。该实体容纳了圣保罗州的 52 个代表单位，代表 133 个雇主工会和 13 个行业。联合会位于圣保罗市，直接管辖的机构包括：圣保罗州工业中心（Centro das Indústrias do Estado de São Paulo）、圣保罗工业社会服务机构（Serviço Social da Indústria de São Paulo）、圣保罗国家工业培训服务中心（Serviço Nacional de Aprendizagem Industrial de São Paulo）、罗伯托·西蒙森学院（Instituto Roberto Simonsen）和一些附属工会。

网址：https://www.fiesp.com.br/mobile/

12. 巴西汽车工业协会（Anfavea）

简介：巴西汽车工业协会成立于 1956 年 5 月 15 日，是生产轿车、轻型商用车、卡车、公共汽车、农业和建筑机械的公司的联合机构。该协会代表 32 家公司，其主要任务是研究与机动车辆和自行农业机械相关的行业和市场问题，协调和维护成员公司的集体利益，参与、赞助或提供与行业相关的活动和展览的机构支持，编制及公布行业业绩数据，促进行业和国家的技术、经济和社会发展。

网址：https://anfavea.com.br/

13. 巴西—美国商会（Amcham-Brazil）

简介：巴西—美国商会成立于 1919 年，是巴西最大的商会组织，是美国最大的海外商会。商会的使命是：通过为会员提供政策咨询、信息共享、会员联谊以及商务支持服务，协助美国企业取得在巴业务的成功。商会在 13 个州设立了 16 个办事处，拥有 3500 多家会员企业，会员企业产值占巴西国内生产总值的 33%。

网址：https://www.amcham.com.br/

（四）社会组织（Organizações Sociais）

1. 巴西政府与企业关系政策学会（Instituto para Reforma das Relações entre Estado e Empresa, IREE）

简介：巴西政府与企业关系政策学会是一个独立的组织，旨在传播巴西国家政策相关的信息和分析，提供一个民主和多元化的辩论平台，并提供政策建议以改善巴西公共和私营部门之间的互动及关系。

网址：https://iree.org.br/

2. 外贸研究中心基金会（Fundação Centro de Estudos do Comércio Exterior, Funcex）

简介：外贸研究中心基金会是一个私人非营利机构，成立于 1976 年。该基金会主要活动为外贸问题研究、调查和咨询。其工作有助于促进外贸发展问题的研究和辩论，弥合公共和私营部门之间的差距，以及向政府和社会寻求增加国家出口的方案，保障项目的运行。作为一个不接受政府补贴的私人非营利机构，该基金会的持续运作依靠其运营收入和私营公司的捐款。

网址：https://funcex.org.br/

3. 巴西联合研究所（Instituto Unidos Brasil）

简介：该所是一个非营利性的无党派实体，旨在捍卫巴西经济，创造就业机会，培养企业家精神，重视企业家和生产部门的作用。积极促进企业家与联邦政府三个分支机构成员的友好关系。注重激发商业思维和议会活动之间的民主辩论，以改善商业环境。支持议会创业阵线，加快对国家利益主题的技术论证，激发自由思想和降低成本。

网址：https://iubrasil.com.br/

4. 经济研究所基金会（Fundação Instituto de Pesquisas Econômicas, FIPE）

简介：经济研究所基金会是一个私人的非营利组织，成立于 1973 年。其目标之一是支持圣保罗大学经济、行政、会计和精算学院的经济系。基于经济学的理论和方法工具研究经济和社会现象，该基金会为国家的经济和社会问题的研究与辩论作出贡献。该基金会与学术和其他机构合作，制定、管理和评估经济和社会发展方案，并促进经济理论教学和辩论活动。

网址：https://www.fipe.org.br/

5. 拉美一体化协会（Associação Latino-Americana de Integração, ALADI）

简介： 拉美一体化协会是拉丁美洲最大的一体化集团。它由 13 个成员国组成：阿根廷、玻利维亚、巴西、智利、哥伦比亚、古巴、厄瓜多尔、墨西哥、巴拿马、巴拉圭、秘鲁、乌拉圭和委内瑞拉，覆盖 2000 万平方千米和 5.1 亿多人口。协会成员国于 1980 年 8 月 12 日签署了《蒙得维的亚条约》，确立了以下原则：促进政治和经济事务多元化发展，逐步趋同拉丁美洲共同市场部分行动，基于成员国发展水平施行相应政策，以及协调贸易文书。该协会通过三种机制推动拉丁美洲经济特区的建立，建立拉丁美洲共同市场。

网址：https://www.aladi.org/sitioaladi/language/pt/aladi-4/

（五）金融机构（Instituições Financeiras）

1. 中央银行（Banco Central do Brasil, BCB）

简介： 中央银行是巴西金融体系中的一个联邦机构，独立于各部委，于 1964 年 12 月 31 日创立，自 1965 年 3 月开始运行，是巴西的主要货币当局之一，主要机构是国家货币委员会（Conselho Monetário Nacional）。中央银行从 3 个不同的机构获得了权限：货币和信贷监管局（Superintendência da Moeda e do Crédito）、巴西银行（Banco do Brasil）和国家财政部（Tesouro Nacional）。其基本目标为维持价格稳定，在不影响这一目标的情况下，还将确保金融体系的稳定和效率，减缓经济活动水平的波动，并促进充分就业。

网址：http://www.bcb.gov.br/

2. 巴西发展银行（O Banco Nacional do Desenvolvimento, BNDES）

简介： 该银行成立于 1952 年 6 月 20 日，是一家与发展、工业和服务部有联系的联邦上市公司，是联邦政府的主要政策性银行，在巴西经济的各个领域进行长期融资和投资。BNDES 系统由三家公司组成：BNDES 及其子公司，在资本市场运营的 BNDES Participações 美国（BNDESPAR），致力于促进机械设备生产和营销的特殊工业融资机构（FINAME）。银行总部设在巴西利亚，在里约热内卢、圣保罗和累西腓设有地区办事处。

网址：https://www.bndes.gov.br/wps/portal/site/home

3. 联邦储蓄银行（Caixa Econômica Federal, Caixa/CEF）

简介：联邦储蓄银行是一家巴西国有银行，总部位于巴西利亚。是巴西第四大银行机构，也是拉丁美洲第四大银行、世界第八十三大银行，是拉丁美洲最大的 100% 由政府拥有的金融机构。

网址：https://www.caixa.gov.br/

4. 布拉德斯科银行（Banco Bradesco S.A.）

简介：布拉德斯科银行总部位于巴西圣保罗州的奥萨斯库，是巴西第三大银行机构，也是拉丁美洲第三大银行、世界第七十九大银行，是世界上最有价值的 50 家银行之一。

网址：https://banco.bradesco/html/classic/index.shtm

5. 巴西银行（Banco do Brasil, BB）

简介：巴西银行由巴西政府控制，总部位于巴西利亚，是巴西历史最悠久的银行，也是世界上持续经营最久的银行之一，由葡萄牙国王约翰六世于 1808 年成立。该银行是巴西第二大银行，也是拉丁美洲第二大银行以及世界第七十七大银行。

网址：https://www.bb.com.br/

6. 伊塔乌联合银行（Itaú Unibanco S.A., Itaú）

简介：伊塔乌联合银行是巴西最大的银行，由伊塔乌投资银行（Banco Itaú）和联合银行（Unibanco）合并而成，也是拉丁美洲和南半球最大的银行，是世界第七十一大银行。

网址：https://www.itau.com.br/

7. 萨夫拉银行（Banco Safra S.A.）

简介：萨夫拉银行是巴西第四大私有银行，总部位于圣保罗市，是萨夫拉集团的成员，在 25 个国家提供广泛的金融产品和服务。

网址：https://www.safra.com.br/

8. 美洲开发银行（Banco Interamericano e Desenvolvimento, BID）

简介：美洲开发银行是一个总部位于美国华盛顿市的国际金融组织，成立于 1959 年，旨在为可行的经济、社会和机构发展项目提供资金，并促进拉丁美洲和加勒比地区的区域贸易一体化。目前，美洲开发银行是世界上最大的区域开发银行之一，并已成为区域和次区域一级其他类似机构的典范。巴西是该银行的成员。

网址：https://www.iadb.org/en

（六）信用风险评级机构（Agência de classificação de risco de crédito）

1. 穆迪投资者服务公司（Moody's）

简介：由约翰·穆迪于 1909 年创立，是国际权威投资信用评估机构，同时也是著名的金融信息出版公司。穆迪侧重对企业融资行为进行评级。

网址：https://www.moodys.com/

2. 标准普尔（Standard & Poor's, S&P）

简介：由亨利·瓦纳姆·普尔先生（Mr Henry Varnum Poor）创立于 1860 年。主要为全球资本市场提供独立信用评级、指数服务、风险评估、投资研究和数据服务，在业内处于领先地位。侧重于对一般的企业进行评级，为债券发行人按时足额偿还债务的可能性提供专业意见。

网址：https://www.spglobal.com/ratings/en/

3. 惠誉国际信用评级公司（Fitch）

简介：全球三大国际评级机构之一，是唯一的欧资国际评级机构，总部设在纽约和伦敦。惠誉侧重对金融机构进行评级。

网址：https://www.fitchratings.com/

（七）国际组织（Organização Internacional）

1. 经济合作与发展组织（Organization for Economic Cooperation and Development, OECD）

简介：该组织成立于 1961 年，总部设在法国巴黎。其是由 38 个市场经济国家组成的政府间国际经济组织，旨在共同应对全球化带来的经济、社会和政府治理等方面的挑战，并把握全球化带来的机遇。该组织推出每两年一期的

《巴西调查报告》（OECD Economic Surveys: Brazil）。

网址：https://www.oecd.org/

巴西数据界面：https://www.oecd.org/brazil/

OECD Economic Surveys: Brazil：https://www.oecd-ilibrary.org/economics/oecd-economic-surveys-brazil_19990820

2. 世界银行集团（World Bank Group, WB）

简介：作为面向发展中国家的世界最大的资金和知识来源，世界银行集团所属五家机构致力于减少贫困，推动共同繁荣，促进可持续发展。它们分别是国际复兴开发银行（IBRD）、国际开发协会（IDA）、国际金融公司（IFC）、多边投资担保机构（MIGA）、国际投资争端解决中心（ICSID）。

网址：https://www.worldbank.org/en/home

巴西数据界面：https://data.worldbank.org/country/brazil?view=chart

3. 世界贸易组织（World Trade Organization, WTO）

简介：该组织是一个独立于联合国的永久性国际组织，总部位于瑞士日内瓦。该组织是贸易体制的组织基础和法律基础，还是众多贸易协定的管理者、各成员贸易立法的监督者，以及为贸易提供解决争端和进行谈判的场所。该组织是当代最重要的国际经济组织之一，其成员之间的贸易额占世界的绝大多数，因此被称为"经济联合国"。

网址：https://www.wto.org/

巴西数据界面：https://www.wto.org/english/thewto_e/countries_e/brazil_e.htm

4. 国际货币基金组织（International Monetary Fund, IMF）

简介：国际货币基金组织致力于促进所有的 190 个成员国实现可持续增长和繁荣。为此，支持实施有助于金融稳定和货币合作的经济政策，这些政策对于提高生产力、创造就业和增进经济福祉至关重要。该组织具有三大重要使命：促进国际货币合作，支持贸易发展和经济增长，以及阻止有损繁荣的政策。

网址：https://www.imf.org/en/home

巴西数据界面：https://www.imf.org/en/Countries/BRA

5. **联合国拉丁美洲和加勒比经济委员会**（Economic Commission for Latin America, ECLA）

简介：委员会根据 1948 年 2 月 25 日通过的《经济和社会委员会第 106（Ⅵ）号决议》建立，并于同年开始运作。该委员会是联合国五个地区性委员会之一。旨在促进拉丁美洲和加勒比海地区的发展，与成员国政府相互合作，全面分析发展进程，提供切实可行的服务。

网站：https://www.cepal.org/en

二　大型企业（Grandes Empresas）

（一）国有企业（Empresas Estatais）

1. **巴西石油公司**（Petróleo Brasileiro S.A., Petrobras）

简介：巴西石油公司，简称巴西石油（Petrobras），是总部设于巴西里约热内卢的跨国石油公司，为该国的国营企业之一。该公司目前在 14 个国家的能源部门开展业务，主要集中在石油、天然气及其衍生物的勘探、生产、提炼、营销和运输领域。

网址：https://www.petrobras.com.br/

2. **巴西邮政和电报公司**（Empresa Brasileira de Correios e Telégrafos, ECT/Correios）

简介：巴西邮政和电报公司是一家国有企业，负责巴西全国范围内的包裹邮件分发，以及其他社会服务，如分发疫苗和药品、教科书和银行服务等。

网址：https://www.correios.com.br/

3. **巴西电信公司**（Telecomunicações Brasileiras S.A., TELEBRAS）

简介：巴西电信公司是一家联邦国有公司，目前由通信部（Ministério das Comunicações）控股。该公司负责执行巴西的公共电信政策，向区域供应商提供宽带互联网的基础设施。该公司创建于 1972 年，目前是巴西唯一的国有电信公司。

网址：https://www.telebras.com.br/

4. 巴西电力总局（Centrais Elétricas Brasileiras S.A., Eletrobras）

简介： 巴西电力总局是一家公开上市的巴西公司，业务范围包括发电、输电和配电。该公司创建于 1962 年，最初是一家国有公司，于 2022 年 6 月 14 日正式实现私有化。该公司负责全国总发电量的 28%，其装机容量为 50515 兆瓦，拥有 164 个工厂——36 个水力发电厂和 128 个火力发电厂，其中两个是热核电厂。此外，该公司还拥有超过 74000 千米的输电线路，相当于巴西全国总量的 40.2%。该公司还通过国家电力节约计划（PROCEL）促进能源的有效利用和打击浪费。

网址：https://eletrobras.com/pt/Paginas/Home.aspx

（二）私营企业（Empresas Privadas）

1. 巴西航空工业公司（Empresa Brasileira de Aeronáutica S.A., Embraer S.A.）

简介： 巴西航空工业公司是一家巴西的航空工业集团，成立于 1969 年，业务范围主要包括农用飞机、商用飞机、公务飞机、军用飞机的设计制造，以及航空服务，现为全球最大的支线飞机制造商。其总部位于巴西圣保罗州的圣若泽多斯坎波斯，同时在巴西、中国、法国、葡萄牙、新加坡、美国设有办事机构与工业生产运作和客户服务中心。

网址：https://embraer.com/br/pt

2. 淡水河谷（VALE）

简介： 淡水河谷公司成立于 1942 年，是世界第二大矿业集团、世界第一大铁矿石生产和出口商。1997 年巴西政府将公司私有化后，公司经营规模逐步扩大，除传统的铁、铝、镍、锰、铜、黄金等矿产品外，还将业务拓展到铁路、水路运输、热力发电和金融证券等领域。

网址：https://vale.com/

3. 书赞桉诺（Suzano）

简介： 书赞桉诺是巴西历史最悠久的企业之一，经营纸浆和纸张业务已达 96 年，是全球第二大桉树纸浆生产商、全球最大的硬木纸浆生产商和拉美市场最大的纸张销售商。目前，公司生产的桉树纸浆、纸张销往全球 80 余国。公司行政总部位于圣保罗，生产工厂分布在圣保罗州、巴伊亚州等内陆城市，在巴西拥有 77.1 万公顷森林。公司在全球有约 3.5 万名员工，在美国、瑞士设立分公司，在中国、英国拥有销售代表处，在阿根廷设立纸张分拨中心，在以色列建立科研实验室。

网址：https://www.suzano.com.br/

三 学术研究（Pesquisa Acadêmica）

（一）科研机构（Instituições Científicas）

1. 应用经济研究所（Instituto de Pesquisa Econômica Aplicada, IPEA）
简介：应用经济研究所是巴西经济部（ME）下属的联邦公共机构，致力于为政府制定公共政策和实施发展计划，并提供技术和机构支持。

网址：https://www.ipea.gov.br/

2. 瓦加斯基金会（Fundação Getulio Vargas, FGV）
简介：瓦加斯基金会是一家巴西私立高等教育研究咨询机构，致力于为巴西公共和私人部门提供人才和咨询服务。该机构提供经济学、工商管理、公共行政、法律、社会科学、应用数学和国际关系方面的本科与研究生课程。该机构还拥有 90 多个研究中心，进行了大量的学术研究，主题涵盖宏观和微观经济学、金融、商业、决策、法律、卫生、福利、贫困和失业、污染和可持续发展等多个领域。

网址：https://portal.fgv.br/

3. 瓦加斯基金会巴西经济研究所（Instituto Brasileiro de Economia da Fundação Getúlio Vargas, FGV IBRE）
简介：巴西经济研究所隶属于瓦加斯基金会，负责研究、分析、制作和发布宏观经济统计数据，进行应用经济研究。该研究所旨在通过数据研究改善巴西经济领域的公共政策或企业行为，促进巴西的经济发展和社会福祉。研究所负责统计重要的国家经济数据，如价格指数等，并进行经济调查，为学者、巴西经济分析师、政府及企业的管理人员提供重要的参考素材。

网址：https://portalibre.fgv.br/

4. 工业发展研究所（Instituto de Estudos para o Desenvolvimento Industrial, IEDI）

简介：工业发展研究所是研究巴西工业发展的私立机构，成立于 1989 年，目前会集了代表大型国家公司的 50 名企业家。该研究所以无党派和社团主义的行动为指导，强调了私营部门和公司与国家合作进行工业发展的责任。为此，该研究所不断发展，提出了巴西工业发展的政策建议，例如贸易开放，与世界其他地区一体化，有关竞争力、教育、税收结构、经济发展融资、区域发展的政策规划，以及对小微型企业的技术和可持续发展的支持政策等。

网址：https://www.iedi.org.br/

5. 计划分析研究中心（Centro Brasileiro de análise e planejamento, CEBRAP）

简介：计划分析研究中心创建于 1969 年，由一群被军事独裁政权从大学里驱逐的、来自不同领域的教授创建，旨在为批判和独立的知识传播提供空间。550 多年来，该机构以其研究、出版物和研讨会的多学科性、严谨性和对公众的影响力，在国际舞台上脱颖而出。该机构已开展了 500 多个研究项目，拥有近 200 个国内外合作伙伴，巩固了作为高标准研究中心的地位。此外，该机构在不同的人文科学领域推动尖端知识的发展，容纳了一些国家的主要研究人员和知识分子，并成长为一个研究国家重大问题的国际论坛。

网址：https://cebrap.org.br/

（二）商学院（Escolas de Negócios）

1. 热图利奥·瓦加斯基金会（Fundação Getulio Vargas, FGV）相关学院

简介：该基金会是巴西的著名智库，成立于 1944 年。基金会的宗旨是为巴西的公共和专业部门培养高质量的管理人员，为政府提供决策咨询。主要机构分别设在里约热内卢、圣保罗和巴西利亚。该智库在经济学、管理学、社会学和法学等领域不断总结、吸收欧美普遍性研究成果，结合巴西国情，形成了一批颇具影响的科研成果。2020 年，美国宾夕法尼亚大学推出的全球智库排名中，瓦加斯基金会位列全球第五。该基金会旗下还拥有多个经贸方面的学院。

巴西公共管理和企业管理学院（Escola Brasileira de Administração Pública e de Empresas）网站：https://ebape.fgv.br

圣保罗工商管理学院（Escola de Administração de Empresas de São Paulo）

网站：https://eaesp.fgv.br/

圣保罗经济学院网站（Escola de Economia de São Paulo）网址：https://eesp.fgv.br/en

巴西经济金融学院网站（Escola Brasileira de Economia e Finanças）网址：https://epge.fgv.br/en

2. 卡布拉尔基金会（Fundação Dom Cabral, FDC）

简介：自 1976 年成立以来，卡布拉尔基金会在商学教育领域取得了令人瞩目的成就，曾经名列全球第五大商学院。根据最新英国《金融时报》高管教育排行榜，卡布拉尔基金会商学院是世界排名第七的商学院。

网址：https://www.fdc.org.br/

（三）重要学者（Pesquisadores）

1. 小凯奥·普拉多（Caio Prado Júnior）

简介：巴西经济学家、社会学家、历史学家、地理学家、作家、哲学家、政治家和编辑，生前为巴西圣保罗大学政治经济学教授。

研究领域：马克思主义指导下的巴西政治、经济和历史学研究，巴西殖民社会的解读。

代表作：《巴西经济史》（História Econômica do Brasil）；《巴西经济政策指导方针》（Diretrizes para uma Política Econômica Brasileira）；《经济理论基础概要》（Esboço de Fundamentos da Teoria Econômica）

2. 塞尔索·弗塔多（Celso Furtado）

简介：巴西经济学家，是巴西和拉丁美洲当代经济领域最主要的思想家之一。

研究领域：前凯恩斯主义经济发展模式、巴西经济发展研究、拉丁美洲经济发展研究。

代表作：《巴西经济的形成》（Formação Econômica de Brasil）；《发达与不发达》（Desenvolvimento e Subdesenvolvimento）；《拉丁美洲的不发达与停滞》（Subdesenvolvimento e Estagnação na América Latina）；《巴西"模式"分析》（Análise do "Modelo" Brasileiro）

3. 沃纳·贝尔（Werner Baer）

简介：美国伊利诺伊大学厄巴纳—香槟分校经济学教授，曾在里约热内卢巴西天主教大学和葡萄牙新里斯本大学担任客座教授，还担任过耶鲁大学和哈佛大学助理教授。

研究领域：拉丁美洲的工业化和经济发展。

代表作：《巴西经济：增长与发展》（A Economia Brasileira: Seu Crescimento e Desenvolvimento）；《巴西的工业化和经济发展》（Industrialização e Desenvolvimento Econômico no Brasil）；《巴西钢铁工业的发展》（O Desenvolvimento da Indústria Siderúrgica Brasileira）

4. 费尔南多·奥诺拉托·巴尔博萨（Fernando Honorato Barbosa）

简介：巴西经济学家协会首席经济学家，布拉德斯科资产管理公司首席经济学家，巴西金融和资本市场协会宏观经济委员会副主席。

研究领域：巴西经济发展研究、拉丁美洲经济发展研究。

代表作：《中央银行如何执行货币政策？》（Como os Bancos Centrais Conduzem a Política Monetária?）；《巴西对外账户的长期决定因素》（Os Determinantes de Longo Prazo das Contas Externas Brasileiras）

5. 埃德玛·里斯本·巴查（Edmar Lisboa Bacha）

简介：巴西经济政策研究所联合创始人及主席，巴西科学院及文学院院士，曾任巴西国家开发银行行长、巴西国家地理与统计局局长，曾参与制定以恢复和稳定巴西经济、反通货膨胀为主要目标的"克鲁扎多计划"及"雷亚尔计划"。

研究领域：巴西经济增长研究、发展研究、财政政策与税收、外国投资研究。

代表作：《十年神话：巴西经济随笔》（Os Mitos de Uma Década: Ensaios de Economia Brasileira）；《巴西工业的未来：争议中的去工业化》（O Futuro da Indústria no Brasil: Desindustrialização em Debate）

6. 阿方索·塞尔索·帕斯托雷（Affonso Celso Pastore）

简介：巴西央行前行长、圣保罗财政部前部长，现为巴西经济顾问。

研究领域：通货膨胀研究、汇率研究。

代表作：《通货膨胀与危机：货币的作用》（Inflação e Crises: O Papel da Moeda）；《过去的错误及未来的解决方案：20 世纪巴西经济政策遗产》（Erros do Passado, Soluções para o Futuro: A Herança das Políticas Econômicas Brasileiras do Século XX）

7. 路易斯·卡洛斯·布雷塞尔·佩雷拉（Luis Carlos Bresser Pereira）

简介：巴西经济学家、政治学家、社会科学家、律师。曾任巴西财政部部长、科学技术部部长、联邦行政暨国家革新部（MARE）部长。任巴财长期间，提出了解决 20 世纪 80 年代严重外债危机的总体方案。同时，他也是"布雷塞尔计划"（Plano Bresser）的制定者之一。

研究领域：发展与分配研究、惯性通货膨胀研究、国家与民族主义、社会阶层。

代表作：《巴西经济：批判性介绍》（Economia Brasileira: Uma Introdução Crítica）；《巴西的发展与危机》（Desenvolvimento e Crise no Brasil）

8. 路易斯·冈萨加·贝卢佐（Luis Gonzaga Belluzo）

简介：巴西坎皮纳斯州立大学（UNICAMP）经济学院（IE）教授，曾任财政部经济政策秘书及圣保罗科技秘书。2001 年，被《持异议的经济学家词典》列入 20 世纪 100 位最伟大的非正统经济学家。2005 年，荣获年度知识分子奖（Premio Juca Pato）。

研究领域：巴西经济稳定与发展研究、货币与财政研究、政府间关系研究。

代表作：《痛苦的前因》（Os Antecedentes da Tormenta）；《20 世纪资本主义随笔》（Ensaios sobre o Capitalismo no Século XX）；《国家货币衰落之后，为生存而奋斗》（Depois da Queda, Luta Pela Sobrevivência da Moeda Nacional）

9. 马西奥·加西亚（Márcio Garcia）

简介：巴西里约热内卢天主教大学（PUC-Rio）经济系教授、斯坦福大学客座教授，为世界银行、国际货币基金组织、巴西中央银行等多个国家和国际机构提供咨询服务。

研究领域：资本流动与管制、汇率、通货膨胀、货币政策、公共债务、银行经济学和金融体系。

代表作：《巴西的外汇干预措施：综合控制方法》（FX Interventions in Brazil: A Synthetic Control Approach）；《巴西的资本管制：有效否？》（Capital Controls in Brazil: Effective?）；《新兴市场主权债务可持续性的风险管理方法及其对巴西数据的应用》（A Risk Management Approach to Emerging Market's Sovereign Debt Sustainability with an Application to Brazilian Data）

10. 塞尔吉奥·韦朗（Sérgio Werlang）

简介：曾任巴西中央银行经济政策主任、伊塔乌银行执行董事兼执行副总裁。

研究领域：通货膨胀问题、发展中国家债务问题。

代表作：《非平稳经济中均衡的确定性》（Determinacy of Equilibria in Nonsmooth Economies）；《关于消费者需求函数的可微性》（On the Differentiability of The Consumer Demand Function）

11. 法比奥·詹比亚吉（Fábio Giambiagi）

简介：巴西经济研究所副研究员，曾就任于巴西国家开发银行、美洲开发银行，曾担任计划部经济顾问、里约热内卢联邦大学和罗马天主教大学经济系教授。

研究领域：养老金改革、公共财政、巴西外债问题。

代表作：《资本主义—如何利用它》（Capitalismo-Modo de Usar）；《打破低迷—巴西恢复发展》（Rompendo o Marasmo-a Retomada do Desenvolvimento no Brasil）；《公共财政—巴西的理论与实践》（Finanças Públicas-Teoria e Prática no Brasil）

12. 利亚·瓦尔斯·佩雷拉（Lia Valls Pereira）

简介：巴西国际关系中心（CEBRI）高级研究员。里约热内卢州立大学经济学课程和国际关系研究生课程的兼职教授。瓦加斯基金会（FGV）—巴西经济研究所（IBRE）副研究员。

研究领域：多边经济机构、优惠贸易协定、巴西国际关系、国际商业协定和法规。

代表作：《中等收入陷阱：来自巴西和中国的看法》（Armadilha da Renda Média: Visões do Brasil e da China）；《中国对巴西在第三方市场的出口的影响》（Efeito China nas Exportações Brasileiras em Terceiros Mercados）；《新冠疫情后

的巴西对外贸易》（Comércio Exterior Brasileiro no Pós Pandemia，COVID-19）

13. 何塞·马尔西奥·卡马戈（José Márcio Camargo）

简介：巴西里约热内卢天主教大学经济系教授，最先提出最低收入法案的经济学家之一。

研究领域：劳动关系、公共债务、资本流动、通货膨胀、货币政策。

代表作：《巴西劳动力市场的灵活性》（Flexibilidade do Mercado de Trabalho no Brasil）；《人力资本投资与贫穷》（Human Capital Investment and Poverty）；《独一无二的社会福利》（O Benefício Social Único）

14. 马塞洛·阿布鲁（Marcelo Abreu）

简介：巴西里约热内卢天主教大学经济系教授，国家科技发展委员会研究员。

研究领域：巴西经济政策、巴西、拉丁美洲及英国经济史、巴西对外贸易及金融关系。

代表作：《世界金融危机对发展中国家的影响：初步评估》（The Effect of the World Financial Crisis on Developing Countries: An Initial Assessment）；《巴西：世袭制和专制制度》（Brasil: Patrimonialismo e Autarquia）

15. 罗杰里奥·韦尔内克（Rogerio Werneck）

简介：巴西里约热内卢天主教大学经济系教授，《圣保罗周报》（O Estado de São Paulo）及《环球报》（O Globo）专栏作家。

研究领域：政府经济学、巴西财政政策。

代表作：《国有公司和宏观经济政策》（Empresas Estatais e Política Macroeconômica）；《拉丁美洲的储蓄与投资》（Ahorro y Inversión en Latinoamérica）

16. 里卡多·贝尔肖夫斯基（Ricardo Bielschowsky）

简介：巴西里约热内卢联邦大学教授，拉丁美洲和加勒比经济委员会成员。

研究领域：经济发展、巴西和拉丁美洲经济、生产转型。

代表作：《巴西经济思想—发展主义的意识形态循环》（Pensamento Econômico Brasileiro - O Ciclo Ideológico do Desenvolvimentismo）；《拉加经委会五十年思想概述》（Cinquenta Anos de Pensamento na CEPAL）

17. 佩尔西奥·阿里达（Persio Arida）

简介： 曾任巴西中央银行行长、巴西国家开发银行行长、巴西圣保罗大学及里约热内卢天主教大学教授、巴西中央银行董事会成员以及巴西联邦政府规划部秘书。因参与设计和实施"雷亚尔计划"而闻名。

研究领域： 巴西经济发展、通货膨胀、货币政策、经济思想史及方法论。

代表作：《巴西稳定计划论文集》（Essays of Brazilian Stabilization Programs）；《拉丁美洲的宏观经济问题》（Macroeconomic Issues for Latin America）；《经济稳定的教训及其后果》（Lessons of Economic Stabilization and Its Aftermath）

18. 安德烈·拉拉·雷森德（André Lara Resende）

简介： 巴西国际关系中心（CEBRI）顾问。曾任巴西中央银行行长、巴西国家开发银行行长，哥伦比亚大学国际与公共事务学院高级客座教授。曾参与设计和实施"克鲁扎多计划"及"雷亚尔计划"。2006 年，被巴西经济学家协会评选为"年度经济学家"。

研究领域： 巴西通货膨胀、利息利率、公共政策。

代表作：《可能的极限：超越时空的经济》（Os limites do possível: A economia além da conjuntura）；《缓慢而简单：经济、国家与当代生活》（Devagar e Simples: Economia, Estado e Vida Contemporânea）；《利息、货币和正统观念》（Juros, Moeda e Ortodoxia）；《共识与不和》（Consenso e Contrassenso）

19. 阿米尼奥·弗拉加（Arminio Fraga）

简介： 曾任巴西央行行长、哥伦比亚大学国际关系教授，后成为加维亚投资银行（Gávea Investimento）创始人。

研究领域： 巴西宏观经济发展、中央银行业务、国际经济。

代表作：《新兴市场经济体的通胀目标制》（Inflation targeting in emerging market economies）；《重新思考中央银行：国际经济政策与改革委员会》（Rethinking Central Banking: Committee on International Economic Policy and Reform）；《20 世纪 90 年代以来的拉丁美洲：从病榻坐起？》（Latin America since the 1990s: Rising from the Sickbed?）

20. 古斯塔沃·佛朗哥（Gustavo Franco）

简介： 巴西里约热内卢天主教大学教授，曾任巴西中央银行行长、中央银行国际部主任、财政部经济政策助理秘书，为制定"雷亚尔计划"的团队成员之一。1997 年被巴西经济学家协会评为"年度经济学家"，同时被《欧洲货币》杂志评为"年度中央银行家"。

研究领域：通货膨胀问题、巴西经济史、贸易政策、跨国企业及经济发展。

代表作：《货币与法律：1933—2013 年巴西货币史》（A Moeda e a Lei: Uma História Monetária Brasileira，1933-2013）；《巴西的挑战：关于发展、全球化和货币的论文》（O Desafio Brasileiro: Ensaios sobre Desenvolvimento, Globalização e Moeda）；《巴西的外国直接投资：其对产业结构调整的影响》（Foreign Direct Investment in Brazil: Its Impact on Industrial Restructuring）

21. 佩德罗·马兰（Pedro Malan）

简介：巴西国际关系中心（CEBRI）名誉理事。曾任巴西财政部部长（1995—2002）、中央银行行长（1993—1994）和首席外债谈判代表（1991—1993）。还任巴西驻华盛顿世界银行和美洲开发银行执行董事会代表，及联合国驻纽约机构主任。曾参与制定"雷亚尔计划"。

研究领域：通货膨胀、财政与货币、经济政策与发展。

代表作：《巴西的某种理念：在过去与未来之间》（Certain Idea of Brazil: Between Past and Future）；《巴西的对外经济政策和工业化》（Política Econômica Externa e Industrialização no Brasil）；《130 年：寻找共和国》（130 Anos: Em Busca da República）

22. 塞缪尔·佩索阿（Samuel Pessoa）

简介：巴西瓦加斯基金会经济研究院（EPGE/FGV）的助理教授，瓦加期基金会巴西经济研究所（FGV IBRE）经济增长中心负责人。

研究领域：巴西经济增长、经济波动、经济规划。

代表作：《经济发展——巴西视角》（Economic Development-A Brazilian Perspective）；《思想的价值：动荡时期的辩论》（O Valor das Ideias: Debate em Tempos Turbulentos）

23. 马尔西奥·里斯本（Márcio Lisboa）

简介：巴西《圣保罗州报》专栏作家。曾任财政部经济政策秘书、伊塔乌银行执行董事及副总裁、巴西 Insper 教育与研究学院首席执行官。2010 年，荣获巴西经济学家协会颁发的"年度经济学家"奖。

研究领域：巴西税制改革、公共政策、公共债务。

代表作：《生产价格、长期方法与一般均衡：对新李嘉图相对价格理论的批判》（Preços de Produção, Método de Longo Prazo e Equilíbrio Geral: Uma Crítica à Teoria Neo-Ricardiana dos Preços Relativos）；《思想的价值：动荡时期的辩论》（O valor das ideias: Debate em tempos turbulentos）

24. 纳尔逊·巴博萨（Nelson Barbosa）

简介：巴西瓦加斯基金会圣保罗经济学院教授、巴西利亚大学客座教授、巴西经济研究所（FGVIBRE）研究员以及《圣保罗州报》专栏作家。曾任巴西财政部部长，巴西银行董事会主席，淡水河谷公司和巴西国家开发银行董事会成员。

研究领域：巴西经济发展、可持续发展、巴西通货膨胀。

代表作：《国际流动性与巴西经济增长》（International Liquidity and Growth in Brazil）；《估算潜在产出：替代方法及其在巴西的应用调查》（Estimating Potential Output: A Survey of the Alternative Methods and Their Applications to Brazil）；《巴西经济发展的兴衰，1945—2004年》（The Rise and Halt of Economic Development in Brazil, 1945-2004）

25. 阿曼多·卡斯特拉尔（Armando Castelar）

简介：巴西里约热内卢联邦大学（UFRJ）经济学院教授，曾任应用经济研究所（IPEA）研究员和巴西国家开发银行（BNDES）经济部主任。

研究领域：巴西经济增长、司法和经济、私有化、基础设施。

代表作：《社会与经济：增长与发展战略》（Sociedade e Economia: Estratégias de Crescimento e Desenvolvimento）；《资本市场与公共银行》（Mercado de Capitais e Bancos Públicos）

（四）学术期刊（Revistas Acadêmicas）

1. 拉美金融（Latinfinance）

简介：是拉丁美洲和加勒比地区金融市场和经济的主要情报来源。该刊分别在纽约和迈阿密出版，在整个拉丁美洲和加勒比地区拥有通信网络，30多年来一直报道这些地区的银行和资本市场。该刊是债务、股权、结构性融资、银团贷款、私募股权和并购，以及多边融资、人员流动和二级交易信息的权威来源。

网址：https://www.latinfinance.com/

2. 政治经济学杂志（Revista de Economia Política）

简介：《政治经济学杂志》（季刊）是一份经同行评议的双语学术期刊，其英文版是《巴西政治经济学杂志》（Brazilian Journal of Political Economy）。1981 年以来，该杂志由政治经济学中心（Centro de Economia Politica）先后通过 34 家出版社出版，是被引用次数最多的巴西经济学术期刊。

网址：https://centrodeeconomiapolitica.org.br/repojs/index.php/journal

3. 经济学（Economia）

简介：经济学期刊（半年刊），由巴西全国经济学研究生中心协会（Associação Nacional dos Centros de Pós-Graduação em Economia）出版。该期刊收录经济学领域的应用和理论研究论文，致力于促进经济学及其应用学的发展，加强学术研究人员、教师和决策者之间的沟通交流。

网址：http://www.anpec.org.br/revista/index.htm

4. 经济研究（Estudos Econômicos）

简介：经济学季刊，于 1971 年创刊，由圣保罗大学里贝朗·普雷图经济、行政和会计学院经济学系（Instituto de Pesquisas Econômicas da FEA-USP）出版，并在 Scopus 和 SciELO 中索引。目前，该期刊被归类为巴西经济学期刊 CAPES Qualis 的重要期刊（B1）。

网址：https://www.revistas.usp.br/ee

http://www.scielo.br/scielo.php?pid=0101-4161&script=sci_serial

5. 应用经济（Economia Aplicada）

简介：经济学季刊，由圣保罗大学里贝朗·普雷图经济、行政和会计学院经济学系出版，专注于收录应用经济学中的科学文章。该期刊主要出版对公共和私营部门感兴趣的特定问题进行经济分析的作品，其中定量研究为主要研究方法，其研究结果更接近现实理论。

网址：https://www.revistas.usp.br/ecoa

6. 经济与社会（Economia e Sociedade）

简介： 该刊由坎皮纳斯州立大学经济研究所（Instituto de Economia da Universidade Estadual de Campinas）主办，每四个月出版一次。该期刊旨在促进对经济理论、应用经济学、经济思想史和经济史等领域广受关注的主题进行批判性反思的研究。自 1992 年成立以来，该期刊主要支持对拉丁美洲经济发展的反思研究，此类研究往往受马克思、凯恩斯、卡莱茨基和熊彼特思想影响。

网址：https://www.scielo.br/j/ecos/

7. 新经济（Nova Economia）

简介： 经济学季刊，由米纳斯吉拉斯州联邦大学经济学系（Departamento de Ciências Econômicas da UFMG）出版。该刊于 1990 年创立，发表关于理论和应用经济学及相关领域的文章。该刊具备多元化特征，吸纳不同的经济思想，发表不同研究方向的文章。

网址：https://revistas.face.ufmg.br/index.php/novaeconomia/

8. 经济研究与规划（Pesquisa e Planejamento Econômico, PPE）

简介： 该刊为经济学季刊，由应用经济研究所（Instituto de Pesquisa Econômica Aplicada）每四个月出版一次。该刊于 1971 年创立，对与巴西经济相关的广泛主题进行理论和实证分析。

网址：https://ppe.ipea.gov.br/index.php/ppe

9. 巴西经济杂志（Revista Brasileira de Economia）

简介： 经济学季刊，由瓦加斯基金会（FGV）出版，是巴西最早的经济学出版物，也是拉丁美洲第二早的出版物。该刊发表经济科学各个领域的文章。

网址：https://bibliotecadigital.fgv.br/ojs/index.php/rbe

10. 计量经济学杂志（Revista de Econometria）

简介： 经济学半年刊，由巴西计量经济学学会（Sociedade Brasileira de Econometria, SBE）出版。自 1981 年创刊以来，该杂志应用理论和经验，使用抽象和实践方法，在经济学分支领域发表文章。该刊长期以来一直被认为是巴西科学界成员在应用理论和计量经济学方面最重要的发表平台。

网址：https://bibliotecadigital.fgv.br/ojs/index.php/bre

11. 经济学与农村社会学杂志（Revista de Economia e Sociologia Rural）

简介：该刊由巴西农村经济和社会学学会（Sociedade Brasileira de Economia e Sociologia Rural）出版。其目标是传播和推广农村经济、行政和社会学领域的研究成果，从而促进和激发关于具有经济和社会重要性的主题和事实的辩论，推动巴西和世界其他地区开展科学和技术发展的合作。

网址：https://www.scielo.br/j/resr/

12. 巴西外贸杂志（Revista Brasileira de Comércio Exterior）

简介：该刊为季刊，由外贸研究中心基金会（Fundação Centro de Estudos do Comércio Exterior）出版，传播有关国际经贸、商业趋势和经济技术的信息。

网址：https://www.funcex.org.br/publicacoes/rbce/rbce_publicidade.asp

13. 规划与公共政策期刊（Planejamento e Políticas Públicas, PPP）

简介：2020年起，PPP杂志成为季刊，由应用经济研究所（IPEA）编辑出版，其主要目标是促进有关公共政策知识的辩论、规划和传播，以实现经济和社会发展。

网址：https://www.ipea.gov.br/ppp/index.php/PPP

14. 巴西金融评论（Revista Brasileira De Finanças, RBFin）

简介：该刊为经济学季刊，由巴西金融学会（SBFin）出版，研究成果旨在成为巴西传播高质量金融研究的主要出版物。

网址：http://bibliotecadigital.fgv.br/ojs/index.php/rbfin/issue/archive

15. 经济形势（Conjuntura Econômica）

简介：经济学月刊，于1947年11月推出，由瓦加斯巴西经济研究所（FGV IBRE）出版，是巴西历史最悠久、最具影响力的专业分析出版物之一。该杂志专注于巴西和国际经济，每月发表关于宏观经济学、情景、金融、行政、营销、管理、保险的文章和报告，以及统计和价格指数的综合部分。

网址：https://portalibre.fgv.br/revista-conjuntura-economica

16. 巴西经济（The Brazilian Economy）

简介：杂志由瓦加斯基金会（FGV）创办，每个月在瓦加斯巴西经济研究所（FGV IBRE）网站出版。

网站：https://periodicos.fgv.br/be

（五）资讯出版物（Publicações）

1. 巴西国际影响（Presença International do Brasil, PIB）

简介：该刊为双月刊，创建于 2007 年，以介绍巴西新经济情况为主要内容，以此展现巴西经济的国际化发展程度，体现巴西在世界经济体系中的重要性。

网址：http://www.revistapib.com.br/

2. 焦点调查（Focus - Relatório de Mercado）

简介：该出版物是巴西中央银行（Banco Central do Brasil）每周公布的研究报告，聚焦巴西重要的金融信息。

网址：https://www.bcb.gov.br/publicacoes/focus

巴西中央银行的其他出版物：https://www.bcb.gov.br/publicacoes

3. 通货膨胀报告（Relatório de Inflação, RI）

简介：该报告是由巴西中央银行每季度公布的研究报告，聚焦巴西的通货膨胀信息。

网址：https://www.bcb.gov.br/publicacoes/ri

4. 金融稳定报告（Relatório de Estabilidade Financeira, REF）

简介：是由巴西中央银行出版的半年刊，介绍巴西最近的事态发展和金融稳定的前景，重点关注国家金融体系（Sistema Financeiro Nacional）的主要风险和复原力。

网址：https://www.bcb.gov.br/publicacoes/ref

5. 金融稳定委员会会议记录（Ata do Comitê de Estabilidade Financeira）

简介：由巴西中央银行出版，分析巴西和国际经济的最新发展情况以及金融稳定的前景，以推动建设一个坚实、高效和有竞争力的金融体系。

网址：https://www.bcb.gov.br/publicacoes/atascomef

6. 银行经济报告（Relatório de Economia Bancária, REB）

简介：由巴西中央银行出版，涉及与国家金融体系以及机构与客户之间的关系有关的广泛问题。

网址：https://www.bcb.gov.br/publicacoes/relatorioeconomiabancaria

7. 直接投资报告（Relatório de Investimento Direto, RID）

简介：由巴西中央银行出版，提供每年与直接投资相关的统计数据和分析。

网址：https://www.bcb.gov.br/publicacoes/relatorioid

（六）重要经济指数（Indicadores Econômicos）

1. 巴西指数（Brasil Indicadores）

简介：该平台提供巴西各类重要经济指数，以及重要的税收和经济发展指数。

网址：https://brasilindicadores.com.br

2. 通货膨胀官方指数（Índice Geral de Preços - Disponibilidade Interna, IGP-DI）

简介：IGP-DI 由巴西瓦加斯基金会巴西经济研究所（FGV IBRE）负责计算和发布。这个价格变动指标已经成为巴西历史的一部分，已有 60 多年历史。这个指标显示了从每个月的第一天到最后一天这个时期的价格变动。总体上，IGP-DI 表示一段时间内巴西国内商品和服务项目价格的变化。

IGP-DI 由 IBRE 使用衡量通货膨胀的三个指数的加权平均值来计算：广义生产者价格指数（IPA-M，占比 60%）、居民消费价格指数（IPC，占比 30%）和全国建设成本指数（INCC，占比 10%）。该指数为负值时表示在调查参考期内巴西出现通货紧缩。

网址：https://portalibre.fgv.br/igp

3. 全国广义居民消费价格指数（Índice Nacional de Preços ao Consumidor Amplo, IPCA）

简介：IPCA 由巴西国家地理与统计局（IBGE）负责发布，旨在衡量在零售市场上销售的一系列产品和服务的通货膨胀，即家庭的个人消费情况。发布该指数是为了确保国家消费价格指数系统（Sistema Nacional de Índices de Preços ao Consumidor，SNIPC）对城市地区 90% 及以上家庭的覆盖。该价格指数的收集单位是商业和服务机构、公共事业和网络，一般在参考月的每天收集指数数据。

目前，IPCA 的目标人群包括收入在 1—40 雷亚尔的最贫困家庭，他们居住在 SNIPC 覆盖的城市地区，这些地区包括贝伦、福塔莱萨、累西腓、萨尔瓦多、贝洛奥里藏特、维托里亚、里约热内卢、圣保罗、库里蒂巴、阿雷格里港等大都会地区，以及联邦区和戈亚尼亚、大坎波、里奥布兰科、圣路易斯和阿拉卡茹市。

网址：https://www.ibge.gov.br/estatisticas/economicas/precos-e-custos/9256-indice-nacional-de-precos-ao-consumidor-amplo.html?t=o-que-e

4. 居民消费价格指数（Índice de Preços ao Consumidor, IPC）

简介：IPC 由巴西瓦加斯基金会（FGV）的巴西经济研究所（IBRE）负责发布。该价格指数用于观察特定国家的通货膨胀趋势，根据该国居民购买一套消费品和服务所需的平均价格计算，考虑特定时期某些商品价格与上一时期相比的百分比变化，是最常用的经济指数之一。该指数衡量市场的价格变化（可能因国家而异），代表特定时期和地区的生活成本，通常按月计算。

网址：https://portalibre.fgv.br/ipc

5. 全国建设成本指数（Índice Nacional de Custo da Construção, INCC）

简介：该指数由巴西瓦加斯基金会（FGV）的巴西经济研究所（IBRE）负责发布。该指数能够全面监测与民用建筑最相关的材料、服务和劳动力价格的变化。该指数是第一个用于监测巴西房屋建筑材料、服务和劳动力价格演变的指数。该指数对于投资计划的制定至关重要，特别是对于公共部门。预估建设成本有助于对预算的编制、分析和评估，而该指数则能更精确地帮助重新设定预算支出。

网址：https://portalibre.fgv.br/incc

6. 全国住户抽样调查（Pesquisa Nacional por Amostra de Domicílios, PNAD）

简介：为满足移民、生育率、婚姻、健康、粮食安全等方面的信息需求，巴西每年定期调查国内人口、教育、工作、收入和住房等方面的情况。该调查由巴西国家地理统计局（IBGE）实施。

网址：https://www.ibge.gov.br/estatisticas/sociais/populacao/2044-pesquisa-nacional-por-amostra-de-domicilios

7. 结算和托管特别系统利率（Taxa do Sistema Especial de Liquidação e de Custódia, Selic）

简介： 该指数由巴西中央银行负责发布，是巴西中央银行用来控制通货膨胀的主要货币政策工具，影响国内的利率水平，如贷款、融资和金融投资的利率。

网址：https://www.bcb.gov.br/controleinflacao/taxaselic

8. 经济活动指数（Índice de Atividade Econômica do Banco Central, IBC-BR）

简介： 该指数由巴西中央银行负责发布，是巴西经济增长的"风向标"。在巴西，经济活动指数被视为"国内生产总值数据的预览"，被中央银行货币政策委员会广泛用于确定是否需要修改基本利率。该指数反映了三个主要经济部门（农业、工业和服务业）的表现。

网址： https://dadosabertos.bcb.gov.br/dataset/24363-indice-de-atividade-economica-do-banco-central---ibc-br

9. B3（Bolsa de Valores de São Paulo）

简介： 世界领先的金融市场公司之一，整合了 Ibovespa、IBrX-50、IBrX 和 Itag 指数，汇集了产品和技术创新的传统，在证券交易领域具有全球领先地位。其中，圣保罗股价指数（Índice Bovespa, Ibovespa）创建于 1968 年，在过去 50 多年里，为世界各地的投资者树立了一个基准。该指数主要包含 B3 上交易的约 84 只股票的基准指数。这些股票占巴西股市交易和市值的大部分，是加权测量指标。该指数每四个月发布一次。

网址：https://www.b3.com.br/pt_br/

10. Comexstat

简介： 巴西工业、服务和外贸部所属网站，能够免费获取巴西外贸统计数据，通过统计数据库的各种变量实现巴西进出口方面的数据查询。

网址：http://comexstat.mdic.gov.br/pt/home

11. 瓦加斯基金会巴西经济研究所（O Instituto Brasileiro de Economia, FGV IBRE）经济指数

简介： 自成立以来，根据经济、金融和商业数据调查，研究所开展了社会经济研究和分析。在其所编制的经济统计数据中，价格指数、趋势和商业周期指标最为突出，被学者、巴西经济分析师以及公共和私人领域的管理者广泛使用。

网址：https://portalibre.fgv.br/

12. **贸易统计公开数据**（Estatísticas de Comércio Exterior em Dados Abertos）

简介： 这是巴西发展、工业、贸易和服务部提供的外贸数据，包括巴西贸易方面的所有数据，详细展现了从 1997 年至今巴西外贸按南方共同体市场或出口商 / 进口商的城市分类的数据。

网　址：https://www.gov.br/mdic/pt-br/assuntos/comercio-exterior/estatisticas/base-de-dados-bruta

四　经济活动（Eventos）

（一）投资巴西论坛（Fórum de Investimentos Brasil）

简介： 该论坛由特梅尔政府创立，近年来，已经发展成为巴西联邦政府最重要的招商引资平台。在举办期间，该论坛将邀请总统、联邦部委部长等重要政府官员和跨国公司负责人参会。

网址：https://www.brasilinvestmentforum.com/

（二）商业领袖组织（LIDE-Grupo de Líderes Empresariais）

简介： 多里亚（Doria）集团领导的商业领袖组织年度经济活动，每年在不同国家举行，邀请巴西政界、商界精英参会研讨重大问题。商业领袖小组由 Doria Junior 担任其创始人和执行委员会的主席。据 Doria 集团的网站数据显示，Lide 汇集了 1600 多家国内和跨国公司，占巴西私人 GDP 的 52%。该组织的既定目标是"促进和鼓励商业关系，并筹集私人对教育、可持续性和社会计划的支持"。

网址：https://lide.com.br/

军事
（**Defesa**）

一　组织机构（Organizações/Órgãos）

（一）**政府部门**（Setores Governamentais）

1. **国防部**（Ministério da Defesa, MD）

简介：国防部是联邦政府主管武装部队的机构，成立于 1999 年，由海军、陆军和空军三军组成。该机构主要负责协调综合防御工作，保障巴西国家主权，制定与国家国防和安全有关的政策，管理兵役制度，制定国防预算，实施军事行动和参加国际国防合作。

网址：https://www.gov.br/defesa/pt-br

2. **巴西情报局**（Agência Brasileira de Inteligência, ABIN）

简介：巴西情报局是共和国总统府（Presidência da República）的一个机构，从属于机构安全办公室（Gabinete de Segurança Institucional），负责为共和国总统及其部长们提供决策过程中必要的、及时可靠的战略信息和分析。巴西情报局是巴西情报系统（Sistema Brasileiro de Inteligência）的中心机构，主要任务是确保联邦行政部门能够获得与国家和社会安全有关的知识，如涉及对外防御、对外关系、内部安全、社会经济发展和科技发展的知识。

网址：https://www.gov.br/abin/pt-br

（二）**军队部门**（Organizações Militares）

1. **巴西海军**（Marinha do Brasil, MB）

简介：巴西海军于 1822 年建立，是巴西武装部队的海军分支，也是中南美洲规模最大的海军。海军同时管辖巴西海军航空兵和巴西海军陆战队。海军基地主要在里约热内卢和巴伊亚。

网址：https://www.marinha.mil.br/

2. 巴西陆军（Exército Brasileiro, EB）

简介：巴西陆军是巴西的三支武装部队之一，于 1648 年诞生，对外负责国家的陆上防御行动，对内负责保障法律和秩序以及宪法权力。巴西陆军共有 12 个军区。

网址：https://www.eb.mil.br/

3. 巴西空军（Força Aérea Brasileira, FAB）

简介：巴西空军成立于 1941 年，是巴西武装部队的空军分支。由巴西陆军（Exército Brasileiro）和巴西海军（Marinha do Brasil）的空军部门合并而成。

网址：https://www.fab.mil.br/

4. 武装部队总参谋部（Estado-Maior Conjunto das Forças Armadas, EMCFA）

简介：武装部队总参谋部成立于 2010 年，隶属国防部（MD）。该部门主要负责协调武装部队之间的互操作性计划，以优化在国防、边境安全以及人道主义救援领域的军事资源配置。

网址：https://www.gov.br/defesa/pt-br/assuntos/estado-maior-conjunto-das-forcas-armadas

5. 陆军总参谋部（Estado-Maior do Exército, EME）

简介：陆军总参谋部负责制定地面军事政策、战略规划，以及陆军准备和作战的方向。

网址：http://www.eme.eb.mil.br/

6. 陆军作战司令部（Comando de Operações Terrestres, COTer）

简介：陆军作战司令部是巴西陆军的作战管理机构，隶属巴西陆军，位于巴西利亚。该部门负责根据陆军司令和陆军参谋部（Exército e do Estado-Maior do Exército）的指示，指导和协调陆军的备战和作战。

网址：http://www.coter.eb.mil.br/

7. 海军作战司令部（Comando de Operações Navais, COMOPNAV）

简介：海军作战司令部成立于 1968 年，是巴西海军的作战管理机构，隶属巴西海军，位于里约热内卢。

网址：https://www.marinha.mil.br/comopnav/

8. 航空航天作战司令部（Comando de Operações Aeroespaciais, COMAE）

简介：航空航天作战司令部是巴西空军的一部分，负责规划、执行和协调巴西的航天航空行动，主要负责巴西的空中和太空行动。

9. 特种作战司令部（Comando de Operações Especiais, C Op Esp）

简介：特种作战司令部是巴西陆军的大型作战指挥部之一，位于戈亚斯州首府戈亚尼亚市。

网址：http://www.copesp.eb.mil.br/

10. 普兰托军事指挥部（Comando Militar do Planalto, CMP）

简介：普兰托军事指挥部位于巴西利亚，是巴西陆军第 11 军区的司令部。

网址：http://www.cmp.eb.mil.br/

11. 第一军区（1ª RM）

简介：巴西陆军第一军区也被称为 Marechal Hermes da Fonseca 地区，总部位于里约热内卢，对里约热内卢和圣埃斯皮里图州具有管辖权。

12. 第二军区（2ª RM）

简介：第二军区也被称为班德拉斯地区。其总部设在圣保罗，对该地具有管辖权。

13. 第三军区（3ª RM）

简介：第三军区总部位于阿雷格里港，管辖整个南里奥格兰德州。

14. 第四军区（4ª RM）

简介：第四军区以前也叫 Minas do Ouro，因为该地区曾出产重要的金矿。其总部位于贝洛奥里藏特，对米纳斯吉拉斯州有管辖权。

15. 第五军区（5ᵃ RM）

简介：第五军区总部位于库里蒂巴，对巴拉那和圣卡塔琳娜州具有管辖权。

16. 第六军区（6ᵃ RM）

简介：第六军区总部设在萨尔瓦多市，管辖巴伊亚州和塞尔希培州。

17. 第七军区（7ᵃRM）

简介：第七军区总部设在伯南布哥州首府累西腓，隶属于东北军事司令部（CMNE），对伯南布哥州、阿拉戈斯州、帕拉伊巴州和北里奥格兰德州具有管辖权。

18. 第八军区（8ᵃRM）

简介：第八军区总部位于帕拉州首府贝伦市，对托坎廷斯、马拉尼昂州和阿马帕州的一部分领土具有管辖权。

19. 第九军区（9ᵃRM）

简介：也被称为"梅洛和卡塞雷斯地区"，其总部位于南马托格罗索州首府大坎普，对南马托格罗索州、马托格罗索州有管辖权。

20. 第十军区（10ᵃ RM）

简介：第十军区总部设在塞阿拉州首府福塔雷萨，隶属于东北军事司令部（CMNE），对塞阿拉州和皮奥伊州有管辖权。

21. 第十一军区（11ᵃ RM）

简介：第十一军区也被称为 Tenente-coronel Luiz Cruls 军区。其总部位于首都巴西利亚，对巴西利亚、戈亚斯、托坎廷斯以及米内罗三角具有管辖权。

22. 第十二军区（12ᵃ RM）

简介：总部位于亚马孙州首府玛瑙斯，对亚马孙、阿克里、罗赖马和朗多尼亚四州具有管辖权。

（三）军事基地与港口（Bases e Portos Militares）

1. 阿尔米兰特·卡斯特罗·席尔瓦潜艇基地（Base de Submarinos Almirante Castro e Silva, BACS）

简介：阿尔米兰特·卡斯特罗·席尔瓦潜艇基地位于里约热内卢州尼泰罗伊市（Niterói）的莫桑古伊岛（Ilha do Mocanguê）。

网址：https://www.marinha.mil.br/bacs/

2. 圣佩德罗达阿尔代亚海军航空基地（Base Aérea Naval de São Pedro da Aldeia, BAeNSPA）

简介：圣佩德罗达阿尔代亚海军航空基地位于圣佩德罗达阿尔代亚市（São Pedro da Aldeia）的伊图里尔指挥官街（Rua Comandante Ituriel）。

网址：https://www.marinha.mil.br/comforaernav/baseaereanaval

3. 里约热内卢海军供应基地（Base de Abastecimento da Marinha no Rio de Janeiro, BAMRJ）

简介：里约热内卢海军供应基地位于里约热内卢（Rio de Janeiro）市的巴西大道（Avenida Brasil）。

网址：https://www.marinha.mil.br/dabm/

4. 拉达里奥河流基地（Base Fluvial de Ladário, BFLa）

简介：拉达里奥河流基地位于拉达里奥市（Ladário）的314大道（Avenida 14 de Março）。

网址：https://www.marinha.mil.br/om/base-fluvial-de-ladario

5. 阿拉图海军基地（Base Naval de Aratu, BNA）

简介：阿拉图海军基地位于萨尔瓦多市（Salvador）的海军基地路（Estrada da Base Naval）。

网址：https://www.marinha.mil.br/om/base-naval-de-aratu

6. 纳塔尔海军基地（Base Naval de Natal, BNN）

简介：纳塔尔海军基地位于北里奥格兰德州首府纳塔尔市（Natal）的西尔

维奥 - 佩利科街（Rua Sílvio Pélico）。

网址：https://www.marinha.mil.br/om/base-naval-de-natal

7. 瓦尔德卡伊斯海军基地（Base Naval de Val de Cães, BNVC）

简介：瓦尔德卡伊斯海军基地位于帕拉州首府贝伦市（Belém）的亚瑟 - 伯纳德斯街（Rua Arthur Bernardes）。

网址：https://www.marinha.mil.br/bnvc/

8. 蛇岛海军基地（Base Naval da Ilha das Cobras, BNIC）

简介：蛇岛海军基地位于里约热内卢（Rio de Janeiro）的蛇岛（Ilha das Cobras）。

9. 马德拉岛潜水艇基地（Base de Submarinos da Ilha da Madeira, BSIM）

简介：马德拉岛潜水艇基地位于里约热内卢州伊塔瓜伊（Itaguaí）市的威尔逊·佩德罗·弗朗西斯科路（Estrada Prefeito Wilson Pedro Francisco）。

10. 阿雷亚布兰卡港务局（Agência da Capitania dos Portos em Areia Branca, AgABranca）

简介：阿雷亚布兰卡港务局位于南里奥格兰德州府阿雷亚布兰卡市（Areia Branca）若昂·菲利克斯街（Rua João Felix）。

11. 阿拉卡蒂港务局（Agência da Capitania dos Portos em Aracati, AgAracati）

简介：阿拉卡蒂港务局位于塞阿拉州阿拉卡蒂市（Aracati）的科罗内尔·阿莱桑西托大道（Avenida Coronel Alexanzito）。

12. 卡莫西姆港务局（Agência da Capitania dos Portos em Camocim, AgCamocim）

简介：卡莫西姆港务局位于塞阿拉州卡莫西姆市（Camocim）的若昂·托梅博士街（Rua Dr. João Thomé）。

13. 奥亚波克港务局（Agência da Capitania dos Portos no Oiapoque, AgOiapoque）

简介：奥亚波克港务局位于阿马帕州奥亚波克市（Oiapoque）的若阿金·卡埃塔诺·达席尔瓦街（Rua Joaquim Caetano da Silva）。

14. 帕拉蒂港务局（Agência da Capitania dos Portos em Paraty, AgParaty）

简介：帕拉蒂港务局位于里约热内卢州帕拉蒂市（Paraty）的佩雷拉街（Rua Doutor Pereira）。

15. 卡诺阿斯空军基地（Base Aérea De Canoas, BACO）

简介：卡诺阿斯空军基地位于南里奥格兰德州卡诺阿斯市（Canoas）奥古斯托·塞韦罗街（Rua Augusto Severo）。

网址：http://www.baco.aer.mil.br/

16. 巴西利亚空军基地（Base Aérea De Brasília, BABR）

简介：巴西利亚空军基地位于巴西利亚国际机场军事区（Área Militar do Aeroporto Internacional de Brasília）。

17. 贝伦空军基地（Base Aérea De Belém, BABE）

简介：贝伦空军基地位于帕拉州首府贝伦市（Belém）的罗德·阿瑟·伯纳德斯（Rod Arthur Bernardes）。

18. 阿纳波利斯空军基地（Base Aérea De Anápolis, BAAN）

简介：阿纳波利斯空军基地位于里约热内卢州阿纳波利斯市（Anápolis）。

19. 累西腓空军基地（Base Aérea De Recife, BARF）

简介：累西腓空军基地位于伯南布哥州首府累西腓市（Recife）的玛丽亚·艾琳大道（Avenida Maria Irene）。

20. 波尔图·韦尔霍空军基地（Base Aérea De Porto Velho, BAPV）

简介：波尔图·韦尔霍空军基地位于朗多尼亚州首府波尔图·韦尔霍市（Porto Velho）（通常叫"韦柳港"）的劳罗·索德雷大道（Avenida Lauro Sodré）。

21. 纳塔尔空军基地（Base Aérea De Natal, BANT）

简介：纳塔尔空军基地位于北里奥格兰德州帕纳米林市（Parnamirim）的纳塔尔空军基地路（Estrada da BANT）。

22. 马瑙斯空军基地（Base Aérea De Manaus, BAMN）

简介：马瑙斯空军基地位于亚马孙州首府马瑙斯市（Manaus）。

23. 弗洛里亚诺波利斯空军基地（Base Aérea De Florianópolis, BAFL）

简介：弗洛里亚诺波利斯空军基地位于里约热内卢州弗洛里亚诺波利斯市（Florianópolis）桑托斯·杜蒙大道（Avenida Santos-Dumont）。

24. 圣克鲁斯空军基地（Base Aérea de Santa Cruz, BASC）

简介：圣克鲁斯空军基地位于里约热内卢州圣克鲁斯市（Santa Cruz）的帝国大道（Rua do Império）。

（四）公共机构（Instituições Públicas）

1. 奥索里奥基金（Fundação Osório, FO）

简介：奥索里奥基金是一个提供免费教育的联邦公共机构，隶属于国防部（MD），致力于为陆军和其他特种部队军人的法定直系亲属提供基础和专业教育，培养他们的工作能力和公民意识。

网址：http://www.fosorio.g12.br/

2. 武装部队医院（Hospital das Forças Armadas, HFA）

简介：武装部队医院成立于1962年，总部设在巴西利亚，直接隶属于武装部队总参谋部（Estado Maior das Forças Armadas）。

网址：https://www.gov.br/hfa/pt-br

3. 军事工程研究所（Instituto Militar de Engenharia, IME）

简介：军事工程研究所成立于1792年，设在里约热内卢，是一所隶属于巴西陆军的公立高等教育机构。该研究所在巴西陆军中负责工程和基础研究方面的高等教育。

网址：http://www.ime.eb.mil.br/

（五）军工企业（Empresas de Defesa）

1. 巴西战争物资工业公司（Indústria de Material Bélico do Brasil, IMBEL）

简介： 巴西战争物资工业公司是一家生产战争物资的国有公司，成立于1975年，主要向军队提供便携式武器、弹药、爆炸物和通信设备等装备。

网址：https://www.imbel.gov.br/

2. 巴西弹夹公司（Companhia Brasileira de Cartuchos, CBC）

简介： 巴西弹夹公司成立于1926年，是巴西一家国有资本持股的弹药和武器制造商，几乎垄断了巴西的弹药生产。巴西弹夹公司使得巴西成为美洲大陆第二大弹药出口国，仅次于美国。该公司主要生产用于军事、公安的弹药和三种型号的武器，其中一种供给警察，另外两种用于运动狩猎。

网址：https://www.cbc.com.br/

3. 巴西航空工业公司（Embraer SA, Embraer）

简介： 巴西航空工业公司是巴西的一家航空工业集团，成立于1969年，业务范围主要包括农用飞机、商用飞机、公务飞机、军用飞机的设计制造，以及航空服务。该公司是巴西最大的军用产品出口商之一。

网址：https://embraer.com/br/pt

4. 阿维布拉斯航空工业（Avibras Indústria Aeroespacial, Avibras）

简介： 阿维布拉斯航空工业成立于1961年，其业务范围包括设计和制造导弹和空地、地地防御系统，无人驾驶飞机和装甲车。

网址：https://www.avibras.com.br/

5. 罗西枪械公司（Rossi Airguns Airsoft）

简介： Rossi Airguns Airsoft成立于1889年，是枪支、射击运动用品及其备件的制造商、进口商和分销商，是拉丁美洲最大的枪支和冶金工业制造商之一。

网址：https://www.rossi.com.br/

6. 依维柯（Iveco）

简介：Iveco 是卡车、公共汽车等重型车辆和轻型多功能车的制造商，总部位于意大利都灵。2011 年，该制造商开始生产军用车辆。Iveco 与巴西军队有合作。

网址：https://www.iveco.com/brasil/

7. 金牛座枪械公司（Taurus Armas）

简介：Taurus Armas 是巴西最大的枪支制造商，成立于 1939 年。其产品包括左轮手枪、冲锋枪等。该制造商向 70 多个国家或地区出口其产品。

网址：https://www.taurusarmas.com.br/

8. 巴西直升机公司（Helibras）

简介：Helibras 成立于 1978 年，是巴西唯一的直升机制造商，属于欧洲 EADS 集团。其业务范围包括制造民用、军用直升机。

网址：https://www.helibras.com.br

二　学术研究（Pesquisa Acadêmica）

（一）军事高等院校（Academias Militares）

1. 高等军事学院（Escola Superior de Guerra, ESG）

简介：高等军事学院成立于 1949 年，是巴西国防部（MD）下属的政治、国防和战略高级研究所。学院旨在巩固和发展行使管理职能所需的知识，并为国防规划提供优质建议，包括安全与发展的基本方面。

网址：https://www.gov.br/esg/pt-br

2. 黑针军事学院（Academia Militar das Agulhas Negras, AMAN）

简介：黑针军事学院是巴西军队的一所高等教育学校，位于里约热内卢（Rio de Jareiro）的雷森德市（Resende），是唯一一所同时培训步兵、骑兵、炮兵、工程和通信兵种的学校，此外它还培训在军事后勤部门从事军队意向服务的职业军官。进入该学院的条件是必须参加并通过公开考试。时任巴西总统雅伊尔·梅西亚斯·博索纳罗曾毕业于此。

网址：http://www.aman.eb.mil.br/

3. 海军学院（Escola Naval, EN）

简介：海军学院是巴西海军的一所高等教育机构，旨在从精神和身体上培训年轻的巴西人，使他们成为巴西舰队、海军陆战队和海军预备役的军官。

网址：https://www.marinha.mil.br/en/

4. 海军战争学院（Escola de Guerra Naval, EGN）

简介：1930 年 12 月 27 日，学校改为现名。旨在形成和传播国防、海上力量、海军战争和行政管理领域的科学知识，为巴西海军高层政策、战略和理论的形成作出贡献。

网址：https://www.marinha.mil.br/egn/

5. 空军学院（Academia da Força Aérea, AFA）

简介：空军学院是巴西空军（Força Aérea Brasileira）所属的一所高等教育机构，位于圣保罗州。它是空军司令部（Comando da Aeronáutica）人员培训和改进系统的一部分，学院的目的是将巴西空军的空军航空兵干部、预备役军人和步兵培训成现役军官。

网址：https://www.fab.mil.br/afa/

6. 陆军指挥参谋学校（Escola de Comando e Estado-Maior do Exército, ECEME）

简介：学校成立于 1905 年 10 月 2 日。由此，巴西陆军进入对地面部队进行战略、战术和后勤教学的新阶段。

网址：http://www.eceme.eb.mil.br/

（二）科研机构（Instituições Científicas）

1. 弗鲁米嫩塞大学战略研究所（Instituto de Estudos Estratégicos, Universidade Federal Fluminense, INEST）

简介：弗鲁米嫩塞大学战略研究所专注于分析与国防和国际安全有关的战略问题，旨在巩固和发展巴西在该领域的思想，培训战略研究和国际关系领域的研究生。

网址：http://inest.uff.br/

2. 国际关系与防御学院（Instituto de Relações Internacionais e Defesa, IRID）

简介：里约热内卢联邦大学国际关系与防御学院建立于 2017 年，是带有创新性质的新型国防与国际关系教育学院，目标是成为国家级别的国际关系政策参考中心，以及培养卓越且有批判性思维的国际关系人才。

网址：www.irid.ufrj.br

（三）**重要学者**（Pesquisadores）

1. 若泽·西马尔·罗德里格斯·平托（José Cimar Rodrigues Pinto）

简介：毕业于海军学院的海军科学专业，弗鲁米嫩塞联邦大学（UFF）战略研究硕士、政治学博士。他目前任高等军事学院（ESG）心理社会事务处处长。

代表作品：《政治和战略军事领导的基础》（Fundaciones del Liderazgo Político y Estratégico Militar）；《为什么指挥官不应该保持沉默》（Por Que os Comandantes não Devem Calar）；《武装部队与国内安全：对巴西军民关系的思考》（Forças Armadas e Segurança Interna: Reflexões sobre as Relações Civil-Militar no Brasil）。

2. 塔西奥·弗朗基（Tássio Franchi）

简介：巴西利亚大学可持续发展专业博士，陆军指挥与总参谋学院（Escola de Comando e Estado-Maior do Exército）常任教授，梅拉马托斯研究所（Instituto Meira Mattos）和军事科学研究生项目（Programa de Pós-Graduação em Ciências Militares）研究员，Meira Mattos Collection 杂志编辑。

代表作品：《对综合边境监测系统的多种看法》（As MÚLtiplas Visões Sobre O Sistema Integrado De Monitoramento De Fronteiras）；《综合边境防御和安全》（Defesa E Segurança Integrada Nas Fronteiras）；《新冠疫情下的军事科学》（As Ciências Militares Frente À Pandemia do COVID-19）。

3. 尤里科·德·利马·菲格雷多（Eurico de Lima Figueiredo）

简介：毕业于里约热内卢联邦大学（UFRJ）社会科学专业，弗鲁米嫩塞联邦大学（UFF）政治学博士，巴西国防研究协会（Associação Brasileira de Estudos da Defesa）名誉会员。

研究领域：国防、国际安全体系，武装部队与社会的关系以及国防公共政策。

代表作品：《军队与民主：卡斯特罗·布朗库总统意识形态的结构分析》（Os Militares e A Democracia : Análise Estrutural da Idiologia do Pres. Castelo Branco）；《巴西和 2018 年全国大选》（Brasil e As Eleições Nacionais 2018）；《日本内部》（O Japão por Dentro）；《军队与民主：一种意识形态的结构分析》（Os Militares e A Democracia : Análise Estrutural de uma Ideologia）。

4. 路易斯·佩多内（Luiz Pedone）

简介：巴西利亚大学（Universidade de Brasília）政治学、公共政策和行政管理教授，弗鲁米嫩塞联邦大学战略研究所（Instituto de Estudos Estratégicos da Universidade Federal Fluminense）公共政策和国际关系副教授。

代表作品：《科技创新领域对国防的政治和战略意义》（A Importância Política e Estratégica da Área de CT&I para Defesa）；《国际关系中的国防工业：21 世纪初全球军备生产的挑战》（A Indústria de Defesa nas Relações Internacionais: Desafios da Produção Global de Armamentos no Início do Século XXI）；《武器贸易条约：执行和控制国际武器转让的困难》（Arms Trade Treaty（ATT）: Dificuldades de Implementação e Controle das Transferências Internacionais de Armas）。

5. 瓦格纳·卡米洛·阿尔维斯（Vágner Camilo Alves）

简介：里约热内卢天主教大学（Pontifícia Universidade Católica do Rio de Janeiro）法律学学士、国际关系硕士，弗鲁米嫩塞联邦大学（UFF）战略研究所副教授。

研究领域：巴西外交和国防政策、国际关系。

代表作品：《巴西和第二次世界大战：被迫卷入的历史》（O Brasil e a Segunda Guerra Mundial: História de um Envolvimento Forçado）；《南美洲的国防和安全》（A Defesa e a Segurança na América do Sul）。

（四）知名将领（Comandantes）

1. 保罗·塞尔吉奥·诺盖拉·德·奥利维拉（Paulo Sérgio Nogueira de Oliveira）

简介：巴西陆军上将，曾担任陆军第十二军区指挥官、巴西陆军司令，现任巴西国防部部长。三次在黑针军事学院（AMAN）担任教官。

奖章：军功勋章——大十字勋章；海军功绩勋章；航空功绩勋章；军事司法功绩勋章；军事金质奖章；和平缔造者勋章；胜利勋章；桑托斯·杜蒙特功绩奖章；金色指挥徽章；亚马孙服务奖章。

2. 埃德纳多·达维拉·梅洛（Ednardo Dávila Mello）

简介：巴西陆军上将，曾担任陆军第二军区指挥官，巴西驻华盛顿大使馆武官代表以及巴西联邦情报和反情报局（SFICI）负责人。1952 年，他指挥多名军官参与军事行动，导致 1955 年卡洛斯·卢斯（Carlos Luz）政府垮台。

3. 贝内迪托·奥诺弗雷·贝泽拉·莱昂内尔（Benedito Onofre Bezerra Leonel）

简介：于 1950 年毕业于黑针军事学院（AMAN），1993 年任陆军总参谋部（EME）部长，1995 年被任命为武装部部长。

奖章：军功勋章，Infante D. Henrique 奖章。

4. 卡洛斯·蒂诺科·里贝罗·戈麦斯（Carlos Tinoco Ribeiro Gomes）

简介：巴西陆军上将，1948 年毕业于黑针军事学院，1961 年于里约热内卢陆军司令部及总参谋部学校（ECEME）担任教官，1984 年在圣保罗担任东南军事司令部（CMSE）总参谋长，1985 年担任巴西第四军区指挥官，1990 年担任巴西陆军部长。

5. 费尔南多·阿泽维多·席尔瓦（Fernando Azevedo e Silva）

简介：曾是陆军上将，1976 年毕业于黑针军事学院，2019 年被任命为巴西国防部部长，2021 年因反对博索纳罗利用军队干预政治被解职。

奖章：军功勋章，白河（Rio Branco）奖章。

6. 安东尼奥·汉密尔顿·马丁斯·莫朗（Antônio Hamilton Martins Mourão）

简介：于 1972 年加入陆军，曾在陆军指挥与参谋学院学习，接受过陆军政策、战略和高级行政管理课程的培训。他于 2014 年至 2016 年担任巴西陆军教育和文化部副部长，现任巴西第 25 任副总统。

7. 路易斯·爱德华多·拉莫斯·巴普蒂斯塔·佩雷拉（Luiz Eduardo Ramos Baptista Pereira）

简介：巴西陆军上将，1973 年开始在陆军服役，曾任巴西陆军副参谋长和东南部军事指挥官，曾任共和国总统府总秘书处首席部长。

8. 奥古斯托·海伦诺·里贝罗·佩雷拉（Augusto Heleno Ribeiro Pereira）

简介：1969 年毕业于黑针军事学院（AMAN），曾任陆军第 5 装甲骑兵旅旅长、陆军体训中心司令员、陆军社会交流中心主任、陆军司令部办公室主任，现任共和国总统机构安全办公室负责人。

9. 弗洛里亚诺·佩肖托·维埃拉·内托（Floriano Peixoto Vieira Neto）

简介：毕业于黑针军事学院（AMAN）。他曾任巴西总统府总秘书处首席部长、美国军事学院（Academia Militar dos Estados Unidos）的巴西军事顾问，现任巴西邮电公司（Empresa Brasileira de Correios e Telégrafos）总裁。

10. 卡洛斯·阿尔贝托·多斯·桑托斯·克鲁斯（Carlos Alberto dos Santos Cruz）

简介：1974 年毕业于黑针军事学院（AMAN），曾任驻海地和刚果的联合国部队指挥官、国家公共安全秘书、陆军作战司令部副司令，以及巴西总统府政府秘书处首席部长，目前隶属于"我们能"党（Podemos）。

（五）学术期刊（Revistas Acadêmicas）

1. 巴西高等军事学院杂志（Revista da Escola Superior de Guerra）

简介：季刊，由高等军事学院（ESG）负责编辑，重点关注国防、政治学和国际关系。该刊促进高等军事学院与社会之间的融合，并通过出版培养发展战略思维，以及传播国防和相关领域的学术知识的文章，支持高等军事学院的国际安全与防务研究生项目（Curso de Pós Graduação em Segurança Internacional e Defesa）。

网址：https://revista.esg.br/

2. 梅拉马托斯杂志（Coleção Meira Mattos）

简介：该杂志为季刊，出版与军事科学、国防、安全有关和相关主题的学术论文，旨在促进学界和专业人士之间的对话，整理有关武装部队和社会的问题。

网址：http://www.ebrevistas.eb.mil.br/RMM/issue/archive

3. 巴西军事历史杂志（Revista Brasileira de História Militar）

简介：该刊为半年刊，主要发布由巴西或外国研究人员编写的有关军事历史及相关主题的文章。

网址：https://www.historiamilitar.com.br/

4. 巴西军事科学杂志（Revista Brasileira Militar de Ciências）

简介：每四个月一刊，主要目标是传播军事和技术科学，人文、法律和社会科学，健康、生物和环境科学领域的研究。

网址：https://rbmc.emnuvens.com.br/rbmc

5. 军事协会杂志（Revista Sociedade Militar）

简介：该刊在社交网络上受到许多政治家、著名记者和军事高等法院等政府机构的关注，被认为是军事领域和公共安全领域内容的主要期刊之一。

网址：www.sociedademilitar.com.br/

6. 论坛（Fórum）

简介：该刊创立于 2001 年 9 月，最后一版于 2013 年 12 月出版。主要对世界政治、军事局势针砭时弊，例如 2002 年对委内瑞拉政变未遂进行报道，以及 2006 年指控圣保罗警方在首都巴西利亚遭受巴西最大的犯罪组织（PCC）的袭击等。

网址：https://revistaforum.com.br/

7. 巴西海事杂志（Revista Marítima Brasileira, RMB）

简介：该刊创立于 1851 年，是世界上最古老的海事期刊。每季度都发表与各种海洋问题有关的文章、论文和新闻。

网址：https://www.marinha.mil.br/rmb/inicio

8. 巴西陆军杂志（Revistas Exercito Brasileiro, EB）

简介：汇集各类巴西军事和国防方面的期刊。

网址：http://www.ebrevistas.eb.mil.br/

9. 冲击作用（Ação de Choque）

简介：该刊是装甲教学中心的年度出版物，旨在传播装甲领域的相关文章。

网址：http://www.ebrevistas.eb.mil.br/AC/index

10. 黑针军事学院年鉴（Anuário da Academia Militar das Agulhas Negras）

简介：该刊是一本年度周期性的跨学科期刊，旨在发表与军事科学涵盖的研究集中领域相关的科学文章，从而促进武装部队和社会的教授、研究人员之间的交流，从而引起对研究该领域的兴趣，留存历史事实，记录经验，有助于发展和保存军事教学记忆。

网址：http://ebrevistas.eb.mil.br/AAMAN

11. 军事兽医技术通讯（Boletim Informativo Técnico da Veterinária Militar）

简介：该刊为陆军兽医局的出版物，旨在传播相关领域的技术信息。

网址：http://www.ebrevistas.eb.mil.br/BITVM

12. 巴西和平行动联合训练中心维和行动：观点、反思和经验教训（CCOPAB e Operações de Paz: perspectivas, reflexões e lições aprendidas）

简介：该刊是巴西和平行动联合训练中心（Centro Conjunto de Operações de Paz do Brasil，CCOPAB）的年度杂志，旨在分享该中心开展的维和行动。

网址：http://ebrevistas.eb.mil.br/CCOPAB/article/view/1067

13. **海军战争学院期刊**（Revista da Escola de Guerra Naval）

简介： 该期刊是隶属于巴西海军战争学院海事研究生项目的季刊，是一份非营利、同行评审的出版物，专门刊登研究国防领域的学术文章和书评。

网址：https://revistadaegn.com.br/

14. **巴西防务展**（Latin America Aerospace and Defence, LAAD）

简介： 巴西防务展又称"拉丁美洲航空航天与防务展"，始于 1997 年，由巴西国防部主办，是拉美地区最具影响力的国际防务展。2024 年巴西防务展在圣保罗举行，来自 20 个国家和地区的 150 多个品牌参展。

网址：https://laadexpo.com.br/

外交
（Relações Internacionais）

一 机构组织（Organizações/Órgãos）

（一）政府部门（Setores Governamentais）

1. 巴西外交部（Ministério das Relações Exteriores, Itamaraty, MRE）

简介：巴西外交部是巴西的一个行政部门，负责制定和实施巴西外交政策，建立、维持巴西与各国和国际机构的外交关系，向共和国总统提供信息。其工作涉及对外关系的政治、商业、经济、金融、文化和领事方面。

网址：https://www.gov.br/mre/pt-br

优兔主页：https://www.youtube.com/@MREBRASIL

2. 参议院外交与国防委员会（Comissão de Relações Exteriores e Defesa Nacional, Senado）

简介：参议院的内设机构，主要负责审议外交和国防事务。

主页：https://legis.senado.leg.br/comissoes/comissao?codcol=54

3. 众议院外交与国防委员会（Comissão de Relações Exteriores e de Defesa Nacional, Camara）

简介：众议院的内设机构，主要负责审议外交和国防事务。

网址：https://www.camara.leg.br/atividade-legislativa/comissoes/comissoes-permanentes/credn

优兔主页：https://www.youtube.com/playlist?list=PLitz1J-q25kM5r46iYh5w80EMrnaePC1R

4. 外国情报中心（Centro de Informações do Exterior, CIEX）

简介：外国情报中心是巴西外交部（Itamaraty）的一个机构，与国家情报局（Serviço Nacional de Informações，SNI）保持联系。该机构创立于 1966 年，于 1979 年解散。其主要目的是在独裁期间对流亡者进行控制和监视，但并不直接参与镇压活动。该机构还编写了关于国家安全、动乱、恐怖主义、腐败、反情报等问题，以及有关巴西国际形象的资料。

5. 巴西情报局（Agência Brsileira de Inteligência, ABIN）

简介：巴西情报局是由 42 名成员组成的一个共和国总统府的中央机构，隶属于机构安全办公室，负责向共和国总统及部长提供决策过程所需的、及时的和可靠的战略信息和分析。该机构确保联邦政府掌握国家和社会安全方面的知识（涉及外交、防卫、国内安全、社会经济发展和科学技术发展）。

网址：http://www.abin.gov.br/

（二）公共机构（Instituições Públicas）

1. 白河学院（Insituto Rio Branco, IRBR）

简介：白河学院是巴西外交学院，是国际公认的全球最好的外交学院之一，是巴西最古老的政府学院，也是全球第三古老的外交培训机构。白河学院是 1945 年为了纪念白河爵士（José Maria da Silva Paranhos Júnior）而成立的，通过公开考试的形式培养巴西外交官。

网址：https://www.gov.br/mre/pt-br/instituto-rio-branco

2. 亚历山大·德·古斯芒基金会（Fundação Alexandre de Gusmão, FUNAG）

简介：亚历山大·德·古斯芒基金会于 1971 年成立，是一个与外交部相关的公共基金会，负责开展国际关系领域的文化和教育活动，促进有关国际关系问题和巴西外交史的研究，全面宣传巴西外交政策，帮助巴西形成有关国际敏感问题的公众舆论，出版相关书籍。

网址：https://www.gov.br/funag/pt-br

优兔主页：https://www.youtube.com/channel/UCjaGOQB_6txe9Lqf0osInsA

基金会数字图书馆：https://funag.gov.br/biblioteca-nova/

3. 国际关系研究所（Instituto de Pesquisa em Relações Internacionais, IPRI）

简介： 国际关系研究所成立于 1987 年，是亚历山大·德·古斯芒基金会（FUNAG）的一个机构，旨在开展和传播有关国际关系主题的研究，促进与其活动领域相关的文件的收集和系统化，推动与类似的国内外机构的学术交流，举办国际关系领域的课程、会议、研讨会和大会，并通过这些活动，基于巴西外交政策领域的热点话题，扩大和深化外交部与学界之间进行对话的渠道。

网址：https://www.gov.br/funag/pt-br/ipri

4. 国际关系研究研讨会（Seminário de Pesquisa em Relações Internacionais, SEPERI）

简介： 国际关系研究研讨会是一项学术活动，每年举行一次，重点是国际政治经济学和国际政治研究的辩论，主题与国际关系研究生课程的研究方向有关。其基本目标是促进国际关系和相关领域正在进行的研究的学术辩论。还力求促进关于国际政治经济学、国际政策、巴西外交政策和外交政策分析、战略研究、国防和国际安全、批判和后殖民研究共 5 个重要领域内话题的讨论交流。

网址：https://seperi.paginas.ufsc.br/

5. 拉丁美洲研究所（Instituto de Estudos Latino-Americanos, IELA）

简介： 拉丁美洲研究所诞生于 2006 年，源于拉丁美洲天文台项目（Observatório Latino-Americano），基于对自我思考、反欧洲中心主义和反资本主义的反思和辩论，它建立了一个横向关系的网络，将拉美地区的共同利益联系在一起。

网址：https://iela.ufsc.br/tags/caribe

6. 奥斯瓦尔多·克鲁兹基金会（Fundação Oswaldo Cruz, Fiocruz）

简介： 该基金会是一家生物科学国家研发机构，是世界上主要的公共卫生研究机构之一。基金会位于里约热内卢州，由著名医生奥斯瓦尔多·克鲁兹于 1900 年创立，最开始名为"联邦血清研究所"（Instituto Soroterápico Federal），最初是为了生产针对黑死病的血清和疫苗，随后逐步发展成为巴西国际卫生合作的重要参与单位。

网址：https://portal.fiocruz.br/

（三）社会组织（Organizações Sociais）

1. 包容性增长国际政策中心（International Policy Centre for Inclusive Growth, IPC-IG）

简介：包容性增长国际政策中心前身为国际贫困中心，位于巴西利亚，是关于发展政策应用研究和培训的南南对话中心。该中心以联合国开发计划署（Programa das Nações Unidas para o Desenvolvimento）和巴西政府之间的伙伴关系协议为指导，通过经济部和应用经济研究所（IPEA）促进关于创新发展政策的国际对话。

网址：https://ipcig.org/pt-br

2. 国际关系与外交战略研究所（Instituto de Pesquisas Estratégicas em Relações Internacionais e Diplomacia, IPERID）

简介：国际关系与外交战略研究所诞生于学界，其活动范围从学院扩展到商业领域（特别是在对外贸易和国际投资领域），到有组织的公民社会，再到世界政策和外交领事领域。它是一个无党派和非营利机构，其所有行动、战略计划和有机运作中都基于道德以及社会和环境责任。

网址：http://www.iperid.org/

3. 拉丁美洲交流文化研究中心（Centro de Estudos Latino-Americanos sobre Comunicação e Cultura, CELACC USP）

简介：拉丁美洲交流文化研究中心成立于1996年，与圣保罗大学等机构展开合作，致力于促进和开展研究、课程、研讨会，出版学术著作，制作关于巴西和拉丁美洲文化的纪录片等。

网址：http://celacc.eca.usp.br/pt-br

4. 瓦加斯基金会国际理事会（Diretoria International, FGV DINT）

简介：瓦加斯基金会国际理事会成立于2009年，在世界各地开展绘制地图、勘探、定位等活动。该机构通过支持各单位制定、执行和评估其国际化战略，提高瓦加斯基金会（FGV）作为智库和全球公认的教学和研究机构的地位。

网址：https://portal.fgv.br/fgv-dint

二　学术研究（Pesquisa Acadêmica）

（一）科研机构（Instituições Científicas）

1. 巴西国际关系中心（Centro Brasileiro de Relações Internacionais, CEBRI）

简介：巴西国际关系中心设在里约热内卢，是个独立、多学科的无党派机构，旨在促进对巴西总体外交政策和国际关系优先问题的研究和讨论。

网址：https://cebri.org/

优兔主页：https://www.youtube.com/user/CEBRIonline

2. 瓦加斯基金会（Fundação Getulio Varga, FGV）

简介：瓦加斯基金会是一家巴西私立高等教育研究咨询机构，致力于为巴西公共和私人部门提供人才和咨询服务。该机构提供经济学、工商管理、公共行政、法律、社会科学、应用数学和国际关系方面的本科与研究生课程。该机构拥有 90 多个研究中心，进行了大量的学术研究，主题涵盖宏观和微观经济学、金融、商业、决策、法律、卫生、福利、贫困和失业、污染和可持续发展等。

网址：https://portal.fgv.br/

3. 国际政治与经济关系研究部（Diretoria de Estudos e Relações Econômicas e Políticas Internacionais, Dinte IPEA）

简介：国际政治与经济关系研究部负责促进和开展必要的研究和其他行动，以履行巴西经济研究所（IPEA）在国际贸易、资本流动监测和联合分析领域的机构使命，保证跨国公司的运作逻辑合理性，以及有关全球生产链、多边机构、区域一体化、社会经济发展合作、能源和领土安全、外交领域的政策的实施，并监测巴西与国际公共或私人研究机构，以及其他实体的合作和交流协议。

网址：https://www.ipea.gov.br/portal/

4. 巴西国际关系研究所（O Instituto Brasileiro de Relações Internacionais, IBRI）

简介：巴西国际关系研究所是巴西第一家专门研究国际关系的研究机构，是巴西国际关系科学研究和传播的智库。该研究所于 1954 年 1 月 27 日在巴西外交部大楼（位于里约热内卢的伊塔马拉蒂宫）成立。成立以来，该研究所在传播与国际关系和巴西外交政策有关的问题方面发挥了重要作用。其总部设在巴西利亚大学国际关系研究所（O Instituto de Relações Internacionais da Universidade de Brasília），与巴西和国际的文化或学术机构展开合作。该研究所一直坚持出版书籍和杂志，如《巴西国际政治评论》（Revista Brasileira de Política International）。

网址：https://www.ibri.com.br/pt-br/

5. 金砖国家研究中心（Centro de Estudos e Pesquisas, BRICS）

简介：金砖国家研究中心是位于里约热内卢市的一个独立、无党派和非营利的研究中心。该中心致力于分析和研究正在进行的多重全球变革以及该变革对巴西和全球南方国家或地区的影响。

网址：https://bricspolicycenter.org/

6. 应用经济研究所（Instituto de Pesquisa Econômica Aplicada, IPEA）

简介：应用经济研究所是经济部（Ministério da Economia）下属的联邦公共机构，致力于为政府制定公共政策、实施发展计划提供技术和机构支持。旗下设有国际问题研究部（Diretoria de Estudos Internacionais，Dinte），并出版多本国际问题研究刊物。

网址：https://www.ipea.gov.br/

（二）高校机构（Instituições de Ensino Superior）

1. 里约热内卢天主教大学国际关系研究所（Instituto de Relações Internacionais/ Pontifícia Universidade Católica do Rio de Janeiro, IRI-PUC-Rio）

简介：里约热内卢天主教大学国际关系研究所在巴西国际关系领域非常出名。成立 30 多年来，该研究所率先研究了巴西的国际关系、拉丁美洲的政治和经济变化以及世界秩序的转变。该研究所在国际上被视为该领域教学和研究的参考机构，并与国外重要大学机构保持着多样化的伙伴关系。

网址：http://www.iri.puc-rio.br/

2. **圣保罗大学国际关系研究中心**（Núcleo de Pesquisa em Relações Internacionais da Universidade de São Paulo, NUPRI）

简介：圣保罗大学国际关系研究中心诞生于 1989 年，是圣保罗大学国际关系教学和研究的先驱机构，对国际关系领域进行系统性研究，开发了多种形式的项目，注重于区域主义和巴西外交政策的两个主题。其出版的《国际宪章》（Carta Internacional）已成为巴西国际关系界以及决策者和巴西外交官的参考。该研究中心还教授各种专业课程，为巴西培养了许多的教师和研究人员。

网址：http://nupri.prp.usp.br/

3. **圣保罗大学国际关系研究所**（Instituto de Relações Internacionais, Universidade de São Paulo-IRI/USP）

简介：圣保罗大学国际关系研究所成立于 2004 年，负责圣保罗大学国际关系本科和研究生的研究和教学，致力于促进国际关系领域的研究、教学和知识传播，加强其与国内外机构的学术联系，增进巴西民众对世界事务的了解。

网址：http://www.iri.usp.br/

4. **巴西利亚大学国际关系研究所**（Instituto de Relações Internacionais da Universidade de Brasília , IRel-UnB）

简介：巴西利亚大学国际关系研究所致力于创造、整合和传播知识，培养有道德、社会责任感和可持续发展的人才。1974 年，巴西利亚大学授予了巴西第一个国际关系学士学位。

网址：http://irel.unb.br/

5. **米纳斯吉拉斯州天主教大学国际关系系**（Departamento de Relações Internacionais da Pontifica Universidade Catolica de Minas Gerais）

简介：米纳斯吉拉斯州天主教大学国际关系系成立于 2002 年，是巴西最大的国际关系研究系之一。该系的重点研究方向是国际政治制度、冲突和不平等问题。

网址：http://www.lppri.ri.pucminas.br/Departamento/

6. **牛津大学拉丁美洲研究中心**（The Latin American Center, LAC）

简介：牛津大学拉丁美洲研究中心成立于 1964 年，旨在促进英国的拉丁美洲研究，现在是牛津大学地区研究学院（Ofxord School of Global and Area Studies）的下属机构。

网址：https://www.lac.ox.ac.u

7. 斯坦福大学拉美研究中心（The Center for Latin American Studies at Standford University, CLAS）

简介：斯坦福大学拉美研究中心是一个学术团体，致力于拉丁美洲和加勒比地区的研究和教学，是一个多学科平台，帮助人们接触和学习美洲的语言、文化、生物和地理等。

网址：https://clas.stanford.edu/

8. 加州大学伯克利分校拉美研究中心（the UC Berkeley Center for Latin American Studies, CLAS）

简介：加州大学伯克利分校拉美研究中心将来自拉丁美洲和加勒比地区、美国和世界各地的学者、艺术家和社区成员聚集在一起，与伯克利分校以及其他平台进行合作，以促进学术交流和展开相关研究。此外，该研究中心还举办对公众免费开放的活动，致力于创建一个由拉丁美洲学者、学生、艺术家和社区成员组成的社区。

网址：https://clas.berkeley.edu/

（三）学术组织（Organizações Acadêmicas）

1. 巴西国际关系协会（Associação Brasileira de Relações Internacionais, ABRI）

简介：巴西国际关系协会成立于 2005 年 9 月，是国际关系主要教学和研究机构合作努力和达成共识的结果，是巴西巩固这一领域知识的一个重要里程碑。它是一个开放的多元科学协会，以巴西本国为研究领域，旨在促进国际关系中的学术科学成果，并改善该领域的本科生和研究生教育。

网址：https://abri.org.br/

2. 全国国际关系学生联合会（Federação Nacional dos Estudantes de Relações Internacionais, FENERI）

简介： 全国国际关系学生联合会成立于 1995 年，是巴西全国国际关系专业本科生的最高代表机构。该联合会致力于在国家层面上，维护巴西国际关系专业学生的利益，同时促进巴西国际关系研究领域的发展。

网址：https://feneri.wixsite.com/feneri

（四）学术期刊（Revistas Acadêmicas）

1. 巴西国际政治评论（Revista Brasileira de Política Internacional, RBPI）

简介： 1985 年，在来自帕拉伊巴州的奥斯瓦尔多·特里盖罗（Oswaldo Trigueiro）的指导和巴西国际关系研究所的倡议下，《巴西国际政治评论》在里约热内卢成立。该杂志在巴西国际关系领域被列为 A1 级，是第一本探讨巴西和拉丁美洲国际关系经典主题的出版物。目前，该杂志由巴西利亚大学国际关系研究所（O Instituto de Relações Internacionais da Universidade de Brasília）负责，并被纳入 SciELO 出版系统中。

网址：https://www.ibri-rbpi.org

2. 巴西国际与公共政策杂志（Revista Brasileira de Políticas Públicas e Internacionais, RBPP）

简介：《巴西国际与公共政策杂志》是一本与帕拉伊巴联邦大学（Universidade Federal da Paraíba）公共管理与国际合作研究生课程相关的科学期刊，成立于 2016 年，主要目标是成为巴西独一无二的传播研究工具，在国内和国际两个层面上探讨公共管理和公共政策的主题。除了发表高质量的巴西文章外，自 2012 年以来，该杂志在国际化方面作出了重要贡献，并鼓励外国研究人员发表文章。该期刊可在多个国际数据库中索引，内容广泛且免费。

网址：https://www.publicacoesacademicas.uniceub.br/RBPP

3. 对外关系杂志（Revista Relações Exteriores, RRE）

简介：《对外关系杂志》是一份由圣保罗大学国际关系研究所（Instituto de Relações Internacionais da Universidade de São Paulo）主办的出版物，致力于分析外交政策、国际关系和国际议程上的主题。该杂志通过发表分析和评论文章、播客、网络研讨会和档案，提供不同的理论方法和观点，及时定位国际领域的不同问题并提供答案。该杂志还特地设置了专业培训空间，通过研究项目来研究外交事务中的重要课题。该杂志为合格的社会群体（学生、研究人员、教授、企业家、国际关系分析师等）服务，为他们提供高质量的信息，为国际关系领域知识的普及搭建了重要的桥梁。

网址：https://relacoesexteriores.com.br/

4. 国际背景杂志（Revista Contexto Internacional）

简介：该期刊是由里约热内卢天主教大学（Pontifícia Universidade Católica do Rio de Janeiro，PUC-Rio）国际关系研究所（Instituto de Relações Internacionais）出版的英文国际关系季刊，是巴西国际关系领域主要出版物之一，致力于为国际关系的概念创新研究提供一个论坛，促进全球南方国际关系领域的发展。

网址：http://contextointernacional.iri.puc-rio.br/cgi/cgilua.exe/sys/start.htm?tpl=home

5. 国际关系学报（Cadernos de Relações Internacionais）

简介：《国际关系学报》由里约热内卢天主教大学国际关系学院（O Instituto de Relações Internacionais /Pontifícia Universidade Católica do Rio de Janeiro）编写，旨在促进来自本校和巴西其他院校的本科生在国际关系领域以及社会科学和人文学科领域的学术成果。

网址：http://www.iri.puc-rio.br/publicacoes/cadernos-de-relacoes-internacionais/

6. 世界时代（Tempo do Mundo）

简介：《世界时代》是一份由巴西应用经济研究所（IPEA）于 2009 年创建的季刊，旨在促进当代话题的辩论，为巴西应用经济研究所的发展作出贡献，加强学术、政治对话，扩大思想与知识交流的空间，监测前沿研究，支持制定有利于国家发展的公共政策。

网址：https://www.ipea.gov.br/revistas/index.php/rtm

7. 国际经济与政治学报（Boletim de Economia e Política Internacional）

简介：巴西应用经济研究所（IPEA）的出版物，支持免费下载。

网址：http://www.ipea.gov.br/portal/

8. 外交政策档案（Cadernos de Política Exterior）

简介：由巴西外交部和亚历山大·德·古斯芒基金会（FUNAG）出版，支持免费获取。

网址：https://www.gov.br/funag/pt-br/ipri/publicacoes/cadernos-de-politica-exterior

9. 历史和外交文献中心档案（Cadernos do CHDD）

简介：巴西外交部和亚历山大·德·古斯芒基金会（FUNAG）历史和外交文献中心（Centro de História e Documentação Diplomática，CHDD）的出版物，支持免费获取。

网址：https://www.gov.br/funag/pt-br/chdd/publicacoes/cadernos-do-chdd

10. 国际研究杂志（Revista de Estudos Internacionais）

简介：该杂志由帕拉伊巴州立大学（Universidade Estadual da Paraíba，UEPB）出版，与该校国际关系本科生和研究生课程相关。

网址：https://revista.uepb.edu.br/REI

11. 外交政策杂志（Revista Política Externa）

简介：巴西学术期刊，专门从巴西的角度研究国际关系和国际政治经济学。始于 1992 年，得到包括圣保罗大学、圣保罗州立大学在内的多所高等院校及研究机构的支持与合作，是巴西最主要的国际关系期刊之一。

网址：https://web.archive.org/web/20150623141049/http://politicaexterna.com.br/revista-politica-externa/page/5/

（五）一般期刊（Outros Periódicos）

1. 国家利益杂志（Revista Interesse Nacional）

简介：杂志旨在调动巴西国内现有的智力资源——政府、政党、私营部门、大学、工会等，对影响巴西利益的国际问题进行分析，呈现事件背景，提供不同意见。该出版物的重点之一是就巴西与世界其他国家的关系，以及该国在国际关系中的地位展开讨论。

网址：https://interessenacional.com.br/

2. 蒙多拉玛（Mundorama）

简介：巴西国际关系领域重要的传播网站，除葡萄牙语外，还提供英语和西班牙语，发表关于当代国际议程主题的简短文章。该网站还发表基于危机分析、技术说明的博士论文、硕士论文、研究报告，以及其他学术文章等，以促进巴西国际关系领域相关研究。

网址：http://mundorama.net/

（六）重要学者（Pesquisadores）

1. 亚历山大·德·古斯芒（Alexandre de Gusmão）

简介：生于 1695 年，卒于 1753 年 12 月 31 日，出生于圣保罗州桑托斯市，是巴西外交史上最重要的外交官之一，因在 1750 年葡萄牙帝国与西班牙签署的《马德里条约》的谈判中发挥了关键作用而闻名，该条约界定了现代巴西的基础国界。

2. 若泽·博尼法西奥·德·安德拉达·席尔瓦（José Bonifácio de Andrada e Silva）

简介：生于 1763 年 6 月 13 日，卒于 1838 年 4 月 6 日，巴西博物学家、政治家和诗人，因在巴西独立中所起的决定性作用而被称为独立元老。2018 年 1 月 11 日，他被正式授予"巴西独立之父"称号。除了政治工作之外，他还是一名杰出的博物学家，在矿物学领域的贡献尤为突出，在世时获得了国际认可。

3. 玛丽亚·路易莎·里贝罗·维奥蒂（Maria Luiza Ribeiro Viotti）

简介：巴西外交官，毕业于巴西利亚大学（Universidade de Brasília）经济学专业，并在该校获得经济学硕士学位。她于 1976 年加入巴西外交部，致力于促进巴西与中国和非洲国家的贸易关系。此外，她还是巴西驻联合国代表团的第一任团长（2013 年—2017 年），也曾任巴西驻德国大使，目前在纽约担任联合国秘书长办公厅主任。

4. 塞尔索·路易斯·努内斯·阿莫林（Celso Luiz Nunes Amorim）

简介：他被认为是近年来最重要的外交官之一，曾两次担任外交部长。1964 年，他在里约布兰科学院（白河学院）完成了外交官职业准备课程，1967

年毕业于维也纳外交学院国际关系专业，并取得硕士学位。

任职经历：1968年至1969年，他被调到伦敦担任副领事。随后几年里，他在巴西驻伦敦大使馆工作，并在伦敦经济和政治学院获得政治学和国际关系博士学位。他还是里约布兰科学院的专业表达和写作教授，巴西利亚大学的政治学和国际关系教授。

5. 阿尔贝托·佛朗哥·佛朗萨（Alberto Franco França）

简介：先后毕业于巴西利亚大学国际关系专业（1986年）和法律专业（1990年），并于1992年在外交部里约布兰科学院（IRBr）获得外交学博士学位。

任职经历：1999年到2011年，他连续12年分别在巴西驻华盛顿和巴西驻亚松森大使馆工作，并在拉巴斯两次担任公使衔参赞和该外交使团能源部门负责人。回到巴西后，他参与了四年共和国总统就职典礼的相关工作。

出版物：《巴西—玻利维亚电力一体化：马德拉河会议》（Integração elétrica Brasil-Bolívia: o encontro no rio Madeira）

6. 费尔南多·西马斯·马加良斯（Fernando Simas Magalhães）

简介：1980年起任职业外交官，曾任巴西外交部的南美洲第二分部负责人、秘书长外交事务顾问和非洲部部长，曾在巴西驻华盛顿、莫斯科、基多和马德里的大使馆以及驻联合国（UN）和美洲国家组织（OAS）代表团任职。他在2010年至2015年任巴西驻厄瓜多尔大使。他曾担任国际政策专题助理教授和里约布兰科学院高等研究课程审查委员会副主席。2018年8月至2021年5月，他担任巴西常驻美洲国家组织代表。

7. 里奥·布兰科男爵（Barão do Rio Branco）

简介：本名José Maria da Silva Paranhos Júnior，是巴西历史上著名的外交官之一，同时也是巴西记者和政治家。1902—1912年，他担任巴西外交部（MRE）部长，负责巴西与邻国的边境谈判，被认为是巴西历史上任职时间最长、最重要的外交官。任职期间，他因解决了巴西与阿根廷、法国和玻利维亚的重要边界问题而被载入史册。

8. 奥斯瓦尔多·阿兰哈（Oswaldo Aranha）

简介：巴西重要的外交家、政治家和律师，在国际政治中也享有盛名。

1947 年，他作为巴西驻联合国代表团团长和联合国大会主席，为建立以色列国
进行游说。在担任联合国大会第一届特别会议主席期间，他推动巴勒斯坦分治
计划获得联合国的批准。他还曾当选为联合国大会主席。1948 年，他获得诺贝
尔和平奖提名。

9. 塞尔吉奥·维埃拉·德·梅洛（Sergio Vieira de Mello）

简介：巴西外交官，曾担任联合国人权高级专员、秘书长驻伊拉克代表。
2003 年，他获得联合国人权奖。2003 年 8 月 19 日，在担任联合国秘书长伊拉
克问题特别代表期间，他在伊拉克运河酒店爆炸事件中与其他 20 名工作人员
遇害。

10. 鲁伊·巴尔博萨·德·奥利维拉（Ruy Barbosa de Oliveira）

简介：是巴西博学家、律师、政治家、外交家、作家、语言学家、记者、
翻译家和演说家。他是当时最著名的知识分子之一，被德奥多罗·达·丰塞卡
（Deodoro da Fonseca）任命为新生的共和党政府的代表，成为其主要组织者之
一，并与普鲁登特·德·莫雷斯（Prudente de Moraes）共同撰写了《第一共和
国宪法》（Primeira República）。Ruy Barbosa 致力于捍卫联邦制、废除主义以及
促进个人权利保障。

11. 吉列尔梅·卡萨朗（Guilherme Casarões）

简介：巴西国际关系研究中心（Centro Brasileiro de Relações Internacionais）
南美中心研究员，瓦加斯基金会圣保罗商业管理学院（Escola de Administração
de Empresas de São Paulo da Fundação Getulio Vargas）教授，圣保罗大学（USP）
政治学硕士和博士。

代表作：《结构化对话 II - 多边主义的重新定位》（Conversas Estruturadas
II | Reorientações do Multilateralismo）；《巴西外交政策新观点》（Novos Olhares
Sobre a Política Externa Brasileira）；《当十字架变成剑》（Quando a Cruz Vira
Espada）。

研究领域：巴西外交政策、拉丁美洲政治，巴西和世界极右翼的兴起，国
际关系理论。

12. 塞尔索·拉弗（Celso Lafer）

简介：巴西国际关系研究中心名誉理事，曾任巴西外交部（MRE）部长，发展、工业和贸易部（Ministério do Desenvolvimento, Indústria e Comércio）部长，巴西驻联合国（Organização das Nações Unidas）和日内瓦世贸组织（Organização Mundial de Cómerciol）的大使，获康奈尔大学（Universidade de Cornell）政治学硕士学位和博士学位。

代表作：《巴西的国际身份和巴西的外交政策》（Identidade Internacional do Brasil e A Política Externa Brasileira）；《巴西建设中的外交》（A Diplomacia na Construção do Brasil）

13. 鲁本斯·里库佩罗（Rubens Ricupero）

简介：曾任联合国贸易和发展会议（Secretário-Geral da Conferência das Nações Unidas sobre Comércio e Desenvolvimento，UNCTAD）秘书长，巴西利亚大学国际关系理论（Teoria das Relações Internacionais na Universidade de Brasília）教授和巴西外交学院白河学院（Instituto Rio Branco da Academia Diplomática Brasileira）的巴西外交关系史教授。他目前是圣保罗阿曼多·阿尔瓦雷斯·彭特亚多基金会（Fundação Armando Alvares Penteado）经济与国际关系学院（Faculdade de Economia e Relações Internacionais）院长。

代表作：《巴西与全球化的困境》（O Brasil e o dilema da globalização）；《巴西的愿景：关于巴西的历史和国际地位的论文》（Visões do Brasil: Ensaios sobre a história e a inserção internacional do Brasil）；《白河：世界上的巴西》（Rio Branco: O Brasil no Mundo）

三 电子资源（Recursos Eletrônicos）

（一）在线电子科学图书馆（Biblioteca Eletrônica Científica Online，SciELO）

简介：在线科学电子图书馆是一个免费的数字图书馆，采取巴西科学期刊数字出版合作模式，是圣保罗研究基金会（Fundação de Amparo à Pesquisa do Estado de São Paulo）一个研究项目的成果，与拉丁美洲和加勒比健康科学信息中心（Centro Latino-Americano e do Caribe de Informação em Ciências da Saúde，

Bireme）合作。该图书馆旨在制定一种通用的方法，用于以电子形式编制、储存、传播和评估科学成果。目前包括南非、阿根廷、巴西、葡萄牙在内的 15个国家都加入了 SciELO 网络。

网址：https://www.scielo.br/

第四编 · 附件

美国的巴西研究
（**Pesquisas sobre Brasil nos Estados Unidos**）

一 高校机构（Instituições de Ensino Superior）

（一）亚利桑那州（Arizona）

1. 亚利桑那州立大学拉丁美洲研究中心（Arizona State University, Center for Latin American Studies）

简介：亚利桑那州立大学拉丁美洲研究中心的使命是促进和支持对国家拉丁裔/西班牙裔人口的政治和政策环境进行深思熟虑、客观和创新的研究，从而更全面、更深入地了解美国的政治和治理。这一使命需要促进和传播相关研究，强调但不限于经验和规范的理论观点、历史背景、制度层面和公共政策问题，这些问题与拉丁裔/西班牙裔人口密切相关，同时也对美国的社会和政治具有广泛的意义。

网址：https://silc.asu.edu/degrees/brazilian-studies

邮箱：silc@asu.edu

2. 亚利桑那州立大学拉丁美洲研究中心巴西研究项目（Arizona State University, Center for Latin American Studies - Brazil Studies）

简介：亚利桑那州立大学巴西研究中心是美国顶尖的拉丁美洲研究中心，该校拉丁美洲研究中心起源于西班牙系，该系在 20 世纪初开始提供拉丁美洲文学和历史课程。冷战初期开发了相关学位课程，2016—2018 年，该中心获得了第一个教育部本科国际研究和外语（UISFL）资助，以开发巴西研究计划。2018—2022 年，该中心获得第四批 Title Ⅵ NRC 和 FLAS 拨款。巴西研究网络倡议于 2018 年启动，旨在促进关于巴西发展不同方面的批判性和跨学科学术研究，重点是种族、性别和性取向、民主以及贫困和不平等。

网址：https://clas.arizona.edu/brazil-studies-network

邮箱：mvasquez@email.arizona.edu

（二）加利福尼亚州（California）

1. 斯坦福大学拉丁美洲研究中心（Stanford University, Center for Latin American Studies）

简介：斯坦福大学拉丁美洲研究中心（CLAS）是美国教育部拉丁美洲国家资源中心，致力于与加利福尼亚和美国的学术社区进行外展。该中心是一个学术团体，支持与拉丁美洲和加勒比地区相关领域的研究和教学。1965 年秋天，该大学成立了拉丁美洲研究中心，并从那时起一直在运作。研究中心的使命是建设一个学术社区，发展成为一个多学科的平台，使人们能够学习美洲知识。研究中心致力于"通过代表人类和文明施加影响来促进公共福利"（斯坦福大学创始基金），并推动科学知识的发展，以加强西半球的社会、经济、环境正义、可持续性、包容性和民主。

网址：https://clas.stanford.edu/

邮箱：latinamerica@stanford.edu

2. 加利福尼亚大学伯克利分校拉丁美洲研究中心（University of California, Berkeley, Center for Latin American Studies）

简介：加利福尼亚大学拉丁美洲研究中心成立于 1956 年，加州大学伯克利分校拉丁美洲研究中心始建于 1950 年，前身为拉丁美洲座谈会。研究中心于 1958 年正式运营，致力于将来自拉丁美洲和加勒比地区、美国和世界各地的学者、艺术家和社区成员聚集在一起，与伯克利校区和更大的湾区加强社区互动，促进和支持新的想法和研究。

出版物：《拉丁美洲研究的伯克利评论》（Berkeley Review of Latin American Studies）（由拉丁美洲研究中心出版。该期刊是拉丁美洲研究中心出版的年度杂志，重点介绍有关美洲的研究。）

网址：https://clas.berkeley.edu/

邮箱：clas@berkeley.edu

3. 加利福尼亚大学洛杉矶分校拉丁美洲研究所巴西研究中心（University of California, Los Angeles, Center for Brazilian Studies - Latin American Institute）

简介：加州大学洛杉矶分校拉丁美洲研究所成立于1959年，旨在协调与拉丁美洲相关的研究、教学和公共服务项目。为了履行其研究使命，该研究所开展了一项学术出版计划，以提供最高质量的原创研究成果。该研究所于1965年首次发行出版物，并通过出版统计和参考书目、跨学科期刊和关于拉丁美洲的学术书籍来支持和补充研究所的研究职能。

出版物：《拉丁美洲统计摘要和补编》（Statistical Abstract of Latin America and Supplements），《拉丁美洲研究丛书》（Latin American Studies Series）

网址：https://www.international.ucla.edu/lai/center/brazil

邮箱：latinamctr@international.ucla.edu

4. 加利福尼亚大学圣地亚哥分校伊比利亚和拉丁美洲研究中心（University of California, San Diego, Center for Iberian and Latin American Studies）

简介：在加州大学圣地亚哥分校，拉丁美洲研究（LAS）是一个视角问题。加州大学圣地亚哥分校的LAS课程为审视美国与该地区之间的关系提供了一个批判性的视角。一方面，在当前美国全球霸权主义盛行，LAS为理解和参与现代世界提供了工具；另一方面，LAS建立在整个西半球全球南方人民之间的对话和创新的悠久传统之上。

网址：https://cilas.ucsd.edu/

邮箱：ibrijandez@ucsd.edu

5. 加利福尼亚大学圣克鲁兹分校拉丁美洲和拉丁美洲裔研究中心（University of California, Santa Cruz, Center for Latin American and Latino Studies, LALS）

简介：该中心以与拉丁美洲和拉丁裔社区相互关联的问题为核心。中心致力于变革性的研究、教学、建议和指导，研究重点是不平等身份和交叉性身份、种族和民族、社会和政治转型以及文化、权力和知识。LALS是一个对话空间，将加利福尼亚州、美国、西半球的拉丁裔和拉丁美洲人民的历史、社会、文化、思想和经验联系起来。

网址：https://lals.ucsc.edu/

邮箱：lals@ucsc.edu

6. 加利福利亚大学博克曼分校伊比利亚和拉丁美洲研究中心（University of Southern California, Boeckmann, Center for Iberian and Latin American Studies）

简介： 伊比利亚和拉丁美洲研究中心是一个种族、民族和民族多元化的机构，目标是使其成为来自不同背景和社区的学生和教师向往的地方。虽然西班牙语和葡萄牙语起源于欧洲，并作为殖民事业的一部分被带到拉丁美洲，但学生学习小说、电影以及饮食习惯，以学习思考、讨论和批判性地写作与种族、民族、性别、性取向、非殖民化、公民身份和拉丁美洲及伊比利亚半岛的环境等问题相关的文化议题。通过这样做，学生将了解到在本土语言和理论背景下考虑其他文化，以及阅读、写作和批判性思维作为探索与挑战世界各地社会的平等和正义问题的工具的重要性。

网址：https://dornsife.usc.edu/latin-american-and-iberian-cultures/

邮箱：delgadol@usc.edu

（三）科罗拉多州（Colorado）

1. 科罗拉多大学博尔德分校拉丁美洲研究中心（University of Colorado, Boulder, Latin American Studies Center）

简介： 该中心的使命是为科罗拉多大学博尔德分校的拉丁美洲研究、教学和讨论提供机构空间，其总体目的是将 CU 教职员工、研究生和本科生以及对拉丁美洲和拉丁美洲问题感兴趣的访问学者聚集在一起，认识到他们的兴趣和方法的多样性，支持他们的教学和研究，加强他们与拉丁美洲的联系并与美国的拉丁美洲裔社区进行良性互动。

出版物：《持久的遗产：科罗拉多州的民族历史和文化》（Enduring Legacies: Ethnic Histories and Cultures of Colorado），《新民主国家的社会背景和竞选波动性：巴西 2002 年选举中的网络和社区》（Social Context and Campaign Volatility in New Democracies: Networks and Neighborhoods in Brazil's 2002 Elections）

网址：https://www.colorado.edu/lasc/

邮箱：lasc@colorado.edu

（四）康涅狄格州（Connecticut）

1. 耶鲁大学拉丁美洲和伊比利亚研究委员会（Yale University, Council on Latin American and Iberian Studies, CLAIS）

简介：耶鲁大学麦克米伦中心拉丁美洲和伊比利亚研究委员会旨在加强对拉丁美洲和伊比利亚半岛的所有多样性的了解。拉丁美洲和伊比利亚研究委员会成立于1962年，是拉丁美洲、西班牙和葡萄牙知识交流与合作的中心枢纽。

网址：https://clais.macmillan.yale.edu/

邮箱：latin.america@yale.edu

（五）华盛顿哥伦比亚特区（District of Columbia Washington，D.C.）

1. 美国大学拉丁美洲和拉丁美洲裔研究中心（American University, Center for Latin American and Latino Studies, CLALS）

简介：拉丁美洲和拉丁美洲裔研究中心是一个多学科中心，利用来自整个美国大学社区和世界各地的同行的专业知识，作为创造有关拉丁美洲、加勒比海和美国拉丁裔社区知识的催化剂，它的工作反映了对社会包容、善治、人类安全、公平的国际关系以及对该地区社会挑战的理解。

目标：通过提供有关拉丁美洲、加勒比海地区和拉丁裔社区的高质量数据和分析，为整个半球的变革者提供支持；通过产生和传播前沿研究，提高拉丁美洲和加勒比地区的辩论、政策和宣传的质量；加深对拉丁裔社区内部和周围的动态的理解，他们是美国国家政治、社会和经济生活中不可或缺的参与者；通过公开的知识交流，促进拉丁美洲、加勒比地区和美国不同背景、观点和对此感兴趣的人们之间的社区建设和包容性。

出版物：《气候政治与宗教的力量》（Climate Politics and the Power of Religion），《性、犯罪和原罪：拉丁美洲宗教、性别、性行为和法律之间的交叉点》（Sexo, Delitos y Pecados: Intersecciones entre Religión, Género, Sexualidad y el Derecho en América Latina）

网址：https://www.american.edu/centers/latin-american-latino-studies/

邮箱：clals@american.edu

2. 乔治城大学拉丁美洲研究中心，巴西研究项目（Georgetown University, Center for Latin American Studies and Brazilian Studies Program）

简介：拉丁美洲研究中心巴西研究项目位于乔治城大学沃尔什外交学院，致力于跨学科研究拉丁美洲的多元文化、历史以及政治和经济进程，促进拉丁美洲和加勒比地区的跨学科研究，并培训和赋权西半球的下一代领导者、学者和创新者。

网址：https://clas.georgetown.edu/

邮箱：clas@georgetown.edu

3. 美国国防大学威廉·佩里学院半球防御研究中心（National Defense University, William J. Perry Center for Hemispheric Defense Studies）

简介：威廉·佩里中心，最初被称为半球防御研究中心（CHDS），1995年以美国国防部长的姓名命名。该研究中心将通过培养专业的部级官员来建设机构能力，促进对军队的文职控制，并在利益相关者的支持下，制定和促进国防战略和政策的实施，从而完成这一使命。20年后，该中心继续发展，利用教育、外展、战略沟通和研究，增强合作伙伴能力，加强信任关系、深化对美国和地区国防和国际安全政策问题的相互理解，实现区域合作的扩展使命，以确保一个更稳定和安全的半球。

出版物：《校友聚焦》（Alumni Spotlights）是年度出版物，重点介绍William J. Perry半球防御研究中心校友的经验和成就，并展示其校友在世界各地产生的非凡影响，相关内容也同步在该中心的网站和社交媒体页面上。

《佩里中心年度报告》（Perry Center Annual Report），自2011年以来，佩里中心每年发布一份财政年度报告。每份报告都涵盖了该中心全年发生的教育计划、外展活动和成就。年度报告是关于组织的身份、使命和组织在西半球产生的影响的基础介绍。

《不定期论文》（Occasional Papers）是独立出版物，涵盖主题广泛，并展示了该中心对历史主题或当前事件的新观点、见解或分析。

《区域洞察》（Regional Insights）简要分析区域事件、趋势或主题，将一个国家政府的事件与其更广泛的区域影响联系起来。

除了为佩里中心写作，中心的教职员工还出现在其他机构的出版物中。

《1325篇》（1325 Stories），本书收集了关于西半球妇女、和平与安全的文章。这是佩里中心在2020年10月出版《二十年，二十个故事》后继续参与这一主题的一种方式。该系列欢迎该地区国防和安全工作者提供意见。

《视野》（Perspectiva）是一份数字出版物，包含一系列英语、西班牙语和葡萄牙语的文章、评论和政策声明。《视野》构成国防和安全社区的多样性"观点"，来自佩里中心校友、政府高层领导人、学界人士和记者是该出版物的主要读者。

《论文集》（Proceedings）：佩里中心制作了一份名为"会议记录"的论文集，根据查塔姆研究所规则，其主要多边研讨会的编写没有注明出处，其形式是10 + 页的演讲和讨论摘要。它们可以以电子方式获得，印刷版本可应要求提供（数量有限）。

《安全与国防研究综述》（Security and Defense Studies Reviews）是佩里中心的旗舰出版物。SDSR 包含各种主题的文章：国际安全、西半球事务、国别研究和区域历史观点。每期都包含各种学术文章、顶级政策制定者和安全从业者的评论，以及佩里中心社区感兴趣的作品的书评。

网址：https://williamjperrycenter.org/

邮箱：chdsacademics@ndu.edu

4. 美国天主教大学拉丁美洲和拉丁美洲裔研究项目（The Catholic University of America, Latin American and Latino Studies Program）

简介：美国天主教大学拉丁美洲和拉丁美洲裔研究是一个多学科项目，专注于理解和研究美洲西班牙裔的经历。具体而言，LALS 侧重于拉丁美洲和加勒比国家、美国的拉丁美洲人以及从殖民时代至今的美洲移民和其他的跨国进程。该计划借鉴了美国天主教大学学者在人类学、艺术、经济学、历史、现代语言、音乐、政治、心理学、社会学、神学和宗教研究等领域的专业知识。

网址：https://arts-sciences.catholic.edu/academics/interdisciplinary/latino-studies/index.html

邮箱：cua-limalibrary@cua.edu

5. 乔治·华盛顿大学巴西问题研究所（The George Washington University, Institute for Brazilian Issues）

简介：巴西问题研究所成立于 1990 年，旨在于不断变化的国际秩序中促进加强美国与巴西的关系。寻求通过与所有相关方，特别是两国商业部门合作促进美巴交往。该研究所负责人是 Kevin Kellbach，是乔治·华盛顿大学商学院拉丁美洲研究中心的主任。

网址：https://www.gwu.edu/~ibi/

（六）**佛罗里达州**（Florida）

1. **佛罗里达国家大学拉丁美洲和加勒比研究中心**（Florida International University, Latin American and Caribbean Center）

简介：佛罗里达国家大学拉丁美洲和加勒比研究中心成立于 1979 年，旨在促进佛罗里达州和整个美国对拉丁美洲和加勒比地区的研究。中心由美国教育部指定，由 Title Ⅵ资助。作为拉丁美洲的国家资源中心，它是该国顶级的拉丁美洲和加勒比地区研究中心之一。该中心的教职员工在移民等领域产生了重要的学术成果：美国与拉丁美洲的关系、美洲的贸易和一体化、土著文化、经济稳定和民主化、可持续发展、宗教、环境技术、艺术和人文学科。

出版物：《工作论文系列》（working paper series）是著名传播学者进行的最先进的研究，旨在促进有利于拉丁美洲和加勒比地区以政策为导向的辩论的科学研究交流。

旗舰出版物《半球》（*Hemisphere*）收录了来自世界各地研究拉丁美洲和加勒比地区的学者的文章。问题围绕与美洲当代相关的一个中心主题展开，重点是社会科学。每期包括专题文章、报告、书评、照片散文和书目更新。

《葡萄牙语杂志》（Portuguese Language Journal）成立于 2006 年，旨在促进和提升葡萄牙语作为世界语言的教学质量。通过年度出版物，该杂志旨在提供一个平台，鼓励葡萄牙语教师之间的合作、研究和思想交流。

网址：https://lacc.fiu.edu/

邮箱：lacc@fiu.edu

2. **佛罗里达大学拉丁美洲研究中心**（University of Florida, Center for Latin American Studies）

简介：1930 年佛罗里达大学约翰·J·泰格特校长宣布成立美洲事务研究所（IIAA），这是美国第一个专注于拉丁美洲的研究中心。1962 年，该中心获得了第六批资助，并不断获得资金支持。1963 年 9 月，美洲研究学院更名为拉丁美洲研究中心。UF 教职员工一直是推动全国拉丁美洲研究领域发展的一股力量。1949 年至 1978 年，佛罗里达大学出版社出版了该地区的主要书目《拉丁美洲研究手册》。

网址：http://www.latam.ufl.edu/academics/latin-american-studies/

邮箱：Communications@latam.ufl.edu

3. 迈阿密大学美国高等研究所（University of Miami, Institute for Advanced Studies of the Americas）

简介：美国高等研究所是连接该地区或迈阿密半球工作的教员和研究生的模范研究所，从而使他们和学校广泛受益于大学合作研究社区的潜力。由领导机构监督的特殊项目包括该研究所为教员和研究生提供的种子和实地研究赠款、作为杰出研究员的 UMIA/L 项目，以及机构建设项目和赠款申请的数据收集。

出版物：《拉丁社区：教育和健康中的种族、性别和阶级》（LatinX Communities: Race, Gender, and Class in Education and Health），《第一批非法移民？ 1808 年至 1860 年美国的非法奴隶贸易》（The First Illegal Immigrants? The Illegal Slave Trade To The U.S., 1808-1860）

网址：https://mia.as.miami.edu/initiatives/latin-american-studies/index.html

邮箱：MIA@miami.edu

（七）乔治亚州（Georgia）

1. 埃默里大学拉丁美洲和加勒比研究项目（Emory University, Latin American and Caribbean Studies Program）

简介：拉丁美洲和加勒比研究项目提供灵活的本科课程，促进学生对拉丁美洲和加勒比地区的文化、历史和当代问题的多学科理解。主修该课程的学生将获得拉丁美洲和加勒比研究学位，专注于给定学科。由于中心课程由各个部门提供，因此该课程可适应个人兴趣。此外，许多学生主修拉丁美洲和加勒比研究以及另一门学科。埃默里大学鼓励学生在拉丁美洲或加勒比地区进行学习，在海外国际项目中心（CIPA）批准的学术课程中度过一个学期。项目本科生拥有许多机会：他们经常与埃默里大学的教师和研究生互动，他们是该地区的专家。此外他们还经常与访问学者、艺术家和政治家会面。该项目定期赞助讲座、研讨会和电影，并鼓励学生在美国和国外实习。

网址：https://history.emory.edu/research/areas-of-study/latin-american.html

邮箱：lacs@emory.edu

2. 佐治亚大学拉丁美洲和加勒比研究所（University of Georgia, Latin American and Caribbean Studies Institute）

简介：佐治亚大学拉丁美洲和加勒比研究所的主要使命是促进对拉丁美洲、加勒比海和美国的拉丁裔的研究、教育、服务。为了实现这一目标，佐治亚大学拉丁美洲和加勒比研究所协调和管理本科和研究生学位课程，以支持该所教师多学科合作，支持和开展与该所使命相关的研究、教育、服务和活动，以及在其预算限制范围内赞助学生和教师，为其提供小额赠款。

网址：http://lacsi.uga.edu/

邮箱：schmaltz@uga.edu

（八）伊利诺伊州（Illinois）

1. 德保罗大学拉丁美洲和拉丁美洲裔研究中心（DePaul University, Center for Latin American and Latino Studies）

简介：该研究中心致力于促进拉丁裔社区赋权和进步的对话。为此，该中心为学生创造学习机会并支持学者的研究，同时与当地、国家和国际研究伙伴建立合作关系。

出版物：《拉丁裔研究》（Latino studies）旨在推进关于拉丁裔在平等、代表性和社会正义方面的生活经历和斗争的跨学科学术研究。该杂志秉承奇卡诺研究和波多黎各研究创始人的激进主义学术传统，批判性地研究美国拉丁裔生活。

《对话》（Diálogo）是拉丁裔研究中心自1996年以来出版的获奖期刊，自2012年以来，每两年出版一次。

网址：https://las.depaul.edu/academics/latin-american-and-latino-studies/Pages/default.aspx

邮箱：csternb1@depaul.edu

2. 芝加哥大学拉丁美洲研究中心（University of Chicago, Center for Latin American Studies）

简介：芝加哥大学拉丁美洲研究中心（CLAS）成立于1968年，旨在提升相关大学对拉丁美洲研究和教学的兴趣，现已发展成为拉丁美洲研究知识交流和创新的场所。

网址：https://www.uchicago.edu/research/center/center_for_latin_american_studies/

邮箱：clas@uchicago.edu

（九）印第安纳州（Indiana）

1. 印第安纳大学巴西研究计划（Indiana University, Brazilian Studies Program）

简介：印第安纳大学巴西研究计划于 2004 年被首次提出，是一项跨学科合作项目，将有兴趣在印第安纳大学分享巴西知识的教师和学生聚集在一起。它计划与葡萄牙密切合作，以文学和文化活动为重点。自 2017 年前总统卢拉被监禁以来，该计划的一个重点是巴西政治以及与巴西学者和活动家的团结倡议。

出版物：《美洲季刊：美洲的政治、商业和文化》(Americas Quarterly: Politics, Business, and Culture in the Americas)，《外交、战略、政治：DEP》(Diplomacia, estratégia, política: DEP)

网址：https://clacs.indiana.edu/research/brazilian-studies.html

邮箱：clacs@indiana.edu

（十）艾奥瓦州（Iowa）

1. 艾奥瓦大学拉丁美洲研究项目（University of Iowa, Latin American Studies Program）

简介：艾奥瓦大学拉丁美洲研究计划（LASP）是针对本科生的、独特的跨学科学习计划。该计划成立于 1978 年，旨在促进中美洲和南美洲、墨西哥和加勒比地区的跨学科教学和研究。拉丁美洲研究计划的教师和学生注重各种学科视角，包括人类学、艺术、历史、政治学、西班牙语和葡萄牙语以及传播学。该计划还赞助讲座、电影系列、展览、会议和圆桌讨论等活动，致力于扩大拉丁美洲研究的研究和教学，并将拉丁美洲研究学者带到校园以促进机构联系。

网址：https://clas.uiowa.edu/latin-american-studies/

邮箱：latinamericanstudies@uiowa.edu

（十一）堪萨斯州（Kansas）

1. 堪萨斯大学拉丁美洲和加勒比研究中心（University of Kansas, Center for Latin American and Caribbean Studies）

简介：拉丁美洲和加勒比研究中心是连接教师、学生，以及来自堪萨斯州、全国和世界各地的社区，进行历史、文化和社会的跨学科研究。目标是成为地区最好的资源模范和该国的卓越典范研究、教育和外联。该研究中心将该地区置于全球对话中，并在校园中推广多元文化。该研究中心也提供了一个良好的环境，重视个体差异，为每个人提供公平的机会来实现学术和职业目标。

网址：https://latamst.ku.edu/

邮箱：latamst@ku.edu

（十二）肯塔基州（Kentucky）

1. 路易斯维尔大学巴西研究项目（University of Louisville, Brazilian Studies Program）

简介：路易斯维尔大学巴西研究项目旨在促进与南美洲最大、人口最多的国家巴西相关的跨学科学习和研究。促进路易斯维尔大学和圣保罗州立大学（UNESP）之间的学术关系，促进路易斯维尔大学对巴西文化和语言的研究。增加进行研究和实习的机会。作为两校学术协议的一部分，该项目接待来到路易斯维尔大学的巴西学生和教师，为路易斯维尔大学的学生和教师提供在巴西学习的机会。作为居住在路易斯维尔大都会地区及其周边地区的巴西国民之间的联络者，该项目为路易斯维尔大学提供与巴西领事馆，美国教育部和巴西教育部密切合作的机会。

网址：https://louisville.edu/brazilianstudies/brazilian-studies-program

邮箱：manuel.medina@louisville.edu

（十三）路易斯安那州（Louisiana）

1. 杜兰大学巴西研究项目（Tulane University, Brazilian Studies Program）

简介：该项目由代表许多学科和观点的多元化学者组成，这些学者因对拉丁美洲的共同兴趣而聚集在一起。该项目的主要目的是促进和鼓励在杜兰大学进行拉丁美洲研究和教学。项目坚持对拉丁美洲进行广泛的定义，包括地理位置、学科、政治和意识形态等多种观点。该项目形成了一个代表广泛思想、兴趣和学科的学者社区，在鼓励采用跨学科方法进行研究的方面做了很多工作，并提供了真正的跨学科精神的典范。该项目是国际拉丁美洲研究界不可分割的一部分，让社区了解拉丁美洲的多元文化，并使整个社区感受到这种重要性。

出版物:《拉丁美洲的困境: 提高税收或债务深渊》(El Dilema de Latinoamérica: Subir Impuestos o el Abismo de la Deuda)《铜和大豆的新黄金时代为南美提供了氧气》(La Nueva Edad de Oro del Cobre y la Soja da Oxígeno a América del Sur)

网址: https://stonecenter.tulane.edu/pages/detail/134/Brazilian-Studies-Program

邮箱: rtsclas@tulane.edu

（十四）马里兰州（Maryland）

1. 约翰·霍普金斯大学拉丁美洲研究项目（Johns Hopkins University, Latin American Studies Program）

简介: 约翰·霍普金斯大学拉丁美洲研究项目促进对拉丁美洲和加勒比海地区以及美国的拉丁裔的历史、文化、社会和政治制度的研究。课程设置和课外活动为本科生和研究生提供了探索该地区丰富的政治、美学和科学传统的机会。利用跨学科的教师专业知识，该项目旨在为拉丁美洲和加勒比海地区以及美国的拉丁裔的研究提供新视角。该项目还负责协调拉丁美洲研究的本科辅修课程，以通过课程作业和课外计划加深学生对拉丁美洲的兴趣和理解，鼓励和支持希望在拉丁美洲进行暑期研究的学生以及寻求在拉丁美洲大学留学的学生，同时也通过一系列跨学科研讨会和由杰出资深学者参加的座谈会为研究生的专业培训作出贡献。

出版物:《至高无上的喜悦: 非裔墨西哥国王和王后，1539—1640》(Sovereign Joy: Afro-Mexican Kings and Queens, 1539-1640)

网址: https://krieger.jhu.edu/plas/about/

邮箱: plas@jhu.edu

2. 马里兰大学拉丁美洲研究中心（University of Maryland, Latin American Studies Center）

简介: 马里兰大学拉丁美洲研究中心起源于 1969 年的研究中心和学术项目，从那时起，该研究中心就一直是大学里充满活力的研究中心，并在国际上享有盛誉。1996 年，该研究中心创立了本科拉丁美洲研究和加勒比海课程，第一批拉丁美洲研究学生于 1997 年秋季注册。拉丁美洲研究和加勒比研究的使命是建立一个有兴趣学习并积极参与拉丁美洲和加勒比海以及拉丁裔历史、文化的学生和教师社区，为整个大学的学生和教师提供了行政、知识和文化支持。该研究中心也是马里兰大学与整个国家之间的战略联系点。

出版物：《LACS 月度"FYI"公告》（LACS Monthly "FYI" Announcements），《年度通讯出版》（Annual Newsletter Publication）

网址：http://www.lasc.umd.edu/

邮箱：lasc@umd.edu.

（十五）马萨诸塞州（Massachusetts）

1. 哈佛大学大卫·洛克菲勒拉丁美洲研究中心（Harvard University, David Rockefeller Center for Latin American Studies）

简介：大卫·洛克菲勒拉丁美洲研究中心致力于增加师生对拉丁美洲文化、经济、历史、环境和当代事务的了解。该研究中心与剑桥的巴西研究项目和圣保罗的巴西办事处协同工作，为哈佛大学的教职员工和学生分别提供研究、教学和教育机会。大多数项目活动本质上是协作性的，旨在将哈佛的专家和学者与巴西的同行联系起来。

出版物：《拉丁美洲评论》（Harvard Review of Latin），《教师之声播客》（Faculty Voices Podcast），《影响中心报告》（Center-wide impact reports）

网址：https://brazil.drclas.harvard.edu/

邮箱：tiago_genoveze@harvard.edu

（十六）密歇根州（Michigan）

1. 密歇根州立大学拉丁美洲和加勒比研究中心（Michigan State University, Center for Latin American and Caribbean Studies）

简介：密歇根州立大学拉丁美洲和加勒比研究中心旨在促进校园内的跨学科合作并与该地区的机构建立伙伴关系来支持拉丁美洲和加勒比地区的奖学金。该中心专注于拉丁美洲和加勒比地区研究，提供教育交流的新兴机会，并成为该地区对拉丁美洲和加勒比地区研究感兴趣的教师和学生的信息中心。

网址：https://latinamerica.isp.msu.edu/

邮箱：clacs@msu.edu

2. 密歇根大学拉丁美洲和加勒比研究中心（University of Michigan, Center for Latin American and Caribbean Studies）

简介：密歇根大学拉丁美洲和加勒比研究中心致力于促进师生对该地区历史、文化和人民的更广泛和更深入的了解。该中心为教师、学生和社区提供了一个学习和分享知识的场所，并与校园内的许多单位合作开展项目。

出版物：《电子报告 2017—2020》（Newsletter 2017-2020）

网址：https://ii.umich.edu/lacs/brazil-initiative.html

邮箱：lacs.office@umich.edu

（十七）新罕布什尔州（New Hampshire）

1. 达特茅斯学院拉丁美洲裔和加勒比研究中心（Dartmouth College, Center for Latin American, Latino, and Caribbean Studies）

简介：该中心成立于 1769 年，致力于为学生、教职员工营造一个合作的环境，让他们能够创作和分享有关拉丁美洲语言、文化、社会、政治、地理的知识和故事，在研究生教育、学生独立研究、国际理解和社区服务方面有突出的贡献。

出版物：《精选问答：智利的预算对博里奇的优先事项有何看法？》（FEATURED Q&A What Does Chile's Budget Say About Boric's Priorities?），《新法律会降低智利的犯罪和不安吗？》（Will New Laws Lower Crime and Insecurity in Chile?），《为了上帝和自由：大西洋世界的天主教和革命，1790—1861》（For God and Liberty: Catholicism and Revolution in the Atlantic World, 1790-1861）

网址：https://lalacs.dartmouth.edu/

邮箱：Latin.American.Latino.and.Caribbean.Studies@Dartmouth.EDU

（十八）新泽西州（New Jersey）

1. 普林斯顿大学拉丁美洲研究项目（Princeton University, Program in Latin American Studies）

简介：普林斯顿大学拉丁美洲研究项目于 1967 年秋季启动，是美国第一个专门致力于拉丁美洲地区研究的项目。该项目的核心使命是增加师生对拉丁美洲（包括巴西和加勒比地区）的历史、文化、经济和环境的了解，将拉丁美洲学者、艺术家、政治家和科学家带到校园，并为该地区的合作研究、社区服务和文化交流提供支持，以促进整个美洲的合作与理解。

网址：https://plas.princeton.edu/

邮箱：plas@princeton.edu

2. 罗格斯大学拉丁美洲研究中心（Rutgers University, Center for Latin American Studies）

简介：罗格斯大学拉丁美洲研究中心的使命是在泛美洲地区及周边地区提供教学、研究和服务，通过课程、学习计划和课外活动帮助学生和教师更好地了解这个复杂地区的多元文化和悠久历史，以及美国和拉丁美洲紧密相连的许多方面。罗格斯大学的教师和学生对拉丁美洲的文化、社会、政治、经济、环境和生态等领域提出了许多新见解。

出版物：《镜子游戏：美洲民族种族结构和语言的变化面貌》（A Game of Mirrors: The Changing Face of Ethno-racial Constructs and Language in the Americas），《农业共和国：萨尔瓦多的商业农业和政治 1823—1914》（An Agrarian Republic: Commercial Agriculture and the Politics of Peasant Communities in El Salvador, 1823-1914），《美洲原住民年鉴：殖民地的墨西哥纳瓦人如何保持他们的历史活着》（Annals of Native America: How the Nahuas of Colonial Mexico Kept Their History Alive）

网址：https://clas.rutgers.edu/

邮箱：uberg@rci.rutgers.edu

（十九）新墨西哥州（New Mexico）

1. 新墨西哥大学拉丁美洲和伊比利亚研究所（University of New Mexico, Latin American and Iberian Institute）

简介：新墨西哥大学拉丁美洲和伊比利亚研究所在新墨西哥大学内部促进相关地区的文化、语言、历史和社会的研究与教育，并努力与合作伙伴分享新墨西哥大学的专业知识和资源。该研究中心的努力得到了新墨西哥大学学者和社区的肯定，其主要研究对象是墨西哥、中美洲、南美洲、讲西班牙语的加勒比地区、西班牙和葡萄牙。

出版物：《中部新闻》（NotiCen），《南部新闻》（NotiSur），《墨西哥资源》（SourceMex）

网址：https://laii.unm.edu/

邮箱：laii@unm.edu

（二十）纽约州（New York）

1. 哥伦比亚大学拉丁美洲研究所（Columbia University, Institute of Latin American Studies）

简介：哥伦比亚大学拉丁美洲研究所下设巴西研究中心、墨西哥和中美洲研究中心、大加勒比研究中心、古巴研究中心、阿根廷研究中心。巴西研究中心成立于 2001 年，旨在为学者和学生提供一个分享巴西研究、争取奖学金的场所，主要学术使命为激发研究和辩论、创建公共编程和为学生提供在巴西从事研究和实习的旅行补助机会。

出版物：《哥伦比亚巴西历史、劳工联合、政党联合以及拉丁美洲市场改革》（Columbia Brazil History, Labor Unions, Partisan Coalitions, and Market Reforms in Latin America）

网址：https://ilas.columbia.edu/

邮箱：ilas-info@columbia.edu

2. 康奈尔大学拉丁美洲和加勒比研究项目（Cornell University, Latin American Studies Program）

简介：拉丁美洲和加勒比研究项目是康奈尔大学拉丁美洲和加勒比地区研究、教学和活动的焦点，创立于 1961 年。该研究计划对拉美的人文、科学和社会科学进行教学研究，通过组织校园活动将教师、学生和康奈尔社区聚集在一起，扩大了拉丁美洲和加勒比地区在康奈尔的知识存在。

出版物：《新自由主义时代拉丁美洲政党制度的转变》（Changing Course in Latin America Party Systems in the Neoliberal Era），《新自由主义之后？左翼与拉丁美洲的经济改革》（After Neoliberalism? The Left and Economic Reforms in Latin America）

网址：https://lasp.einaudi.cornell.edu/

邮箱：lasp@einaudi.cornell.edu

3. 纽约大学拉丁美洲和加勒比研究中心（New York University, Center for Latin American and Caribbean Studies）

简介：拉丁美洲和加勒比研究中心成立于 1966 年，是纽约大学第一个地区研究中心，也是美国如今首屈一指的研究中心之一。该中心在国内和国际上的声誉源于其约 130 名从事研究的附属教师的实力，其中包括国家专业协会主席，国家学院院士，普利策奖决赛入围者，洛克菲勒、麦克阿瑟和其他著名奖学金和荣誉的获得者。拉丁美洲和加勒比研究中心与哥伦比亚大学拉丁美洲研究所一起，通过 Title Ⅵ 外语和区域研究奖学金计划获得联邦资助。拉丁美洲和加勒比研究中心支持国外的教师和学生开展三个区域研究计划：加勒比倡议、安第斯倡议和巴西倡议。

网址：https://as.nyu.edu/clacs.html

邮箱：clacs.director@nyu.edu

（二十一）北卡罗来纳州（North Carolina）

1. 杜克大学拉丁美洲和加勒比研究中心（Duke University, Center for Latin American and Caribbean Studies）

简介：杜克大学拉丁美洲和加勒比研究中心支持师生对拉丁美洲和加勒比地区的研究、教学和学习，将拉丁美洲和加勒比地区的学者和从业者带到杜克大学，开展拉丁美洲和加勒比海地区的课程，在校园内组织和赞助讲座和会议，从而为对拉丁美洲和加勒比地区研究感兴趣的学生、教师和社区成员创造一个支持性、智力性和跨学科的环境。

出版物：《海地仍处于危机之中》（Haiti remains in crisis），《美国需要认真对待拉丁美洲》（The United States Needs to Get Serious About Latin America）

网址：https://latinamericancaribbean.duke.edu/

邮箱：las@duke.edu

2. 北卡罗来纳大学美洲研究所（University of North Carolina, Institute for the Study of the Americas）

简介：北卡罗来纳大学美洲研究所致力于追求拉丁美洲经验知识。通过课堂教学、外展计划、研究以及前往拉丁美洲进行实地考察和学习，为学生提供多方面的经验，以便在世界日益重要的地区发展专业知识。

拉丁美洲研究专业提供跨学科培训和知识，使学生能够继续在研究生院和专业学校学习，并在教育、商业、公共卫生、法律、通信和政府等公共和私营部门的职业生涯中取得成功。

网址：https://isa.unc.edu/

邮箱：perez@email.unc.edu

（二十二）俄亥俄州（Ohio）

1. 俄亥俄州立大学拉丁美洲研究中心（The Ohio State University, Center for Latin American Studies）

简介：俄亥俄州立大学是美国最大的研究和教学机构之一，其全球战略将中西部与国家整体连接起来，将地方与世界联系起来。俄亥俄州立大学拉丁美洲研究中心成立于1962年，使命是服务、促进和激发俄亥俄州立大学教师和学生在涉及拉丁美洲事务中的教学、研究和知识兴趣。此外，该中心还开展有意义的外展计划，以增强公众对该地区政治、商业、经济、文化、文学和艺术的知识和理解。拉丁美洲研究中心是国际事务办公室的一部分。

网址：https://clas.osu.edu/

邮箱：clas@osu.ed

（二十三）宾夕法尼亚州（Pennsylvania）

1. 宾夕法尼亚大学拉丁美洲和拉丁美洲裔研究中心（University of Pennsylvania, Center for Latin American and Latino Studies）

简介：宾夕法尼亚大学拉丁美洲和拉丁美洲裔研究中心是一个跨学科的研究和教学中心，用于研究拉丁美洲和拉丁裔人口，提供人力和智力资本以应对拉丁美洲和拉丁裔人口在21世纪将面临的挑战和机遇。

网址：https://lals.sas.upenn.edu/

邮箱：lals@sas.upenn.edu

2. 匹兹堡大学拉丁美洲研究中心（University of Pittsburgh, Center for Latin American Studies）

简介：匹兹堡大学拉丁美洲研究中心为学生提供最高质量的多学科学术培

训计划，以补充学科或专业学位。该中心提供研究生和本科跨学科证书，与拉丁美洲研究相关的本科相关专业，以及学生专业领域的学术或专业学位，为学生提供了双重专业知识。拉丁美洲考古学计划是匹兹堡大学的重点，由人类学系管理，在匹兹堡大学拉丁美洲研究中心的支持下开展研究、培训和出版。

出版物：《拉丁美洲考古学回忆录》（Latin American Archeology Publications），《照明：美洲的文化形态系列》（Illuminations: Cultural Formations of The Americas），《玻利维亚研究杂志》（Bolivian Studies Journal），《古巴研究》（Cuban Studies），《拉丁美洲考古学出版物》（Latin American Archeology Publications），《拉丁美洲文学评论》（Catedral Tomada. Revista de crítica literaria latinoamericana）

网址：https://www.ucis.pitt.edu/clas/brazil

邮箱：clas@pitt.edu

（二十四）罗得岛州（Rhode Island）

1. 布朗大学葡萄牙语和巴西研究系（Brown University, Pepartment of Portuguese and Brazilian Studies）

简介：在布朗大学以社区为导向的葡萄牙语和巴西研究系里，语言、文学和文化是通往广阔、充满活力的葡语世界的门户。在过去的40年里，该中心因在葡语世界的研究和教学方面的卓越表现而享誉国内外。1991年，前中心被授予多学科部门的地位，并拥有了葡语—巴西研究博士学位点，主要侧重于语言、文学和文化，但包括历史和社会科学的跨学科部分，也是该单位硕士和学士课程的内容。

出版物：《巴西：巴西文学杂志》（BRASIL/BRAZIL: A Journal of Brazilian Literature），《葡萄牙历史电子期刊》（e-Journal of Portuguese History），《葡裔美国人文学和研究双语期刊》（Gávea-Brown: A Bilingual Journal | Revista Bilingue），《复数人称》（Pessoa Plural），《葡语研究杂志》（Journal of Lusophone Studies）

网址：https://www.brown.edu/academics/portuguese-brazilian-studies/

邮箱：pobs@brown.edu

（二十五）田纳西州（Tennessee）

1. 范德堡大学拉丁美洲，加勒比海和拉丁裔研究中心（Vanderbilt University, Center for Latin American, Caribbean, and Latinx Studies）

简介：范德堡大学拉丁美洲，加勒比海和拉丁裔研究中心促进研究和公众参与，以地理学、语言学、阶级、种族和移民为中心。作为一个跨学科的研究领域，该研究中心培养学生以多种语言进行比较和批判性思考的能力，让他们与西半球最大的人口群体互动，使其有望在全球市场获得成功。

网址：https://as.vanderbilt.edu/clas/regional-specialities/brazilian-studies-and-portuguese/

邮箱：edward.f.fischer@vanderbilt.edu

（二十六）得克萨斯州（Texas）

1. 得克萨斯大学奥斯汀分校特蕾莎·洛萨诺·朗拉丁美洲研究所（The University of Texas at Austin, Teresa Lozano Long Institute of Latin American Studies）

简介：得克萨斯大学奥斯汀分校拉丁美洲研究所作为拉丁美洲研究国家资源中心，得到了美国教育部的支持，提供拉丁美洲地区研究和语言的培训和公众参与计划。2011年，该研究中心与内蒂·李·本森拉丁美洲收藏馆建立了合作伙伴关系，内蒂·李·本森拉丁美洲收藏馆是全球首屈一指的拉丁美洲和美国拉丁裔资料库之一，拥有世界上最大的拉丁美洲研究数字资产收藏，其中包括人权、土著语言领域的独特档案以及在美洲出版的第一本书。

出版物：《门户》（Portal）

网址：https://liberalarts.utexas.edu/llilas/index.php

邮箱：ssharpe@austin.utexas.edu

（二十七）犹他州（Utah）

1. 犹他大学拉丁美洲研究中心（The University of Utah, Center for Latin American Studies）

简介：犹他大学拉丁美洲研究中心是第六批国家资源中心，涉及教学、研究和社区活动方面。该研究中心与全球参与办公室、辛克利政治学院、世界语言与文化系、第二语言教学与研究中心以及许多单独的部门和学院合作，以开展拉丁美洲相关课程、公共活动、会议、出国留学和实习计划。

出版物：《话语与不平等：拉美民主册贫穷与政治参与》（Voice and Inequality: Poverty and Political Participation in Latin American Democracies）

网址：https://latin-american-studies.utah.edu/

邮箱：ias@utah.edu

（二十八）威斯康星州（Wisconsin）

1. 威斯康星大学麦迪逊分校拉丁美洲、加勒比和伊比利亚研究中心
（University of Wisconsin, Madison, Latin American, Caribbean and Iberian Studies）

简介： 威斯康星大学麦迪逊分校拉丁美洲、加勒比和伊比利亚研究中心作为第六批国家资源中心和学术计划的使命是：培训拉丁美洲、加勒比地区和伊比利亚的学术、政府和私营部门专家；支持对该地区感兴趣的学生和教师的智力发展和跨文化知识的培育；作为地方、区域和国家资源中心，为其他大学单位、K-12 教育工作者、政府、社区和商业园区提供支持和信息。

网址：https://lacis.wisc.edu/

邮箱：lacis@lacis.wisc.edu

二 智库机构（Think Tanks）

（一）布鲁金斯学会（BROOKINGS Institution）

简介： 布鲁金斯学会是一家位于华盛顿特区的非营利性公共政策组织，旨在进行深入研究，为解决地方、国家和全球层面的社会问题提供新想法。布鲁金斯学会会集了来自世界各地 300 多名政府和学术界的领先专家，就各领域公共政策问题提供最高质量的研究、分析和政策建议。

主要栏目：混沌的秩序（Order from chaos）

出版物：《乌克兰的起义，俄罗斯的复仇》（Ukraine's Revolt, Russia's Revenge）

主要论文：《巴西的反民主情绪沸腾》（Anti-democratic sentiment boils over in Brazil），《民主胜利之后，巴西的前进道路是什么？》（After a victory for democracy, what is Brazil's road ahead?)

研究专家：奥塔维亚诺·卡努托（Otaviano Canuto）、万达·费尔巴布 - 布朗（Vanda Felbab-Brown）、泰德·皮科内（Ted Piccone）

网址：https://www.brookings.or.us/

巴西研究成果链接：https://www.brookings.edu/topic/brazil/

（二）外交关系委员会（Council on Foreign Relations, CFR）

简介：外交关系委员会成立于 1921 年，是一个独立的、无党派的会员组织、智囊团和出版商，致力于为其成员、政府官员、企业高管、记者、教育工作者、学生和宗教领袖以及其他感兴趣的公民提供资源，以帮助他们更好地了解美国和其他国家面临的外交政策选择，在政策问题上不预设任何机构立场。

出版物：《外交事务》（Foreign Affairs）

网址：https://www.cfr.org/

巴西研究成果链接：https://www.cfr.org/americas/brazil

（三）卡内基国际和平基金会（Carnegie Endowment For International Peace，CEIP）

简介：卡内基国际和平基金会创立于 1910 年，致力于进行战略思考和独立分析，支持外交活动，培训下一代国际关系从业人员，帮助相关机构应对最困难的全球问题，推动维护世界和平。该基金会的诸多研究领域和成果涉及拉丁美洲和巴西。

出版物：《关键国家：美国是否忽视了墨西哥的潜力？》（Pivotal States: Is the United States Overlooking Mexico's Potential? ），《欧洲的贸易野心成为现实》（Europe's Trade Ambitions Hit Reality）

网址：https://carnegieendowment.org/

拉美研究成果链接：https://carnegieendowment.org/regions/116

（四）战略与国际问题研究中心（Center for Strategic and International Studies，CSIS）

简介：战略与国际问题研究中心是一个非营利性政策研究机构，致力于提出实用的想法，以应对世界上最大的挑战。该研究中心的宗旨是规划国家安全的未来，以一套独特的价值观为指导——无党派、独立思考、创新思维、跨学科学术、诚信和专业精神以及人才发展，朝着实现影响现实世界的目标而工作。

战略与国际研究中心的学者将他们的专业政策知识、判断力和强大的网络带到他们的研究、分析和建议中，定期组织会议、出版、演讲和媒体发言，旨在提高相关人员和感兴趣的公众认识政策问题的重要性。

研究专家：瑞安·伯格（Ryan C. Berg）、丹尼尔·朗德（Daniel F. Runde）、罗米娜·班杜拉（Romina Bandura）

网址：https://www.csis.org/

拉美研究成果链接：https://www.csis.org/regions/americas/south-america

（五）兰德公司（RAND Corporation）

简介：兰德公司是一个非营利性研究组织，致力于开发应对公共政策挑战的解决方案，通过研究和分析，帮助改善政策，使世界各地的社区变得更安全、更有保障、更健康、更繁荣。作为一个无党派组织，兰德公司因独立于政治和商业压力而受到广泛尊重，其核心价值观是高质量和客观。

出版物：《兰德摘要选编》（Selected RAND Abstracts）

网址：https://www.rand.org/

巴西研究成果链接：https://www.rand.org/topics/brazil.html

（六）卡托研究所（Cato Institute，CATO）

简介：40多年来，卡托研究所一直领导着美国和世界各地的自由运动，是一个公共政策研究组织或智囊团，在政策辩论中创造新思想并推广自由意志主义。其使命是发起、传播和推进基于个人自由、有限政府、自由市场与和平原则的解决方案。

特别栏目：《政策播报》（Policy Report），《经济政策简略调研》（Research Briefs in Economic Policy），《政策分析》（Policy Analysis），《简报》（Briefing Paper）

巴西研究专家：丹尼尔·瑞斯贝格（Daniel Raisbeck）、胡安·卡洛斯·伊达尔戈（Juan Carlos Hidalgo）

网址：http://www.cato.org/

（七）传统基金会（The Heritage Foundation，HF）

简介： 传统基金会的使命是制定和促进基于自由企业、有限政府、个人自由、美国传统价值观和强大国防原则的公共政策，其战略重点是为美国的未来而战。

南美研究专家：皮特·斯通格（Peter St Onge）

特别栏目：针对每天的新闻进行时事评论

网址：http://www.heritage.org/

（八）伍德罗·威尔逊国际学者中心（Woodrow Wilson International Center for Scholars，WWICS）

简介： 伍德罗·威尔逊国际学者中心于 1968 年由国会特许成为伍德罗·威尔逊总统的官方纪念馆，是美国主要的无党派政策论坛，通过独立研究和公开对话解决全球问题，为政策界提供可行的想法。威尔逊中心为目前美国面临的最紧迫的政策挑战带来了深厚的专业知识，提供了新的思考方向。该中心定期召集学者们，就国会、政府和国际政策界可以采取的行动进行全球思想对话。

出版物：《在地平线上》（On The Horizon）

巴西研究专家：研究所所长布努纳·桑多斯（Bruna Santos）、研究员安娜·尼尔森（Ana Janaina Nelson）、研究员保罗·索得都（Paulo Sotero）、研究员拉奥尼·拉贾奥（Raoni Rajão）、研究员宝拉·塔瓦雷斯（Paula Tavares）

网址：http://www.wilsoncenter.org/

巴西研究成果链接：https://www.wilsoncenter.org/program/brazil-institute

巴西报告：https://www.wilsoncenter.org/person/the-brazilian-report

（九）彼得森国际经济研究所（Peterson Institute for International Economics，PIIE）

简介： 彼得森国际经济研究所是一个独立的非营利、无党派的研究机构，致力于通过专家分析和实用政策解决问题，从而推动全球经济繁荣、谋求人类福利。该所试图预测即将出现的新问题，并以有用的、易于理解的方式提出想法，为公众辩论提供信息和对策，其受众包括政府官员、立法者、商业和劳工领袖、国际组织的管理层和工作人员、大学学者及其学生、其他研究机构和非政府组织的专家、媒体以及广大公众。

特别栏目：政策简报

研究专家：莫妮卡·德·博勒（Monica de Bolle）

网址：https://www.piie.com/

（十）美国企业公共政策研究所（American Enterprise Institute for Public Policy Research，AEI）

简介：美国企业公共政策研究所是一个公共政策智囊团，致力于捍卫人类尊严，挖掘人类潜力，建设一个更自由、更安全的世界。该研究所学者和工作人员的工作推进了植根于民主、自由事业、美国实力和全球领导地位、团结社会边缘人以及多元化创业文化的信念。

特别栏目：《报告》（Report）

网址：https://www.aei.org/

（十一）美国进步中心（Center for American Progress，CAP）

简介：美国进步中心是一个独立的无党派政策研究所，致力于通过大胆的、进步的想法与强有力的领导和协调一致的行动来改善所有美国人的生活。

出版物：《为美国和巴西在亚马孙地区的行动制定新路线》（Charting a New Course for U.S.-Brazil Action on the Amazon），《特朗普在巴西的利益冲突》（Trump's Conflicts of Interest in Brazil）

研究专家：乔尔·马丁内斯（Joel Martinez）、弗朗西丝·科隆（Frances Colón）、迈克尔·沃兹（Michael Werz）、罗伯特·本森（Robert Benson）

网址：https://www.americanprogress.org/

（十二）世界资源研究所（World Resources Institute，WRI）

简介：世界资源研究所在全球和重点国家开展研究，以满足人们的基本需求，寻求保护自然和恢复自然的方法，从而稳定气候并建设更具复原力的社区。

世界资源研究所巴西计划致力于实现可持续发展模式，以科学严谨的态度为基础，建立有价值的伙伴关系，综合创新低碳解决方案，从而保证更加公平的社会和对生态系统的保护。其工作主要分为城市、气候和森林、土地利用和农业项目。

主要栏目：气候、森林、城市

出版物：《亚马孙新经济》（Nova Economia da Amazônia），《巴西新经济：

实证框架和情景分析》（Nova Economia para o Brasil: quadro empírico e análise de cenários），《坎皮纳斯（SP）和地区的自然水基础设施》（Infraestrutura Natural para Água em Campinas（SP）e Região）

主要论文：《结束亚马孙地区的森林砍伐可以增加巴西的国内生产总值——但这并不是这样做的唯一原因》（Ending Deforestation in the Amazon Can Grow Brazil's GDP — But That's Not the Only Reason to Do It）

研究专家：玛丽安娜·奥利维拉（Mariana Oliveira）、拉斐尔·费尔特兰-巴比耶里（Rafael Feltran-Barbieri）、克里斯蒂娜·阿尔伯克基（Cristina Albuquerque）、恩里克·埃弗斯（Henrique Evers）、路易斯·安东尼奥·林道（Luis Antonio Lindau）

网址：https://www.wri.org/

巴西研究成果链接：https://www.wribrasil.org.br/

（十三）北大西洋理事会（Atlantic Council）

简介：北大西洋理事会的艾德丽安·阿什特拉丁美洲中心重点关注该地区发展轨迹的政治、经济和社会问题，提出建设性的、结果导向型的解决方案，为公共部门、企业和多边行动提供信息，以实现更加繁荣、包容和可持续的共同愿景。

主要栏目：巴西、哥伦比亚

主要文章：《女性政治领导力的当务之急：巴西的经验教训》（An Imperative for Women's Political Leadership: Lessons from Brazil），《拜登和卢拉必须讨论加强民主——但这只是开始》（Biden and Lula Must Discuss Fortifying Their Democracies—but That's Just the Start）

研究专家：丹尼尔·马特莱托·戈迪尼奥（Daniel Marteleto Godinho）、阿布拉奥·内托（Abrão Neto）、瓦伦蒂娜·萨德尔（Valentina Sader）

网址：https://www.atlanticcouncil.org

巴西计划链接：https://www.atlanticcouncil.org/programs/adrienne-arsht-latin-america-center/

（十四）人权观察组织（Human Rights Watch）

简介：人权观察组织调查并报告世界各地发生的虐待行为，针对政府、武装团体和企业进行宣传，推动他们改变或执行法律、政策和行为。拒绝政府资助，并仔细审查所有捐赠来源，以确保它们符合组织政策、使命和价值观。

主要报告：《巴西：在线学习工具收集儿童数据》（Brazil: Online Learning Tools Harvest Children's Data），《雨林灰烬》（Rainforest Ashes）

研究专家：玛丽亚·劳拉·卡尼纽（Maria Laura Canineu）、安娜·利维亚·阿里达（Anna Livia Arida）

网址：https://www.hrw.org/

巴西研究中心链接：https://www.hrw.org/americas/brazil

（十五）美洲对话组织（The Dialogue Leadership for The Americas）

简介： 美洲对话组织位于美国首都华盛顿，是一家致力于西半球事务的政策分析、交流和沟通的智库，该组织会集来自美洲各国政府和私人部门的领袖，共同商讨解决西半球的问题和挑战，寻求在美洲各国间建立合作关系，并推动区域内的民主治理、社会平等和经济发展。该组织吸纳了 100 名来自美洲各国的杰出人士作为成员，包括政治、商业、学术界、媒体和非政府组织的领袖们，其中，有 16 位成员曾是国家总统，近 40 位成员曾经在国家内阁工作。该组织是一个非营利机构，资金主要来源于个人，企业，政府和基金会。

出版物：《拉丁美洲顾问》（Latin America Advisor）

网址：https://www.thedialogue.org/

（十六）美国巴西民主网（US Network for Democracy in Brazil）

简介： 美国巴西民主网络是一个分散的、民主的、无党派的全国性网络，旨在让美国公众了解巴西的现状，捍卫巴西的社会、经济、政治和文化进步，支持社会运动、社区组织、非政府组织、大学和活动等。

特别栏目：《民主对话》（Dialogues for Democracy）

网址：https://www.democracybrazil.org/

三　驻巴机构（Instituições no Brasil）

（一）美国驻巴西大使馆（Embaixada dos EUA no Brasil）

简介： 美国是第一个在巴西设立大使馆的国家，美国驻巴西大使馆是美国在巴西派驻的常设外交代表机关，为美国公民和企业提供广泛服务。大使馆的政治、经济和科学官员直接与巴西政府打交道，以维护美国的利益，但也可以向美国公民通报该国的一般情况。大使馆的商业和农业官员与数百家在巴西设有办事处的美国公司密切合作，这些专员为美国提供有关巴西对外贸易和行业立法的信息，并管理各种计划，以帮助美国公司在巴西开办或维持企业。

网址：https://br.usembassy.gov/pt/

优兔主页：https://www.youtube.com/user/EmbaixadaEUA

（二）美国驻圣保罗总领事馆（Consulado Geral dos EUA em São Paulo）

简介：1915 年 7 月 3 日，美国驻圣保罗总领事馆成立。作为美国驻巴西代表团的一部分，美国驻圣保罗总领事馆致力于保护美国公民的福祉，代表美国的利益，促进更好的双边关系，并增进两国人民之间的友谊。

网址：https://br.usembassy.gov/pt/embassy-consulates-pt/saopaulo/

（三）美国驻里约热内卢总领事馆（Consulado Geral dos EUA Rio de Janeiro）

简介：美国驻里约热内卢总领事馆成立于 1971 年 11 月，负责广泛的领事和商业职能，并协调美国政府在其领事区的活动，该领事区涵盖里约热内卢州、圣埃斯皮里图州和巴伊亚州。

网址：https://br.usembassy.gov/pt/embassy-consulates-pt/riodejaneiro/

（四）美国驻累西腓总领事馆（Consulado Geral dos EUA em Recife）

简介：美国驻累西腓总领事馆成立于 1815 年，是美国在巴西历史最悠久的外交机构，该馆领区包括塞尔希培州、阿拉戈斯州、伯南布哥州、帕拉伊巴州、北里奥格兰德州、塞阿拉州、皮亚伊州和马拉尼昂州。

网址：https://br.usembassy.gov/pt/embassy-consulates-pt/recife/

（五）美国驻阿里格雷港总领事馆（Consulado Geral dos Estados Unidos em Porto Alegre）

简介：1835 年，美国在南里奥格兰德州设立了领事机构，为美国和巴西之间的贸易提供便利，并为港口的美国商人提供服务。该领事馆致力于支持美国发展与巴西南部的关系。

网址：https://br.usembassy.gov/pt/embassy-consulates-pt/consulado-geral-dos-estados-unidos-em-porto-alegre/

（六）美国驻贝洛奥里藏特大使馆办公室（Escritório da Embaixada dos EUA em Belo Horizonte）

简介：美国驻贝洛奥里藏特大使馆办公室旨在增进美国和米纳斯吉拉斯之间的了解交流，维护和加强两国之间牢固的友谊纽带。

网址：https://br.usembassy.gov/pt/embassy-consulates-pt/escritorio-da-embaixada-dos-eua-em-belo-horizonte/

（七）巴西—美国商会（Amcham-Brazil）

简介：巴西—美国商会成立于1919年，是巴西最大的商会组织，也是美国最大的海外商会。该商会的使命是：通过为会员提供政策咨询、信息共享、会员联谊以及商务支持服务，协助美国企业在巴西业务取得成功。该商会在13个州设立了16个办事处，拥有3500多家会员企业，成员企业产值占巴西国内生产总值的33%。

网址：https://www.amcham.com.br/

四　重要学者（Pesquisadores）

（一）历史领域

1. 斯图尔特·施瓦茨（Stuart Schwartz）

简介：耶鲁大学历史学教授，拉丁美洲和伊比利亚研究委员会主席。

研究领域：拉丁美洲殖民地历史、巴西和早期现代扩张的历史。

代表作：《巴西殖民地时期的主权与社会》（Sovereignty and Society in Colonial Brazil），《巴西社会形成中的甘蔗种植园》（Sugar Plantations in the Formation of Brazilian Society），《巴洛克巴西的总督和他的形象》（A Governor and His Image in Baroque Brazil）

邮箱：stuart.schwartz@yale.edu

2. 约瑟夫·霍尔布鲁克（Joseph Holbrook）

简介：迈阿密戴德学院历史系教授，佛罗里达国家大学历史系兼职讲师，史蒂文·格林国际与公共事务学院成员。

研究领域：20 世纪古巴和巴西的比较历史，哥伦比亚和巴西的宗教多元化和民主。

代表作：《拉丁美洲天主教学生运动：古巴和巴西，19 世纪 20 年代至 19 世纪 60 年代》（Catholic Student Movements in Latin America: Cuba and Brazil, 1920s to 1960s），《巴西天主教大学学生运动，1956—1966》（The Catholic University Student Movement in Brazil，1956-1966）

邮箱：jholbroo@fiu.edu

3. 丹尼尔·鲁德（Daniel B. Rood）

简介：佐治亚大学历史学副教授。

研究领域：西洋奴隶制的历史。

研究成果：《死亡沼泽：奴隶制、巴西面粉贸易和战前弗吉尼亚州消失的磨坊之谜》（Bogs of Death: Slavery, the Brazilian Flour Trade, and the Mystery of the Vanishing Millpond in Antebellum Virginia），《国际收获：奴隶制、弗吉尼亚—巴西的联系和麦考密克收割机的制作》（An International Harvest: Slavery, the Virginia-Brazil Connection, and the Making of the McCormick Reaper）

邮箱：danrood@uga.edu

4. 让·赫布拉德（Jean M. Hébrard）

简介：巴黎高等社会科学学院巴西当代研究中心的联合主任，也是约翰斯·霍普金斯大学（历史系）的客座教授。

研究领域：巴西历史。

研究成果：《巴西的奴隶制：巴西学者参与关键的解释辩论》（Slavery in Brazil: Brazilian Scholars in the Key Interpretive Debates），《青年读者的三个形象：文化史视角下的识字与学校教育》（Três figuras de jovens leitores: alfabetização e escolarização do ponto de vista da historia cultural）

邮箱：jhebrard@jhu.edu

5. 苏安·考菲尔德（Sueann Caulfield）

简介：密歇根大学历史学副教授，目前正在研究 20 世纪巴西合法性概念的社会史。

研究领域：拉丁美洲和巴西，历史、性别、性行为。

研究成果：《捍卫荣誉：20 世纪初巴西的道德、现代性和国家》（In Defense of Honor: Morality, Modernity, and Nation in Early Twentieth-Century Brazil），《1920—1940 年里约热内卢不断变化的自由和童贞政治》（The Changing Politics of Freedom and Virginity in Rio de Janeiro，1920-1940）

邮箱：scaul@umich.edu

6. 金·巴特勒（Kim Butler）

简介：罗格斯大学拉丁美洲研究中心副教授。

研究领域：非洲侨民历史、巴西、种族和身份政治。

研究成果：《想象中的侨民：大西洋黑人和巴西黑人历史》（Diásporas Imaginadas: Atlântico Negro e Historias Afro-Brasileiras）《给予自由，赢得自由：废除死刑后的非裔巴西人 圣保罗和萨尔瓦多》（Freedoms Given, Freedoms Won: Afro-Brazilians in Post-Abolition Sao Paulo and Salvador）

邮箱：kbutler@africana.rutgers.edu

7. 艾米·查兹克尔（Amy Chazkel）

简介：巴西历史学家，耶鲁大学历史学博士，哥伦比亚大学城市研究系副教授。

研究领域：大西洋世界的城市人文、法律和社会、犯罪和正义、警务、奴隶制、废奴和废奴后社会研究。

研究成果：《机会法则：巴西的秘密彩票和巴西现代公共生活的形成》（Laws of Chance: Brazil's Clandestine Lottery and the Making of Urban Public Life），《里约读者：历史、文化、政治》（The Rio de Janeiro Reader: History, Culture, Politics）

邮箱：ac2227@columbia.edu

8. 迪伦·罗宾斯（Dylon Robbins）

简介：纽约大学副教授，拉丁美洲和加勒比研究中心（CLACS）主任，意大利佛罗伦萨纽约大学 Villa La Pietra 客座研究员，法国图尔弗朗索瓦·拉伯雷大学和哈佛大学浪漫语言文学系客座教授。

研究领域：加勒比海和巴西的电报、领土、帝国和侨民想象，以及 20 世纪初巴西的精神写作和音韵学。

研究成果：《吉伦·兰德里安》（Guillén Landrián），《拉丁美洲的可听地理：种族和地方的声音》（Audible Geographies in Latin America: Sounds of Race and Place）

邮箱：dylon.robbins@nyu.edu

9. 斯坦利·布莱克（Stanley Blake）

简介：纽约州立大学石溪分校历史学博士，俄亥俄州立大学历史学副教授。

研究领域：现代巴西和拉丁美洲历史、拉丁美洲的种族和民族认同以及拉丁美洲的政治和经济史。

研究成果：《诺德斯蒂诺的发明：种族、地区和国家，1850—1945》（The Invention of the Nordestino: Race, Region, and the State，1850-1945），《巴西东北部的政治，1925—1945》（The Politics of Northeastern Brazil，1925-1945），《Nordestinos 的医疗化：1889—1930 年巴西东北部的公共卫生和区域认同》（The Medicalization of Nordestinos: Public Health and Regional Identity in Northeastern Brazil，1889-1930）

邮箱：blake.166@osu.edu

10. 扎卡里·摩根（Zachary R.Morgan）

简介：佛罗里达大学比较学系副教授，布朗大学历史系博士，曾在宾夕法尼亚州立大学、波士顿学院和威廉帕特森大学的历史和非裔美国人研究系以及新墨西哥大学的美国研究系任教。

研究领域：种族、废奴和奴隶制，19、20 世纪初的巴西以及整个美洲的非洲侨民。

研究成果：《鞭打的遗产：巴西海军和大西洋世界的种族和体罚》（Legacy of the Lash: Race and Corporal Punishment in the Brazilian Navy and the Atlantic World），《废奴时代的强迫劳动：巴西漫长的 19 世纪的蒙蔽隔离》（Forced Labor in the Age of Abolition: Masking Segregation in Brazil's Long Nineteenth Century）

邮箱：morgan.1942@osu.edu

11. 罗基纳尔多·费雷拉（Roquinaldo Ferreira）

简介：宾夕法尼亚大学亨利·查尔斯·利（Henry Charles Lea）历史学教授，曾在弗吉尼亚大学和布朗大学任教，并担任瓦斯科·达伽马主席与任奴隶制与正义研究中心（CSSJ）的副主任。曾在安哥拉罗安达的阿戈斯蒂尼奥·内托大学、瑞士日内瓦的国际与发展高等学院和法国巴黎高等社会科学学院担任客座教授。

研究领域：非洲、大西洋和巴西历史。

研究成果：《大西洋世界的跨文化交流：奴隶贸易时代的安哥拉和巴西》（Cross-Cultural Exchange in the Atlantic World: Angola and Brazil during the Era of the Slave Trade）

邮箱：rfer@sas.upenn.edu

12. 梅丽莎·特谢拉（Melissa Teixeira）

简介：现代巴西的历史学家，对法律史和经济生活史感兴趣，普林斯顿大学历史学博士，哈佛大学经济学、历史学和政治学的博士后研究员。

研究领域：巴西与拉丁美洲和更广泛的葡语世界的历史、经济史和经济思想史、宪政和法律史、社会科学史、全球史以及撰写比较史和跨国史时出现的方法论问题。

研究成果：《第三条道路：巴西和葡萄牙》（A Third Path: Corporatism in Brazil and Portugal），《两次世界大战期间社团主义转向中的法律和法律网络：巴西和葡萄牙的案例》（Law and Legal Networks in the interwar Corporatist Turn: The Case of Brazil and Portugal），《制定巴西新政：奥利维拉·维亚纳和巴西社团主义实验的跨国来源》（Making a Brazilian New Deal: Oliveira Vianna and the Transnational Sources of Brazil's Corporatist Experiment）

邮箱：mteixeir@sas.upenn.edu

（二）地理领域

1. 罗伯特·沃克（Robert T. Walker）

简介：佛罗里达大学地理系教授，热带保护与发展项目核心成员，拉丁美洲研究中心教授。

研究领域：巴西、墨西哥、厄瓜多尔的地理空间分析与技术，全球环境与社会变革。

研究成果：《巴西亚马孙地区的土地掠夺：在政府批准下窃取公共土地、农艺或有争议的土地变更？》(Land grabbing in the Brazilian Amazon: Stealing public land with government approval, Agronomic or contentious land change?)，《巴西东部亚马孙地区的纵向分析》(A longitudinal analysis from the Eastern Brazilian Amazon)

邮箱：roberttwalker@ufl.edu

2. 胡安·伊格纳西奥·阿博莱达 (Juan Ignacio Arboleda)

简介：安第斯大学地理学硕士，专门研究现代拉丁美洲，特别是哥伦比亚和巴西，主要研究 20 世纪最后几十年拉丁美洲制宪进程和建立直接民主参与机制的广泛民众参与。

研究领域：拉丁美洲历史，20 世纪，社会和文化史，宪政主义。

邮箱：jiarbol@upenn.edu

（三）生态领域

1. 苏珊娜·赫克特 (Suzanne Hecht)

简介：加州大学洛杉矶分校拉丁美洲研究所巴西研究中心执行主任、城市规划系教授。

研究领域：政治生态学、亚马孙环境历史。

代表作：《争夺亚马孙与达库尼亚的 "失落的天堂"》(The Scramble for the Amazon and the "Lost Paradise" of Euclides da Cunba Odyssey)，《森林的命运记录了亚马孙进入现代商品和政治循环的过程》(Fate of the Forest Document the Entrance of the Amazon into Modern Circuits of Commodities and Politics)

邮箱：sbhecht@ucla.edu

2. 克林顿·詹金斯 (Clinton Jenkins)

简介：佛罗里达国家大学地球与环境系副教授，金伯利·格林拉丁美洲和加勒比中心成员，史蒂文·格林国际与公共事务学院成员。

研究领域：保护生态学、巴西、大西洋森林、亚马孙、生物多样性和濒危物种、空间分析、保护规划。

代表作:《栖息地破碎化及其对地球生态系统的持久影响》（Habitat fragmentation and its lasting impact on Earth's ecosystems），《亚马孙西部石油和天然气项目：对荒野、生物多样性和土著人民的威胁》（Oil and Gas Projects in the Western Amazon: Threats to Wilderness, Biodiversity, and Indigenous Peoples）

邮箱：Clinton.Jenkins@fiu.edu

3. 埃米利奥·布鲁纳（Emilio M. Bruna）

简介: 佛罗里达大学佛罗里达—巴西联系研究所所长，拉丁美洲研究中心野生动物生态与保护系教授。

研究领域: 巴西（亚马孙、塞拉多）热带保护和生态学、拉丁美洲的科学和科学政策。

代表作:《美国—巴西合作研究：新热带稀树草原的种子捕食和食草：对植物的人口统计有影响吗？》（U.S.-Brazil Collaborative Research: Seed predation and herbivory in Neotropical savannas: Are There Demographic Consequences for Plants?），《可持续社区和景观：一项旨在维持自然生态系统并改善巴西亚马孙和大西洋森林地区当地生计的拟议计划》（Sustainable Communities and Landscapes: A proposed program to Sustain Natural Ecosystems and Enhance Local Livelihoods in Brazil's Amazon and Atlantic Forest regions）

邮箱：embruna@ufl.edu

4. 乔纳森·戴恩（Jonathan L. Dain）

简介: 佛罗里达大学自然资源领导研究所所长，热带保护与发展计划成员，拉丁美洲研究中心高级讲师。

研究领域: 巴西自然资源冲突、协同治理、促进和调解，可持续发展。

代表作:《合作取得更大成功：让当地利益相关者参与热带森林管理和保护的研究》（Partnering for Greater Success: Engaging Local Stakeholders in Research for Tropical Forest Management and Conservation），《保护从安第斯山脉到亚马孙的生物多样性：从性别角度进行社区保护》（Conserving Biodiversity from the Andes to the Amazon: Community Conservation with a Gender Perspective）

邮箱：jdain@latam.ufl.edu

5. 凯伦·凯纳（Karen A. Kainer）

简介： 佛罗里达大学拉丁美洲研究中心森林、渔业和测绘科学学院教授。

研究领域： 亚马孙西部、巴西、墨西哥热带森林生态学，社区林业管理，热带保护与发展。

代表作：《轮流休耕管理可提高景观水平的巴西坚果生产力》（Swidden Fallow Management to Increase Landscape-Level Brazil Nut Productivity）《Bertholletia excelsa 在亚马孙流域不断演变的作用：为当地生计和森林保护作出贡献》（The Evolving Role of Bertholletia Excelsa in Amazonia: Contributing to Local Livelihoods and Forest Conservation）

邮箱： kkainer@ufl.edu

6. 贝蒂·洛伊塞尔（Bette A. Loiselle）

简介： 佛罗里达大学热带保护与发展项目主任，拉丁美洲研究中心教授。

研究领域： 热带生态学、保护生物学，巴西、哥斯达黎加、厄瓜多尔生态保护。

代表作：《评估森林丧失和气候变化对巴西大西洋森林新热带鸟类空间和环境分布的影响》（Assessing the Impact of Forest Loss and Climate Change on the Spatial and Environmental Distribution of Neotropical Birds of the Atlantic Forests），《将水果生产与两种共生米康尼亚物种的幼苗建立联系起来：亚马孙上游鸟类传播种子的后果》（Connecting Fruit Production to Seedling Establishment in Two co-occurring Miconia Species: Consequences of Seed Dispersal by Birds in Upper Amazonia）

邮箱： loiselleb@ufl.edu

7. 卡门·马丁内斯·诺沃（Carmen Martínez Novo）

简介： 佛罗里达大学拉丁美洲研究中心教授，《拉丁美洲研究评论》主编。

研究领域： 厄瓜多尔、安德斯山脉、亚马孙和墨西哥的种族和民族、政治人类学、土著政治和权利、政治生态学、国家和精英的人类学研究。

研究成果：《厄瓜多尔亚马孙上游地区的研究之声》（Voces de la Investigación en la alta Amazonía Ecuatoriana），《国家边缘的土著人民：来自墨西哥北部边境和厄瓜多尔亚马孙地区的民族志的反思》（Indigenistas en los margenes del estado: Reflexiones desde la etnografía en la frontera norte de Mexico y en la Amazonia Ecuatoriana）

邮箱：m.martineznovo@ufl.edu

8. 苏珊·保尔森（Susan Paulson）

简介：佛罗里达大学拉丁美洲研究中心教授，曾任迈阿密大学拉丁美洲研究主任。

研究领域：巴西大西洋森林政治生态学、性别、阶级、种族、民族。

研究成果：《拉丁美洲发展不平衡中的衰退、男性气质和女性气质案例》（The Case for Degrowth, Masculinities and Femininities in Latin America's Uneven Development）

邮箱：spaulson@latam.ufl.edu

9. 玛丽安·施明克（Marianne Schmink）

简介：佛罗里达大学人类学系和拉丁美洲研究中心名誉教授、杰出学者，曾任巴西气候变化研究所客座教授、巴西阿卡联邦大学客座教授。

研究领域：巴西和亚马孙热带养护与发展、性别与发展、经济发展。

研究成果：《亚马孙地区从有争议的边境到"绿色"边境？》（From Contested to "Green" Frontiers in the Amazon?），《三边合作的挑战和机遇：2011—2015年美国、巴西和莫桑比克园艺研究合作》（Challenges and Opportunities of Trilateral Cooperation: U.S., Brazil and Mozambique Collaboration on Horticultural Research 2011-2015）

邮箱：schmink@ufl.edu

10. 唐·尼尔森（Don Nelson）

简介：佐治亚大学人类学教授，研究生协调员。

研究领域：巴西东北部和巴西亚马孙地区脆弱性和适应研究、粮食和水安全、全球气候与环境变化、土地利用和土地覆被变化、水治理与伦理、国际发展。

研究成果：《使用支持向量机分析巴西东北部地区的粮食安全》（The Use of Support Vector Machine to Analyze Food Security in a Northeastern Region of Brazil），《利用通用和特定能力来减少巴西东北部的干旱脆弱性》（Leveraging Generic and Specific Capacities to Reduce Vulnerability to Drought in NE Brazil），《参与与无能：在巴西福塔莱萨郊区寻找希望》（Participação e Impotência: a

Busca pela Esperança na periferia de Fortaleza, Brasil）

邮箱：dnelson@uga.edu

11. 尼尔·萨菲尔（Neil Safier）

简介： 布朗大学历史系副教授，目前担任沃森国际事务研究所、拉丁美洲和加勒比研究中心主任。

研究领域： 18 世纪加勒比海种植园文化与巴西自然历史之间的联系、亚马孙河流域的环境和人种学历史。

研究成果：《我的法语多么狡猾：查尔斯·玛丽·德拉康达明和亚马孙之光》（Como era ardiloso o meu francês：Charles-Marie de la Condamine e a Amazônia das Luzes）

邮箱：neil_safier@brown.edu

12. J·克里斯托弗·布朗（J. Christopher Brown）

简介： 堪萨斯大学拉丁美洲和加勒比研究中心教授、教师发展副教务长。

研究领域： 巴西亚马孙地区、亚马孙农村发展中的社会关系。

研究成果：《巴西亚马孙地区的公路基础设施、保护区和兰花蜜蜂分布和保护》（Highway Infrastructure, Protected Areas, and Orchid Bee Distribution and Conservation in the Brazilian Amazon），《使用 MODIS 和强度分析绘制和评估巴西稀树草原的甘蔗扩张：托坎廷斯州的案例研究》（Mapping and Evaluating Sugarcane Expansion in Brazil's Savanna Using MODIS and Intensity Analysis：A Case-Study in the State of Tocantins），《巴西亚马孙的土地占用和森林砍伐》（Land Occupations and Deforestation in the Brazilian Amazon）

邮箱：jcbrown2@ku.edu

13. 安德鲁·彼得森（Andrew Peterson）

简介： 堪萨斯大学拉丁美洲和加勒比研究中心特聘教授。

研究领域： 热带鸟类学和系统学、分布生态学和疾病传播风险图。

研究成果：《巴西工厂、调查和清单优先事项的可获取数字知识的详尽性》（Completeness of Digital Accessible Knowledge of the Plants of Brazil and Priorities for Survey and Inventory），《巴西汉坦病毒储存库的潜在地理分布》（Potential Geographic Distribution of Hantavirus Reservoirs in Brazil）

邮箱：town@ku.edu

14. 玛丽娜·贝德兰（Marina Bedran）

简介：约翰斯·霍普金斯大学葡语文学与文化助理教授，曾在巴西文化机构工作，如 Instituto Moreira Salles。

研究领域：亚马孙、生态批评、环境人文、新唯物主义、视觉文化、媒体理论、电影、文学理论和翻译。

研究成果：《第三个千年：豪尔赫·博丹茨基（Jorge Bodanzky）的谵妄和有先见之明的亚马孙信息》（The Third Millenium: Jorge Bodanzky's Delirious and Prescient Amazonian Message）

邮箱：mbedran@jhu.edu

15. 乌里亚特·玛丽亚（Uriarte Maria）

简介：哥伦比亚大学教授，耶鲁大学林学院硕士，康奈尔大学博士。

研究领域：森林动态、景观生态学、空间生态学。

研究成果：《农村景观的人口减少加剧了亚马孙西部的火灾活动》（Depopulation of Rural Landscapes Exacerbates Fire Activity in the Western Amazon），《物种对干扰响应的多维权衡：对亚热带森林演替多样性的影响》（Multi-Dimensional Tradeoffs in Species Responses to Disturbance: Implications for Successional Diversity in a Subtropical Forest）

邮箱：mu2126@columbia.edu

16. 克里斯汀·福尔奇（Christine Folch）

简介：杜克大学巴卡基金会文化人类学副教授，文化人类学与环境科学与政策系（尼古拉斯环境学院）助理教授。

研究领域：环境伦理学。

研究成果：《水力政治：伊泰普大坝、主权和现代南美洲工程》（Hydropolitics The Itaipu Dam, Sovereignty, and the Engineering of Modern South America），《埃斯特城和共同市场：两个经济一体化的故事》（Ciudad del Este and the common market: A tale of two economic integrations）

邮箱：christine.folch@duke.edu

17. 玛格达·席尔瓦（Magda Silva）

简介：杜克大学罗曼语浪漫研究高级讲师，杜克大学葡萄牙语项目和巴西里约热内卢和亚马孙地区暑期留学项目主任。

研究领域：环境研究、拉丁美洲研究、法律和商业。

研究成果：《萨洛芒·拉雷多》（Marilene Felinto），《玛丽琳·费林托》（Salomão Laredo）

邮箱：mbcsilva@duke.edu

18. 尼克·卡瓦（Nicholes C. Kawa）

简介：佛罗里达大学人类学博士，俄亥俄州立大学人类学助理教授。

研究领域：环境人类学、人与植物的关系、农业生物多样性、人为土壤、历史生态学、政治生态学、基于社区的保护、气候变化和废物管理。

研究成果：《人类世的亚马孙：人、土壤、植物、森林》（Amazonia in Anthropocene: People, Soils, Plants, Forests）

邮箱：kawa.5@osu.edu

（四）文学领域

1. 肯尼斯·大卫·杰克逊（Kenneth David Jackson）

简介：耶鲁大学教授，葡萄牙语本科生研究主任。

研究领域：葡萄牙和巴西文学、卡蒙斯、马查多·德·阿西斯、费尔南多·佩索阿。

代表作：《果阿：文化间的后殖民社会》（Goa: A post-Colonial Society Between Cultures），《马查多·德·阿西斯：文学生活》（Machado de Assis: A Literary Life），《当代巴西小说》（Contemporary Brazil Novel）

邮箱：k.jackson@yale.edu

2. 凯瑟琳·奥斯特罗姆（Katherine Ostrom）

简介：埃默里大学西班牙语和葡萄牙语系副教授。

研究领域：阿根廷和巴西的硬派犯罪小说中性别、性和民族认同的表述。

邮箱：katherine.ostrom@emory.edu

3. 玛丽莉亚·里贝罗（Marilia Ribeiro）

简介：埃默里大学西班牙语和葡萄牙语系葡萄牙语助理教授。

研究领域：现当代巴西小说、叙事理论、生活叙事、编辑和翻译。

邮箱：marilia.ribeiro@emory.edu

4. 安娜·卡塔琳娜·特谢拉（Ana Catarina Teixeira）

简介：埃默里大学非洲研究所核心教师葡萄牙语项目主任兼葡萄牙语副教授。

研究领域：葡—非—巴西三角的文学和电影联系、巴西 Sertão 文学。

邮箱：ana.teixeira@emory.edu

5. 莱斯利·费拉乔（Lesley Feracho）

简介：佐治亚大学拉丁罗曼语系和非裔美国人研究所副教授。

研究领域：当代拉丁美洲叙事、巴西非洲裔女作家的跨文化文学作品。

研究成果：《连接美洲：种族、混合话语和女性身份的重构》（Linking the Americas: Race，Hybrid Discourses and the Reformulation of Feminine Identity）

邮箱：lferacho@uga.edu

6. 理查德·戈登（Richard A. Gordon）

简介：佐治亚大学巴西和西班牙裔美国文学与文化教授，佐治亚大学国防部葡萄牙语旗舰项目联合主任。

研究领域：拉丁美洲文学与文化、巴西文学与文化、电影研究。

研究成果：《蚕食殖民地：墨西哥和巴西殖民文学的电影改编、电影、奴隶制和巴西民族主义》（Cannibalizing the Colony: Cinematic Adaptations of Colonial Literature in Mexico and Brazil, Cinema, Slavery, and Brazilian Nationalism）

邮箱：rgordon@uga.edu

7. 罗伯特·莫泽（Robert Moser）

简介：佐治亚大学罗曼语系副教授，LACSI 葡萄牙语旗舰项目主任。

研究领域：葡萄牙、巴西和非洲文学和文化，吕西亚—巴西文学中死者的形象以及困扰和哀悼的表达。

研究成果：《葡美文学：北美葡语作家的作品》（Luso-American Literature:

Writings by Portuguese Speaking Authors in North America），《狂欢节的定义：现代文学中的死亡与死者》（The Carnivalesque Defunto: Death and the Dead in Modern Literature）

邮箱：rmoser@uga.edu

8. 塞西莉亚·罗德里格斯（Cecília Rodrigues）

简介： 佐治亚大学罗曼语系副教授，LACSI 葡萄牙语旗舰项目课程协调员。

研究领域： 当代巴西文学、21 世纪散文小说、巴西民族身份的建构。

研究成果：《超越毁灭：米尔顿·哈透姆叙述中的希望》（Além da ruína : articulações da esperança na narrativa de Milton Hatoum），《阿莱姆在巴西亚马孙恢复集体记忆：黛博拉·戈登伯格的"瓦伦蒂亚"中的历史、小说和证词》（Recovering Collective Memory in the Brazilian Amazon: History, Fiction, and Testimony in Deborah Goldemberg's Valentia），《巴西文学的国际化与米尔顿·哈图姆的案例》（Internacionalização da literatura brasileira e o caso de Milton Hatoum）

邮箱： ceciliar@uga.edu

9. 弗兰斯·韦瑟（Frans Weiser）

简介： 佐治亚大学比较文学与拉丁美洲和加勒比研究副教授，拉丁美洲和加勒比研究本科生顾问。

研究领域： 巴西在二战和冷战文化外交倡议中的半球角色、巴西 21 世纪的文化适应。

研究成果：《虚假文件：美洲文学、文化史和失去的十年》（False Documents: Inter-American Literature, Cultural History, and the Lost Decade），《好莱坞对巴西的访问和睦邻政策的终结》（Hollywood's Missions to Brazil and the End of the Good Neighbor Policy）

邮箱：frweiser@uga.edu

10. 卢西亚娜·纳莫拉托（Luciana Namorato）

简介： 印第安纳大学伯明顿分校西班牙语和葡萄牙语副教授，拉丁美洲和加勒比研究中心教师。

研究领域： 巴西和葡萄牙的文学和文化、跨大西洋研究、当代拉丁美洲叙事、性别研究。

研究成果：《全球背景下的葡巴西文学：跨越国界》（Luso-Brazilian Literature in/and the Global Context: Crossing Borders），《跨大西洋对话：埃萨·德·奎罗斯和马查多·德·阿西斯的现实主义与现代性》（Transatlantic Dialogues: Realism and Modernity in Eça de Queirós and Machado de Assis）

邮箱：lnamorat@indiana.edu

11. 达琳·萨德利尔（Darlene J.Sadlier）

简介：印第安纳大学伯明顿分校西班牙语和葡萄牙语教授。

研究领域：巴西文学、艺术和文化，巴西女性诗歌。

研究成果：《想象中的巴西：1500 年至今》（Brazil Imagined: 1500 to the Present）

邮箱：sadlier@indiana.edu

12. 阿曼多·杜阿尔特（Armando Duarte）

简介：爱荷华大学教授，B.F.A. 项目主任。

研究领域：巴西流行文化（巴西桑巴舞和狂欢节）。

邮箱：armando-duarte@uiowa.edu

13. 莱拉·莱恩（Leila M. Lehnen）

简介：布朗大学葡萄牙和巴西研究副教授，葡萄牙和巴西研究主席。

研究领域：巴西文学（女性作家）、当代非裔巴西文学中的人权表现和巴西的军事独裁、公民身份与文学之间的联系。

研究成果：《当代巴西文学中的公民身份与危机》（Citizenship and Crises in Contemporary Brazilian Literature）

邮箱：leila_lehnen@brown.edu

14. 卢西亚诺·托斯塔（Luciano Tosta）

简介：堪萨斯大学巴西文学与文化副教授，纽约州立大学布法罗分校富布赖特学者，曾获哈佛大学的杰出卓越教学证书，并入选伊利诺伊大学的优秀教师。

研究领域：巴西小说、艺术跨国运动，小说与历史之间的关系，文学和电影中的城市表现。

研究成果：《聚焦巴西—拉丁美洲》（Brazil - Latin America in Focus），《虚

构和日常暴力：巴西观众作为巴西电影的解释社区》（Fictional and Everyday Violence: Brazilian Audience as an Interpretive Community of Brazilian Cinema），《卡波耶拉与全球化：非裔巴西文化形式的跨学科研究》（Capoeira and Globalization: Interdisciplinary Studies of an Afro-Brazilian Cultural Form）

邮箱：lucianotosta@ku.edu

15. 丽贝卡·阿滕西奥（Rebecca Atencio）

简介： 杜兰大学西班牙语和葡萄牙语系副教授，曾任《葡语—巴西评论》的巴西文学编辑，巴西研究协会执行委员会的成员。

研究领域：20 世纪末和 21 世纪的巴西文学、电影和电视，人权和女权主义。

研究成果：《巴西的过渡时期正义》（Transitional Justice in Brazil），《巴西独裁统治的生动遗产》（The Vivid Legacy of Dictatorship in Brazil）

邮箱：ratencio@tulane.edu

16. 卡洛斯·科尔特斯·明奇洛（Carlos Cortez Minchillo）

简介： 密歇根大学副教授，圣保罗大学博士。

研究领域：巴西文学。

研究成果：《世界作家：文学流通、世界主义和美洲关系》（Escritor do Mundo: Circulação Literária, Cosmopolitismo e Relações Interamericanas），《有风险的书籍，被拒绝的作者：阿尔弗雷德·克诺普夫和巴西文学的放映》（Risky Books, Rejected Authors: Alfred Knopf and the Screening of Brazilian Literature）

邮箱：Carlos.Cortez.Minchillo@dartmouth.edu

17. 理查德·弗农（Richard Vernon）

简介： 北卡罗来纳大学美洲研究所葡萄牙语课程主任，也是葡萄牙语专业和未成年人的顾问，加州大学圣塔芭芭拉分校博士。

研究领域：16—20 世纪的葡萄牙、巴西和葡裔非洲作家，18 世纪的葡萄牙街头文学、军事独裁时期的巴西儿童文学。

研究成果：《Candomblé 的形成：巴西 Jeje 民族的历史和仪式》（The Formation of Candomblé: History and Ritual of the Jeje Nation in Brazil），《糖或香料：巴西儿童文学中独立身份的味道》（Sugar or Spice: The Flavor of Independent

Identity in Brazilian Children's Literature）

邮箱：rmvernon@email.unc.edu

联系方式：（919）843-1069

18. 伊希斯·巴拉·科斯塔（Isis Barra Costa）

简介： 纽约大学比较文学博士，俄亥俄州立大学西班牙语和葡萄牙语助理教授，主要教授巴西和阿根廷的文化接触者、21 世纪巴西文学等课程。

研究领域： 巴西文学和文化的跨学科方法，非裔巴西表演、视觉艺术、文学和诗歌音乐演讲，非裔侨民在各种表演中的神圣和世俗表现形式，以及美洲文学中的身份、性别和种族政治研究。

研究成果：《非裔巴西侨民的助记图》（Mnemonic Maps of the Afro-Brazilian Diaspora），《Passo daguanxuma：巴西和阿根廷之间的文化接触》（Passo da Guanxuma: Contactos culturales entre Brasil y Argentina），《巴西：阿根廷小说》（Brasil: Ficciones de Argentino）

邮箱：barracosta.1@osu.edu

19. 佩德罗·沙赫特·佩雷拉（Pedro Schacht Pereira）

简介： 佛罗里达大学葡萄牙和伊比利亚研究、人文学院的 Luso Globe 工作组领导者，与葡萄牙葡美基金会和卡蒙研究所建立了长期关系，目前是人文学院伊比利亚研究工作组的联合协调员。

研究领域： 帝国话语的形成及其在当代后殖民文化中的遗产、19 世纪至21 世纪的葡萄牙和巴西小说，以及葡萄牙语和西班牙语世界之间的文学和文化关系。

研究成果：《哲学家带回家：阿尔梅达·加勒特、埃萨·德·奎罗斯和马查多·德·阿西斯的哲学挪用情景》（Filósofos de trazer por casa: cenários da apropriação da filosofia em Almeida Garrett），《共和国的发酵，帝国的模具：伊比利亚文明，例外主义和葡语热带主义的葡语—巴西遗产》（Fermento da República, bolor do Império: Civilização Ibérica, excepcionalismo e o legado luso-brasileiro do lusotropicalismo）

邮箱：pereira.37@osu.edu

20. 玛丽琳·费林托（Marilene Felinto）

简介：记者，目前是巴西备受推崇的日报——《圣保罗日报》的专栏作家，曾获巴西文学界最重要的奖项——贾布蒂奖（Jabuti Prize）。是加州大学伯克利分校西班牙语和葡萄牙语系的访问作家，并曾担任其他几所美国和欧洲机构的讲师。

研究成果：《蒂朱科帕波的女人》（As Mulheres de Tijucopapo），《女人菲塔》（Mulher Feita）

（五）艺术领域

1. 拉斐尔·托拉尔沃·达·席尔瓦（Rafael Torralvo da Silva）

简介：康奈尔大学 2019—2020 学年拉丁美洲研究计划（LASP）研究生。

研究领域：通过音乐、文学和政治之间的交叉来分析军事独裁统治（1964—1985）期间巴西的民族认同建构。

邮箱：rt468@cornell.edu

2. 迪伦·罗宾斯（Dylon Robbins）

简介：纽约大学拉丁美洲和加勒比研究中心（CLACS）主任，副教授。

研究领域：巴西电影、音乐、纪录片。

代表作：《吉兰·兰德里安》（Guillén Landrián），《电影音乐会》（El esconcierto fílmico），《拉丁美洲的可听地理：种族和地方的声音》（Audible Geographies in Latin America: Sounds of Race and Place）

邮箱：dylon.robbins@nyu.edu

3. 韦尔森·阿尔维斯·特雷穆拉（Welson Alves Tremura）

简介：佛罗里达大学音乐学院教授、拉丁美洲研究中心教授。

研究领域：巴西和拉丁美洲民族音乐学、巴西爵士乐、古典音乐和声乐。

研究成果：《巴西已经到来：巴西音乐在高等教育中的参与经验和意义》（Brazil has Arrived: Participatory Experience and the Significance of Brazilian Music in Higher Education）

邮箱：tremura@ufl.edu

4. 阿德里安·阿纳诺斯特（Adrian Anagnost）

简介： 杜兰大学拉丁美洲现代与当代艺术史副教授、研究生院院长，芝加哥大学艺术史博士，教授美洲现代和当代艺术与空间的历史。

研究领域：20 世纪的巴西和当代美国。

研究成果：《空间秩序、社会形式：现代巴西的艺术与城市》（Spatial Orders, Social Forms: Art and the City in Modern Brazil），《国际主义、巴西和政治：瓦尔德马尔·科代罗和对通用语言的探索》（Internationalism, Brasilidade, and Politics: Waldemar Cordeiro and the Search for a Universal Language）

邮箱：aanagnos@tulane.edu

5. 安东尼奥·罗伯托·西蒙斯（Antônio Roberto Simões）

简介： 堪萨斯大学拉丁美洲和加勒比研究中心教授。

研究领域：使用乐谱对语音韵律进行转录和分析。

研究成果：《巴西葡萄牙语中的气候依恋》（Clitic Attachment in Brazilian Portuguese），《评估巴西葡萄牙语主观评估的有用性和特性》（Evaluating the Usefulness and Properties of a Subjective Assessment of Brazilian Portuguese）

邮箱：asimoes@ku.edu

6. 弗雷德里科·卡马拉（Frederico Câmara）

简介： 巴西艺术家、独立研究员，曾在多所大学担任客座讲师，并在香港城市大学担任摄影客座助理教授，获得 2021 年绿叶访问图书馆学者奖。

研究领域：环境人文、文化和视觉研究、视觉人类学、后殖民研究、博物馆和遗产研究、雕塑、建筑和设计。

研究成果：《超级本土：拉丁美洲和美国西南部手绘商业标志的视觉历史》（Super Nativo: A Visual History of Vernacular Hand-painted Commercial Signs in Latin America and the American Southwest），《南十字星：收集 19 世纪和 20 世纪外国旅行者对巴西的文字和视觉描述》（Southern Crossings: Collecting Textual and Visual Descriptions of Brazil by Foreign Travellers from the 19th and 20th Centuries）

7. 爱德华多·道格拉斯（Eduardo Douglas）

简介： 北卡罗来纳大学美洲研究所艺术中心副教授，德克萨斯大学艺术史博士，曾在加州大学河滨分校和威斯康星大学密尔沃基分校任教。

研究领域：巴西、古巴和墨西哥的艺术，巴西和古巴的风景画。

研究成果：《在内扎瓦尔科约特尔宫》（In the Palace of Nezahaulcoyotl）

邮箱：eduardod@email.unc.edu

8. 格温多林·杜波依斯·肖（Gwendolyn DuBois Shaw）

简介：宾夕法尼亚大学艺术史系 1940 届 200 周年纪念副教授，曾在哈佛大学任教，并担任史密森尼国家肖像画廊的研究、出版和学术项目主任。

研究领域：美国、拉丁美洲和加勒比地区艺术中的种族、性别、性取向和阶级，当代和历史美国艺术、波利尼西亚艺术、巴西艺术和古巴艺术。

研究成果：《看不见：卡拉·沃克的艺术》（Seeing the Unspeakable: The Art of Kara Walker）

邮箱：gshaw@sas.upenn.edu

（六）社会领域

1. 简·法扬斯（Jane Fajans）

简介：康奈尔大学人类学系名誉教授。

研究领域：区域食物（和美食）及其与区域认同关系、情感、身份认同。

研究成果：《Moqueca 只是一道鱼菜吗？》（Seria a moqueca apenas uma peixada?）

邮箱：jf20@cornell.edu

2. 安东尼奥·何塞·巴塞拉尔·达·席尔瓦（Antonio José Bacelar da Silva）

简介：亚利桑那大学拉丁美洲研究中心副教授，2022—2023 年任亚利桑那大学社会与行为科学学院的多元化、公平和包容性委员会联会主席。

研究领域：巴西研究和语言人类学。

代表作：《棕色和黑色之间：巴西的反种族主义活动》（Between Brown and Black: Anti-Racist Activism in Brazil）

邮箱：ajbsilva@arizona.edu

3. 帕特里夏·皮尼奥（Patricia Pinho）

简介：加州大学圣克鲁兹校区拉丁美洲和拉丁裔研究中心教授。

研究领域：巴西种族歧视。

代表作：《拉丁美洲的白人：日常生活中种族特权的视角》（Whiteness in Latin America: Perspectives on Racial Privilege in Everyday Life），《巴西的反种族主义抵抗和错误的白人身份的揭露》（Resistência Antirracista e o Desvendamento da Branquitude Injuriada no Brasil）

邮箱：ppinho@ucsc.edu

4. 查尔斯·伍德（Charles H. Wood）

简介：佛罗里达大学拉丁美洲研究中心名誉教授，社会学、犯罪学和法律系名誉教授。

研究领域：巴西人口与环境、人口学、发展社会学、种族和民族比较研究。

研究成果：《巴西儿童死亡率的颜色》（The Color of Child Mortality in Brazil），《1950—2000：社会进步和持续的种族不平等》（1950—2000: Social Progress and Persistent Racial Inequality），《2000年巴西东北部的新教和儿童死亡率》（Protestantism and Child Mortality in Northeast Brazil, 2000）

邮箱：cwood@latam.ufl.edu

5. 杰弗里·莱瑟（Jeffrey Lesser）

简介：埃默里大学塞缪尔·坎德勒·多布斯历史学教授，曾任哈雷全球研究所所长、历史系主任以及拉丁美洲和加勒比研究项目主任。

研究领域：现代拉丁美洲历史、巴西公共卫生、民族、移民和种族。

研究成果：《在圣保罗生与死》（Living and Dying in São Paulo），《巴西的移民、种族和国家认同》（Immigration, Ethnicity and National Identity in Brazil），《不满的侨民：日裔巴西人和种族斗争的意义》（A Discontented Diaspora: Japanese-Brazilians and the Meanings of Ethnic Militancy）

邮箱：jlesser@emory.edu

6. 托马斯·罗杰斯（Thomas Rogers）

简介：埃默里大学拉丁美洲现代史教授，人文与人文社会科学主席。

研究领域：巴西历史、劳工和环境史。

研究成果:《农业能源:巴西乙醇繁荣时期的发展与饥饿》(Agriculture's Energy: Development and Hunger During Brazil's Ethanol Boom),《最深的伤口:巴西东北部糖业的劳动和环境历史》(The Deepest Wounds: A Labor and Environmental History of Sugar in Northeast Brazil),《衡量劳动力:20 世纪巴西的农村合理化》(Taking the Measure of Labor: Rural Rationalization in Twentieth Century Brazil)

邮箱: tomrogers@emory.edu

7. 卡西亚·罗斯(Cassia Roth)

简介:佐治亚大学历史与拉丁美洲和加勒比研究副教授,历史系研究生院主任,曾是巴西里约热内卢奥斯瓦尔多·克鲁兹基金会的富布赖特博士后学者。

研究领域:巴西性别与性行为、政治与法律、妇女与性别、种族与奴隶制、医学与公共卫生。

研究成果:《误判:20 世纪初巴西的妇女生殖生活和法律》(A Miscarriage of Justice: Women's Reproductive Lives and the Law in Early Twentieth-Century Brazil)

邮箱: cassia.roth@uga.edu

8. 劳拉·格雷厄姆(Laura Graham)

简介:爱荷华大学人类学教授,曾担任美国人类学协会语言与社会正义委员会的创始主席,现为南美洲低地研究学会的候任主席。

研究领域:南美洲低地原住民代表政治:巴西中部的 A'uwẽ-Xavante 和委内瑞拉的 Wayuu 人。

研究成果:《表演梦想:巴西中部萨万特人的不朽话语》(Performing Dreams: Discourses of Immortality among the Xavante of Central Brazil),《水的所有者:河流的冲突与合作》(Owners of the Water: Conflict and Collaboration over Rivers)

邮箱: laura-graham@uiowa.edu

9. 杰里米·莱恩(Jeremy Lehnen)

简介:葡萄牙和巴西研究以及性别与性研究的客座副教授,彭布罗克中心执行主任,沃森研究所语言研究中心副主任,巴西倡议的主任,曾担任布朗大学性别与性研究项目的临时主任。

研究领域:当代拉丁美洲电影、文学和电子文化生产中的性别和性行为问题。

研究成果：《巴西犯罪电影中的新威权主义男子气概》（Neo-Authoritarian Masculinity in Brazilian Crime Film is forthcoming）

邮箱：jeremy_lehnen@brown.edu

10. 克里斯蒂安·苏亚雷斯（Cristiane Soares）

简介： 哈佛大学葡萄牙语高级导师，在美国拥有 15 年的葡萄牙语教学经验。

研究领域： 马萨诸塞州的巴西移民和社区、葡萄牙语中的性别中立。

邮箱：cristianesoares@fas.harvard.edu

11. 玛西娅·卡斯特罗（Marcia Castro）

简介： 安德洛特人口学教授，哈佛大学公共卫生学院全球健康与人口系主任，大卫·洛克菲勒拉丁美洲研究中心（DRCLAS）巴西研究项目主席。

研究领域： 疟疾、COVID-19、虫媒病毒、婴儿/儿童死亡率以及气候变化。

研究成果：《CoronaVac 对巴西一个社会不平等的大城市老年人 COVID-19 结果的影响：一项目标试验模拟研究》（Impact of CoronaVac on COVID-19 Outcomes of Elderly Adults in a Large and Socially Unequal Brazilian City: A target Trial Emulation Study），《巴西对 COVID-19 的早期反应：对疑似病例采取有针对性的方法和对流行病学监测工作的影响》（Early Response to COVID-19 in Brazil: The Impact of a Targeted Approach to Suspected Cases and on Epidemiological Surveillance Efforts），《在巴西亚马孙地区的土著和手工采矿区，疟疾正在增加》（Malaria is Increasing in Indigenous and Artisanal Mining Areas in the Brazilian Amazon）

邮箱：mcastro@hsph.harvard.edu

12. 贝克尔·塞甘（Bécquer Seguín）

简介： 约翰·霍普金斯大学高级媒体研究中心和拉丁美洲研究项目成员，也是全球化世界倡议中拉丁美洲的核心教师，康奈尔大学 Andrew W. Mellon 和 John E. Sawyer 研讨会研究员和研究生院院长。

研究领域： 政治理论、思想史、文化社会学。

研究成果：《埃尔顿·塞纳、阿兰·普罗斯特和死亡的幽灵》（Ayrton Senna, Alain Prost, and the Specter of Death）

邮箱：becquer@jhu.edu

13. 亚历山德罗·安吉里尼（Alessandro Angelini）

简介：人类学家，约翰霍普金斯大学助理教授。

研究领域：巴西城市人类学，社会不平等，资本主义。

研究成果：《我的邻居，外国佬：中产阶级化的里约热内卢贫民窟的便利和外来者的热情好客》（My Neighbor, the Gringo: Convivência and Outsider Hospitality in a Gentrifying Rio de Janeiro Favela），《里约热内卢的游戏地图和资本主义奇观》（Ludic Maps and Capitalist Spectacle in Rio de Janeiro），《在里约热内卢和巴尔的摩监督慈善界的禁闭和统治》（Monitored Confinement and Rule by Philanthropy in Rio de Janeiro and Baltimore）

邮箱：angelini@jhu.edu

14. 卢西亚娜·德·索萨·莱昂（Luciana de Souza Leão）

简介：密歇根大学社会学系助理教授，政治学家、比较社会学家，对知识创造过程、社会不平等有着广泛的兴趣。

研究领域：巴西种族、政治不平等。

研究成果：《对穷人进行实验：巴西和墨西哥的社会政策评估政治》（Experimenting on the Poor: The Politics of Social Policy Evaluations in Brazil and Mexico）

邮箱：lsleao@umich.edu

15. 古斯塔沃·阿泽尼亚（Gustavo S. Azenha）

简介：曾担任哥伦比亚大学莱曼巴西研究中心主任（2015—2022 年）。

研究领域：巴西的发展、社会环境政治、研究环境、土著和经济发展政策之间的历史和当代相互关系。

邮箱：ga2161@columbia.edu

联系方式：+121 28544617

16. 安娜·宝琳娜·李（Ana Paulina Lee）

简介：哥伦比亚大学拉丁美洲和伊比利亚文化副教授。

研究领域：种族、性别、国家和公民身份，奴隶制和废奴，后殖民研究，文学理论、视觉文化和表演，19 世纪和 20 世纪巴西和葡语亚洲国家。

研究成果：《普通话巴西：种族、表征与记忆》（Mandarin Brazil: Race, Representation and Memory）

邮箱：apl2147@columbia.edu

17. 西德尼·纳科多（Sidney Nakahodo）

简介：哥伦比亚大学国际及公共事务讲师（兼职），哥伦比亚 SIPA 学院国际事务硕士学位。2019 年获巴西驻华盛顿特区大使馆颁发的侨民奖，以表彰他在创新、技术和创业方面的贡献。

研究领域：公共政策、可持续发展和碳融资的交叉领域。

研究成果：《空间是否应该成为发展战略的一部分？基于巴西经验的反思》（Should Space Be Part of a Development Strategy? Reflections Based Upon the Brazilian Experience）

邮箱：snn2103@columbia.edu

18. 克拉克·拉森（Clark Larsen）

简介：密歇根大学生物人类学博士，佛罗里达大学社会和行为科学的杰出教授。

研究领域：人类学。

研究成果：《在新世界的更新世/全新世边界生存：从巴西中部的古美洲河口看》（Subsisting at the Pleistocene/Holocene Boundary in the New World: A View from the Paleoamerican Mouths of Central Brazil），《我们的起源：发现体质人类学》（Our Origins: Discovering Physical Anthropology）

邮箱：larsen.53@osu.edu

19. 芭芭拉·皮普拉塔（Barbara Piperata）

简介：佛罗里达大学人类学副教授，科罗拉多大学博尔德分校人类学博士。

研究领域：拉丁美洲、巴西的亚马孙盆地和大西洋沿岸森林以及尼加拉瓜中部。

研究成果：《亚马孙食品：对人类生物学的影响》（Amazonian Foods: Implications for Human Biology），《亚马孙农村地区母子对的饮食不平等：母子缓冲的证据？》（Dietary Inequalities of Mother Child Pairs in the Rural Amazon: Evidence of Maternal-Child Buffering?）

邮箱：piperata.1@osu.edu

20.丹妮拉·费尔南德斯·阿拉尔孔（Daniela Fernandes Alarcon）

简介：宾夕法尼亚大学访问学者，社会人类学博士，若昂·帕切科·德·奥利维拉国家博物馆顾问，里约热内卢联邦大学顾问。

研究领域：原住民、土著运动、传统社区、种族、领土、剥夺、社会环境冲突、集体行动、拉丁美洲、巴西。

邮箱：alarcon.df@gmail.com

21.凯莎·汗·佩里（Keisha-Khan Y.Perry）

简介：宾夕法尼亚大学校长非洲研究副教授，得克萨斯大学奥斯汀分校人类学博士。

研究领域：美洲种族、性别和政治的批判性研究，特别关注黑人妇女的激进主义、城市地理和公民身份问题、女权主义理论、思想史和学科形成。

研究成果：《黑人妇女反对土地掠夺：巴西种族正义的斗争》（Black Women Against the Land Grab: The Fight for Racial Justice in Brazil），《解放人类学：社会正义的研究、写作和教学》（Anthropology for Liberation: Research, Writing and Teaching for Social Justice）

邮箱：kyperry@sas.upenn.edu

22.保罗·塞萨尔·拉莫斯（Paulo César Ramos）

简介：宾夕法尼亚大学梅隆大学"美洲的处置：从征服运动到现在的身体，土地和遗产的提取"项目的博士后研究员，巴西圣保罗大学社会学博士。

研究领域：边缘化人口、非裔巴西。

研究成果：《与统计数据相反：巴西年轻黑人凶杀案的主题化》（Black Grammar Against State Violence: From Racial Discrimination to Black Genocide），《巴西政治领域黑人运动的叙事：从抗议到制度化政治》（The Narratives of the Black Movement in the Brazilian Political Field: From Protest to Institutionalized Politics），《巴西的种族主义和黑人激进主义：文学和历史回顾》（Racism and Black Activism in Brazil: A Literary and Historical Review）

邮箱：ramos.pauloc@gmail.com

23. 乔治·里德·安德鲁斯（George Reid Andrews）

简介： 匹兹堡大学特聘教授，威斯康星大学麦迪逊分校历史学博士，乌拉圭蒙得维的亚共和国大学富布赖特客座教授。

研究领域：拉丁美洲，非洲—拉丁美洲，比较种族。

研究成果：《巴西圣保罗的黑人和白人，1888—1988 年》（Blacks and Whites in São Paulo, Brazil，1888-1988），《种族之声：1870—1960 年拉丁美洲的黑人报纸》（Voices of the Race: Black Newspapers in Latin America 1870-1960）

邮箱：reid1@pitt.edu

（七）宗教领域

1. 玛丽亚·何塞·德·阿布雷乌（Maria José de Abreu）

简介： 哥伦比亚大学助理教授，比较媒体中心联席主任。

研究领域：宗教与政治理论、媒体与技术、物质性、治理、人格、政治经济学、政治哲学。

研究成果：《魅力体育馆：当代巴西的呼吸、媒体和宗教复兴》（The Charismatic Gymnasium: Breath, Media and Religious Revivalism in Contemporary Brazil），《葡萄牙是海洋：大陆延伸和陆地的海洋化》（Portugal is Sea: Continental Extensions and Maritimization of the Land）

邮箱：md3605@columbia.edu

2. 露西亚·科斯蒂根（Lucia Costigan）

简介： 俄勒冈州立大学教授，匹兹堡大学西班牙语言文学博士。

研究领域：殖民地拉丁美洲、非裔巴西、宗教和种族研究，殖民时期拉丁美洲文学文本中少数群体的代表性，以及 18 世纪、19 世纪和 20 世纪的非裔巴西作家。

研究成果：《穿过墙缝：伊比利亚大西洋世界的现代宗教裁判所和新基督教莱特拉多》（Through Cracks in the Wall: Modern Inquisitions and New Christian Letrados in the Iberian Atlantic World），《讽刺与殖民地的克里奥尔知识分子：格雷戈里奥·德·马托斯和胡安·德尔·瓦莱·卡维德斯》（A sátira e o intelectual criollo na colônia：Gregório de Matos e Juan del Valle y Caviedes）

邮箱：costigan.2@osu.edu

（八）媒体领域

1. 艾米·比利亚雷霍（Amy Villarejo）

简介：康奈尔大学人文、表演和媒体艺术教授，加州大学洛杉矶分校戏剧、电影和电视学院电影和媒体研究教授。

研究领域：巴西电影。

代表作：《电影研究》（Film Studies），《牛津酷儿电影手册》（Oxford Handbook of Queer Cinema）

邮箱：rt468@cornell.edu

2. 特蕾莎·博尔赫斯（Teresa Borges）

简介：特蕾莎曾在巴西瓦加斯基金会工作，推广国际交流并管理传播人员。她的工作得到了基金会董事的高度认可，并赢得 2013 年的创新奖。

邮箱：tb2714@columbia.edu

3. 若昂·内米·内托（João Nemi Neto）

简介：纽约哥伦比亚大学拉丁美洲和伊比利亚文化系的高级讲师。

研究领域：性、女性恐惧症、电视。

研究成果：《蚕食酷儿：1970 年至 2015 年的巴西电影》（Cannibalizing Queer: Brazilian Cinema between 1970 and 2015），《我一生中最糟糕的两年》（Os Dois Piores Anos da Minha Vida）

邮箱：jn2395@columbia.edu

4. 古斯塔沃·PT·富尔塔多（Gustavo PT Furtado）

简介：杜克大学罗曼语研究副教授，艺术、艺术史与视觉研究副教授。

研究领域：艺术学。

研究成果：《中间领土：地图和亚马孙移动影像》（Intermedial Territories: Maps and the Amazonian Moving Image），《"白衣人看不见的策略"脱身，黑衣人留下来（2015）：巴西利亚边缘的电影、档案和记忆》（Tactics of the Invisible in White Gets Out, Black Stays（2015）：Cinema, Archive and Memory on the Margins of Brasilia）

邮箱：gpf@duke.edu

5. 埃丝特·加巴拉（Esther Gabara）

简介： 杜克大学艺术、艺术史和视觉研究教授，性别、性和女权主义研究教授，巴斯研究员协会副教授。

研究领域： 浪漫研究与艺术、艺术史和视觉研究系的教学涵盖视觉研究、现代主义、摄影、波普艺术和流行文化、女权主义、公共艺术和当代艺术中的殖民主义。

研究成果：《错误的现代主义：墨西哥和巴西的摄影精神》（Errant Modernism: The Ethos of Photography in Mexico and Brazil），《新自由主义下的美洲非文学小说艺术》（Non-Literary Fiction Art of the Americas Under Neoliberalism）

邮箱：egabara@duke.edu

6. 梅尔西亚·弗兰纳里（Mércia Regina Santana Flannery）

简介： 宾夕法尼亚大学葡萄牙语课程主任高级讲师，乔治城大学语言学博士，专攻社会语言学（叙事分析、话语分析）。在宾夕法尼亚大学教授各种级别的葡萄牙语课程，以及葡裔巴西文化和巴西电影的高级课程。此外，她还在佛蒙特州米德尔伯里的米德尔伯里学院葡萄牙语暑期学校教授研究生和本科课程。她获得了 ACTFL OPI/IRL 和 OPIc 认证。

研究领域： 社交媒体中的歧视性话语，包括巴西的在线新闻论坛和Facebook，以及葡萄牙语作为外语的学习。

研究成果：《语言、污名和身份：对种族歧视叙事话语的分析》（Language, Stigma and Identity: An Analysis of the Narrative Discourse of Racial Discrimination），《葡萄牙语作为外语——要求、需求和模式》（Português como língua estrangeira —exigências, necessidades e modelos）

邮箱：merciaf@sas.upenn.edu

7. 伊利亚娜·帕根·泰特尔鲍姆（Iliana Pagán-Teitelbaum）

简介： 宾夕法尼亚州西切斯特大学语言和文化系拉丁美洲电影和西班牙语助理教授，哈佛大学罗曼语言文学博士，宾夕法尼亚大学的梅隆博士后研究员。

研究领域： 安第斯山脉、加勒比海和巴西的暴力和媒体研究。

研究成果：《双语：在美洲学习英语》（Twin Tongues: Learning English in América）

邮箱：IPAGAN@wcupa.edu

（九）政治领域

1. 布莱恩·皮茨（Bryan Pitts）

简介： 加州大学洛杉矶分校拉丁美洲研究所助理所长。

研究领域： 巴西政治、巴西历史、性别研究。

研究成果：《直到风暴过去：政治家、民主和巴西军事独裁政权的终结》（Until the Storm Passes: Politicians, Democracy, and the Demise of Brazil's Military Dictatorship）

邮箱： bpitts@international.ucla.edu

2. 本杰明·莱辛（Benjamin Lessing）

简介： 芝加哥大学政治学副教授，曾担任巴西里约热内卢最大的非政府组织 Viva Rio 的研究员。

研究领域： 比较政治学，哥伦比亚、墨西哥和巴西的贩毒组织与国家之间的武装冲突。

研究成果：《在毒品战争中缔造和平：拉丁美洲的镇压和卡特尔》（Making Peace In Drug Wars: Crackdowns and Cartels in Latin America），《刑事治理的合法性：在监狱里管理毒品帝国》（Legitimacy in Criminal Governance: Managing a Drug Empire From Behind Bars）

邮箱： mailto:blessing@uchicago.edu

3. 弗朗西斯·哈戈皮安（Frances Hagopian）

简介： 豪尔赫·保罗·莱曼（Jorge Paulo Lemann）政府高级讲师，曾在圣母大学任教，并担任海伦凯洛格国际研究所所长。她曾担任伦敦政治经济学院和麻省理工学院的客座教授，还是牛津大学纳菲尔德学院的准会员。

研究领域： 拉丁美洲的比较政治、巴西社会福利制度。

研究成果：《巴西的传统政治和政权更迭》（Traditional Politics and Regime Change in Brazil），《拉丁美洲的第三次民主化浪潮：进步与挫折》（The Third Wave of Democratization in Latin America: Advances and Setbacks）

邮箱： fhagopian@gov.harvard.edu

4. 盖萨·罗莎（Geisa Rocha）

简介：纽约市立大学政治学博士，罗格斯大学拉丁美洲研究中心教师。

研究领域：拉丁美洲发展的政治经济学、强调理论和政策、新自由主义重组和国家转型、国际政治经济学。

邮箱：gerocha2@rutgers.edu

5. 阿尔伯特·菲什洛（Albert Fishlow）

简介：巴西国际关系研究中心（CEBRI）国际顾问委员会成员，担任哥伦比亚大学拉丁美洲研究所和巴西研究中心主任。1970 年至 1976 年担任美国政府负责美洲事务的助理国务卿，曾在加州大学伯克利分校、耶鲁大学和哥伦比亚大学任教。

研究领域：巴西和拉丁美洲的历史、经济和战略问题以及该地区国家与世界其他地区的关系。

研究成果：《巴西与美国的关系》（A Relação do Brasil com os Estados Unidos）

6. 约翰·弗兰奇（John D. French）

简介：杜克大学历史学教授，在北卡罗来纳州达勒姆担任非洲和非裔美国人以及国际比较研究的相关职务，耶鲁大学博士。

研究领域：巴西、拉丁美洲及其他地区的阶级、种族和政治。

研究成果：《卢拉和他的狡猾政治：从金属工人到巴西总统》（Lula and his Politics of Cunning: From Metalworker to President of Brazil），《巴西工人 ABC》（The Brazilian Workers ABC），《淹没在法律中：劳动法和巴西政治文化》（Drowning in Laws: Labor Law and Brazilian Political Culture）

邮箱：jdfrench@duke.edu

7. 莎拉·布鲁克斯（Sarah Brooks）

简介：俄勒冈州立大学政治学副教授，Mershon 国际安全研究中心的教职研究员，政治学系比较政治学的现场协调员，拉丁美洲研究中心巴西工作组的联合主任。

研究领域：比较政治学、国际政治经济学、拉丁美洲政治。

研究成果：《巴西的自然资源和经济发展》（Natural Resources and Economic Development in Brazil），《新秩序与进步：巴西的发展与民主》（In New Order and Progress: Development and Democracy in Brazil ），《不安全的民主：巴西的风险和政治参与》(Insecure Democracy: Risk and Political Participation in Brazil)

邮箱：brooks.317@osu.edu

8. 何塞·安杰洛·马查多（José Angelo Machado）

简介： 巴西米纳斯吉拉斯联邦大学政治学系副教授，2013 年至 2015 年担任该校系主任，米纳斯吉拉斯联邦大学人文科学博士学位。是地方、省和国家政府机构规划和管理领域的公共经理和顾问。

研究领域： 政治制度、战略互动、联邦制和政府间关系、权力下放、公共政策的规划和管理。

邮箱：joseangelo@fafich.ufmg.br

9. 徐婷婷（Alice Xu）

简介： 宾夕法尼亚大学会政策与实践学院和政治学系的助理教授，曾任耶鲁大学莱特纳国际和比较政治经济学项目的博士后助理。

研究领域： 比较政治经济学，重点是全球南方的城市和分配政治、不平等和社会政策以及环境政治，巴西和墨西哥城市中基于阶级和种族的隔离的政治原因和后果。

邮箱：alicezxu@upenn.edu

10. 巴里·艾姆斯（Barry Ames）

简介： 匹兹堡大学安德鲁·梅隆名誉教授，巴西国家公共管理学院访问学者。

研究领域： 比较政治学、拉丁美洲、立法行为学、选举制度、政治经济学。

研究成果：《劳特利奇巴西政治手册》(Routledge Handbook of Brazilian Politics)，《军事化政权下的修辞与现实：1964 年后的巴西，比较政治学圣人专业论文》(Rhetoric and Reality in a Militarized Regime: Brazil After 1964, Sage Professional Papers in Comparative Politics)

邮箱：barry@gmail.com

（十）经济领域

1. 罗德里戈·雷斯·苏亚雷斯（Rodrigo Reis Soares）

简介：巴西因斯珀教育与研究学院莱曼基金会经济学教授，曾任哥伦比亚大学巴西公共政策、国际和公共事务及附属机构的莱曼教授。

研究领域：发展经济学。

研究成果：《竞争与种族工资差距：来自巴西的证据》（Competition and the Racial Wage Gap: Evidence from Brazil），《经济冲击和犯罪：巴西贸易自由化的证据》（Economic Shocks and Crime: Evidence from the Brazilian Trade Liberalization），《在非法市场中使用暴力：巴西亚马孙红木贸易的证据》（The Use of Violence in Illegal Markets: Evidence from Mahogany Trade in the Brazilian Amazon）

邮箱：rodrigo.reis.soares@gmail.com

2. 托马斯·J·特雷巴特（Thomas J. Trebat）

简介：哥伦比亚全球中心主任、里约热内卢和哥伦比亚全球中心临时主任，曾担任福特基金会拉丁美洲和加勒比项目的区域总监。

研究领域：拉丁美洲经济研究。

研究成果：《巴西的国有企业：国家作为企业家的案例研究》（Brazil's State-owned Enterprises: A Case Study of the State as Entrepreneur）

3. 玛丽·里斯纳（Mary E. Risner, Ed.D）

简介：佛罗里达大学拉丁美洲研究中心佛罗里达—巴西联系研究所项目经理，外联和商业项目副主任。

研究领域：巴西、墨西哥的市场营销、零售。

研究成果：《商业背景下的葡萄牙和巴西文化研究》（The Study of Portuguese and Brazilian Culture in the Business Context），《巴西人与美国人合作》（Brazilians Working with Americans）

邮箱：mrisner@latam.ufl.edu

（十一）军事领域

1. 斯科特·D·托勒夫森（Scott D. Tollefson）

简介：William J. Perry 西半球防务研究中心教授，学术事务副院长（2012—

2015 年）、学院和学术事务院长（2015 年至今），巴西巴西利亚大学客座研究员（1987 年），巴西里约热内卢大学研究所访问学者（1986 年）。

研究领域：拉丁美洲国防和安全问题、巴西国际关系和军民关系。

研究成果：《巴西的军民关系：重新评估》（Civil-Military Relations in Brazil: A Reassessment），《谁守护守护者以及如何守护：民主军民关系》（Who Guards the Guardians and How: Democratic Civil-Military Relations）

2. 滕库尔（Luis Bitencourt）

简介：国际安全教授，曾任 Perry 中心与巴西 Escola Superior de Guerra 之间的全球防务改革计划国防教育合作计划的顾问教授，巴西海军战争学院、乔治敦大学的客座教授，大西洋理事会的高级研究员和伍德罗·威尔逊国际学者中心巴西研究所所长。

研究领域：战略规划、国防治理、国际贸易以及全球化时代的商业营销。

研究成果：《巴西：军民关系与安全的演变》（Brazil: The Evolution of Civil-Military Relations and Security）

邮箱：l.a.bitencourtemilio.civ@ndu.edu

3. 伊戈尔·阿卡西奥（Igor Acáio）

简介：杜兰大学美洲政策与研究中心（CIPR）博士后研究员，也是圣母大学国际安全中心（NDISC）的汉斯·摩根索研究员。

研究领域：民主和军民关系、军事任务以及国防和安全问题。

研究成果：《巴西国防政策图集》（Atlas of Brazilian Defense Policy），《为什么贾尔·博尔索纳罗不部署巴西军队执行治安任务？》（Por que Bolsonaro não utiliza os militares para missões de policiamento?）

邮箱：iacacio@tulane.edu

（十二）法律领域

1. 罗伯托·曼加贝拉·昂格尔（Roberto Mangabeira Unger）

简介：哲学家、法律理论家，巴西前战略事务部长，现任哈佛大学罗斯科·庞德法学教授。

研究领域：法学研究、政治学。

研究成果:《制度想象：巴西思想的反叛先锋》(Imaginação Institucional: a Vanguarda Rebelde do Pensamento Brasileiro)，《精神殖民主义：巴西的重建》(Colonialismo Mental: Repensar e Reorganizar o Brasil)，《左派应该提出什么建议?》(What Should the Left Propose?)

邮箱: unger@law.harvard.edu

2. 爱德华多·萨阿德·迪尼兹 (Eduardo Saad Diniz)

简介: 圣保罗大学里贝朗法学院和拉丁美洲一体化项目的犯罪学和刑法教授。曾参与加拿大蒙特利尔大学的人权和全球正义项目和耶鲁大学 -USP 食品法协调员。

研究领域: 刑法和公司腐败。

邮箱: eduardo.saaddiniz@usp.br

（十三）教育领域

1. 保罗·布利克斯坦 (Paulo Blikstein)

简介: 哥伦比亚大学计算机科学系和数据科学研究所副教授，莱曼巴西研究中心主任。

研究领域: 科学、技术、工程和数学（STEM）、教育中的公平、伦理和社会正义、低成本教育技术的实施、发展中国家的教育技术、建构主义、批判教育学、社会文化视角。

研究成果:《巴西公共教育决策的创新经验》(Gestão inovadora da educação pública brasileira)，《巴西教育的激进创新》(Inovações radicais na educação brasileira)

邮箱: paulob@tc.columbia.edu

2. 安娜·保拉·胡巴克 (Ana Paula Huback)

简介: 哥伦比亚大学拉丁美洲和伊比利亚文化系葡萄牙语高级讲师，曾在巴西多所大学教授语言学，直到 2007 年移居美国，并开始以葡萄牙语作为外语进行讲授。

研究领域: 语言学。

研究成果:《巴西葡萄牙语基本语法》(Gramática Básica do Português Brasileiro)，

《葡萄牙语作为外语教学的教材教授什么语言？》(Que língua os materiais didáticos de Português como Língua Estrangeira ensinam?)

（十四）科技领域

1. 詹妮弗·伊格林（Jennifer Eaglin）

简介：现代拉丁美洲能源发展的历史学家，于 2016 年加入俄亥俄州立大学，担任环境历史和可持续发展助理教授，还是俄勒冈州立大学可持续发展研究所的核心教员。

研究领域：拉丁美洲历史，环境、健康、技术与科学，乙醇工业的社会政治。

研究成果：《甜燃料：巴西乙醇的政治和环境史》(Sweet Fuel: A Political and Environmental History of Brazilian Ethanol)

邮箱：eaglin.5@osu.edu

2. 莉莲娜·吉尔（Liliana Gil）

简介：俄亥俄州立大学比较学系助理教授，人类学硕士和博士，专门从事后殖民主义和女权主义科学技术研究，曾是新加坡国立大学讲师。

研究领域：科学与技术研究（STS）、文化人类学、民族志方法、巴西及其与全球南方的联系。

研究成果：《超越虚构创新：巴西技术即兴创作的实践和政治》(Beyond Make-Do Innovation: Practices and Politics of Technological Improvisation in Brazil)，《外围的工厂：来自圣保罗的创新》(A Fablab at the Periphery: Decentering Innovation from São Paulo)

邮箱：gils.1@osu.edu

（十五）卫生领域

1. 卢西亚娜·迪亚斯·德·利马（Luciana Dias de Lima）

简介：2018—2019 学年担任宾夕法尼亚大学拉丁美洲和拉丁裔研究项目的访问学者。巴西里约热内卢联邦大学医学博士，拥有巴西国家公共卫生学院、奥斯瓦尔多·克鲁兹基金会的社会和预防医学住院医师资格。塞尔吉奥·阿鲁卡国家公共卫生学院（巴西里约热内卢奥斯瓦尔多·克鲁兹基金会）公共卫生研究生课程的终身教授和卫生行政与规划系的高级研究员。她还是著名公共卫生杂志 Cadernos de Saúde Pública 的主编。

研究领域：卫生政策与系统分析；联邦制、领土和卫生政策；卫生政策中的权力下放、区域化和政府间关系。

邮箱：luciana@ensp.fiocruz.br

2. 马西奥·何塞·德·阿劳霍·科斯塔（Marcio José de Araujo Costa）

简介：里约热内卢州立大学精神分析师和临床主管，心理学家，社会心理学硕士和博士，圣保罗天主教大学和里约热内卢联邦大学临床心理学博士后。他是巴西全国心理学研究和研究生协会（ANPPEP）"精神分析、主观性和当代文化"工作组的成员，曾在巴西多所大学担任教授。

研究成果：《时间与精神：关于心理学虚拟范式的论文》（Time and Spirit: Essay on the Virtual Paradigm in Psychology），《巴西心理学：教育、临床、政治和少数民族美学》（Brazilian Psychology: Education, Clinic, Politics, and Minority Aesthetics）

五 学术组织（Organizações Acadêmicas）

（一）巴西研究协会（Brazilian Studies Association，BRASA）

简介：巴西研究协会于 1992 年在加利福尼亚州洛杉矶举行的拉丁美洲研究协会（LASA）大会期间正式启动。在此次会议上，约 40 名学者聚集在一起，决心成立一个协会，既促进巴西研究，又在研究巴西和拉丁美洲其他地区的人员之间建立牢固的联系。

巴西研究协会获奖者：

①终身贡献奖：Peggy Sharpe；

②罗伯托·雷斯图书奖：Victoria Saramago，Case Watkins；

③罗伯托·雷斯资深作者奖：Benjamin Cowen，Rafael Cardoso；

④巴西研究启动奖（BIS）：Alexander Lundberg，Paula Costa Nunes de Carvalho，Caio Affonso Leone；

⑤托尔曼奖：Juliana Siqueira Franco，Joao Batista N. Gregoire，Geovane Santos，Adriana Tolentino Sousa。

出版物：Fictional Environments: Mimesis, Deforestation, and Development in Latin America（《虚构环境：拉丁美洲的模仿、森林砍伐和发展》），Palm Oil

Diaspora: Afro-Brazilian Landscapes and Economies on Bahia's Dendê Coast（《棕榈油散居地：巴伊亚州登迪海岸的非裔巴西景观和经济》），Moral Majorities Across the Americas: Brazil, the United States, and the Creation of the Religious Right（《美洲的道德多数：巴西、美国和宗教权利的创造》），Modernity in Black and White: Art and Image, Race and Identity in Brazil, 1890-1945（《黑与白的现代性：巴西的艺术与图像、种族与身份（1890-1945）》）

网址：https://brasa.org/

（二）拉丁美洲研究协会（Latin American Studies Association，LASA）

简介：拉丁美洲研究协会是世界上最大的从事拉丁美洲研究的专业协会，拥有 13000 多名会员，其中 60% 以上居住在美国以外的地区。该组织是一个将全球所有学科和不同职业的拉美问题专家聚集在一起的协会，专门设有巴西方面的研究主题。

网站：https://lasaweb.org/en/

巴西方面研究链接：https://sections.lasaweb.org/sections/brazil/

六 活动（Atividades）

（一）巴西会议（Brazil Conference）

简介：巴西会议旨在促进与巴西多样性领导人和代表之间联系的会议，主要讨论与巴西政治、经济、文化和社会有关的问题。该活动由巴西本科生于 2014 年提出，希望将巴西知识分子带到波士顿知识中心，讨论巴西面临的挑战和可能出路。这场诞生于庆祝巴西民主 30 年的小型活动，已经被媒体称为"巴西达沃斯"（Davos Brasileira）。自 2015 年以来，该活动由波士顿地区的巴西学生社团在 4 月份举办。莱曼基金会（Fundação Lemann）是该活动的主要资助方。

网址：https://www.brazilconference.org/

（二）巴西—美国高级别对话（Diálogo de Alto Nível Brasil-EUA）

简介：该活动是两国之间最全面的对话机制，聚焦三个主题：支持民主治理、促进经济繁荣、加强防务和安全合作并促进和平与法治。

巴西的中国研究
（Estudo Chinês do Brasil）

一　与中国有关的官方机构（Instituies Oficiais Relacionadas com a China）

（一）外交部亚洲和太平洋事务秘书处中国、蒙古国和地区双边机制司（Secretária de Ásia，Pacífico Rússia，SARP，Departamento de China, Mongólia e Mecanismos Bilaterais e Regionais，DCHM）

简介：为巴西外交部下属副部级秘书处，负责处理中国、蒙古国及地区事务。Eduardo Paes Saboia 为巴西外交部主管亚太事务副部长。Pedro Murilo Ortega Terra 为外交部中国司司长[1]。该司下辖中国和蒙古国处（Divisão de China e Mongólia，DCM）以及区域政策机制处（Divisão de Mecanismos Políticos Regionais，DMR）。

（二）众议院巴西—中国议员小组（Grupo Parlamentar Brasil-China do Congresso Nacional）

简介：该小组为众议院双边关系议员小组，由与中国关系密切的议员组成。

网址：https://www.camara.leg.br/internet/deputado/gp-membros.asp?g=23

（三）参议院巴西—中国议员小组（Grupo Parlamentar Brasil-China do Congresso Nacional）

简介：根据 2004 年第 4 号决议的规定，参议院成立巴西—中国议员小组。该小组是一个议会间合作机构，旨在鼓励和发展的双边立法机构之间的关系，

---

① 一般惯称中国司，实际该司负责中国—俄罗斯—蒙古国—中亚事务。

包括 43 名参议员和 3 名众议员。

网址：https://www25.senado.leg.br/web/atividade/conselhos/-/conselho/gpchina

（四）参议院巴中友好小组（Grupo de Amizade Brasil-China do Senado Federal）

简介：参议院巴西与中国议员小组是由联邦众议员丹尼尔·阿尔梅达（Daniel Almeida）主持的巴中众议员议会小组（Grupo Parlamentar Brasil - China da Câmara dos Deputados）会同以下组织共同构成：由联邦众议员福斯托·皮纳托（Fausto Pinato）主持的巴西—中国和金砖国家联合阵线（Frente Parlamentar Mistas Brasil - China e BRICS），由联邦众议员 Perpétua Almeida 主持的加强金砖国家间合作议会阵线（Frente Parlamentar Mista de Fortalecimento da Cooperação entre os Países do BRICS），由联邦众议员路易斯·米兰达（Luis Miranda）担任主席的巴西与金砖国家众议院议会小组（Grupo Parlamentar Brasil - BRICS da Câmara dos Deputados），以及由联邦众议员埃瓦伊尔·德·美罗（Evair de Melo）主持的捍卫国际贸易和投资联合议会阵线（Frente Parlamentar Mista em Defesa do Comércio Internacional e do Investimento），由 Regino Barros 主持的巴西与中国兄弟融合主权勋章（Soberana Ordem da Fraterna Integração Brasil - China）、巴西功绩荣誉学院国际理事会（Conselho Internacional da Academia Brasileira de Honrarias ao Mérito）和圣保罗文化与商业一体化中心（Centro de Integração Cultural e Empresarial de São Paulo）的双边平台共同构成。

（五）巴西国会巴中议员阵线（Frente Parlamentar Brasil-China do Congresso Nacional）

简介：由联邦众议员福斯托·皮纳托（Fausto Pinato）主持的议员小组，由 191 名众议员和 7 名参议员共同构成。

网址：https://www.camara.leg.br/internet/deputado/frenteDetalhe.asp?id=54308

（六）巴西国会巴西—金砖国家议员阵线（Frente Parlamentar Brasil-BRISCS do Congresso Nacional）

简介：由联邦众议员福斯托·皮纳托（Fausto Pinato）主持的议员小组，由 205 名众议员和 7 名参议员共同构成。

网址：https://www.camara.leg.br/internet/deputado/frenteDetalhe.asp?id=54310

（七）圣保罗州议会巴西—中国议员阵线（Frente Parlamentar Brasil-China no São Paulo）

简介：巴西圣保罗州议会对华友好议员组成的议会组织。

网址：https://www.al.sp.gov.br/alesp/frentes-parlamentares-detalhe/?idFrente=2081

（八）米纳斯吉拉斯州议会巴西—中国议员阵线（Frente Parlamentar Brasil-China no Minas Gerais）

简介：该阵线于 2020 年 8 月 18 日成立，由州议员 Glaycon Franco 和 Thiago Cota 分别担任主席和副主席，由众议院 17 个政党中的 47 名议员构成。

（九）里约州议会对华友好小组（Grupo de Amizade Brasil-China no Estado do Rio de Janeiro）

简介：2004 年 11 月 30 日，巴西里约州议会对华友好小组成立。州议会对华友好小组主席是议员 Samuel Malafaia 先生，对华友好小组秘书长是议员 Edmilson Valentim 先生。

（十）南里奥格兰德州巴西—中国议员阵线（Frente Parlamentar Brasil-China no Rio Grande do Sul）

简介：经杰弗森·费尔南德斯（Jeferson Fernandes）州议员倡议，在各政党 32 名州议员的支持之下，南里奥格兰德州议会巴西—中国议员阵线于 2019 年 3 月 12 日正式成立。

（十一）坎皮纳斯—中国阵线（Frente Parlamentar Campinas-China）

简介：于 2023 年 12 月 15 日在坎皮纳斯市成立。成立仪式邀请到中国驻圣保罗总领事余鹏，坎皮纳斯市议长罗西尼，市议员、阵线主席门德斯，市国际关系局局长桑托斯，巴中社会文化研究中心主席罗士豪，坎皮纳斯华协会长郑杰波，坎皮纳斯孔子学院院长高沁翔等各界代表 130 余人出席活动。坎皮纳斯—中国阵线的成立充分表明深化对华合作已成为坎皮纳斯各界的高度共识，通过阵线平台将进一步加强坎皮纳斯与中国在科学创新、技术能源、社会经济、商业农业、文化教育等领域的合作。

（十二）巴西驻华使领馆（As Embaixadas e Os Consulados do Brasil na China）

1. 巴西驻华大使馆（Embaixada do Brasil em Pequim）

简介：为巴西驻华外交机构之一，坐落于北京市朝阳区光华路 27 号，其领区为中华人民共和国全境，广州、香港和上海总领事馆管辖的管辖区除外。巴西驻华大使同时也是巴西驻蒙古国大使，巴西在蒙古国未设馆，遥领蒙古国。

网址：http://pequim.itamaraty.gov.br/

电子邮箱：consular.pequim@itamaraty.gov.br

联系电话：+86 10 6532 2881

紧急联系电话：+86 138 0121 0722

2. 巴西驻广州总领事馆（Consulado-Geral do Brasil em Cantão）

简介：为巴西驻华外交机构之一，坐落于广州市天河区珠江新城华夏路 10 号富力中心 1403 室，其领区为广西壮族自治区、广东省、海南省、福建省、贵州省、云南省、湖南省等。

网址：http://cantao.itamaraty.gov.br/

电子邮箱：notarial.cantao@itamaraty.gov.br /cg.cantao@itamaraty.gov.br /visa.cantao @itamaraty.gov.br

联系电话：+86 20 8365 2203

紧急联系电话：+86 133 6058 1327

3. 巴西驻香港总领事馆（Consulado-Geral do Brasil em Hong Kong）

简介：为巴西驻华外交机构之一，坐落于香港湾仔区港湾道 30 号新鸿基中心 2014-21 室，其领区为香港、澳门特别行政区。

网址：http://hongkong.itamaraty.gov.br/

电子邮箱：consular.hk@itamaraty.gov.br

联系电话：（852）2525-7002

紧急联系电话：（852）4660-0015

4. 巴西驻上海总领事馆（Consulado-Geral do Brasil em Xangai）

简介：为巴西驻华外交机构之一，坐落于上海市北京西路 968 号花园广场大厦 10 楼 1006B-1008 单元，其领区为上海市、江苏省、浙江省、安徽省、山东省。

网址：http://xangai.itamaraty.gov.br

电子邮箱：brasileiros.xangai@itamaraty.gov.br

紧急联系电话：+86 131 6623 1312

5. 巴西驻成都总领事馆（Consulado-Geral do Brasil em Chengdu）

简介：领区范围为四川省、重庆市、贵州省、云南省和陕西省，尚未正式设馆。

（十三）巴西圣保罗投资促进局上海代表处（InvestSP）

简介：2019 年 8 月，巴西圣保罗州在上海设立巴西圣保罗州投资促进局上海代表处，旨在进一步推动该州与中国在贸易、投资、科技、旅游等多领域的合作与交流，这也是该州在国外拟设立的首个贸易代表处。上海代表处首代为安竹萨（José Mario Antunes）。

微博：https://www.weibo.com/u/7517838881

二 与中国有关的社会组织（Organizações Sociais Relacionadas com a China）

（一）巴西华人协会（Associação Chinesa do Brasil）

简介：协会成立于 1980 年 10 月 10 日，是巴西最大的华人社团。会址位于巴西圣保罗市，该市也为巴西华侨、华人聚居最多的商贸中心城市。2015 年，国务院侨务办公室授牌成立巴西华人协会圣保罗华助中心，本着"为了侨、依靠侨、服务侨"的原则，旨在为侨胞提供关爱帮扶，维护侨胞合法权益，助力侨胞生存发展并融入当地社会。下设安全委员组、法律政策法律援助组、教育组、慈善公益组和秘书组，以汇聚各方力量和各种资源服务广大侨胞。

办公地址：Rua Tamandaré, nº 156 - Liberdade - São Paulo - SP，CEP 01525-000

热线电话：+55（11）32070954

传　　真：+55（11）32075316

电子信箱：contato@bxhrxh.org

网址：https://bxhrxh.org/

（二）巴西华人文化交流协会（Associacao de Intercambio Cultural Brasil-China）

简介：协会创建于 2000 年 12 月 2 日，由促进中巴文化艺术交流的旅巴中青年巴西华人华侨发起成立。协会本着爱国爱乡、弘扬和传播中华博大精深文化的宗旨，团结广大侨胞，拥护和支持祖国统一大业，促进中巴两国人民友好往来，推动两国文化、科技、经贸交流，积极奉献海外赤子的一份力量。该协会网络传播平台位于巴西华人协会平台之下，为其子平台。

网站：https://www.bxhrxh.org/

（三）巴西北京文化交流协会（Associaçao Intercâmbio Cultural de Pequim do Brasil）

简介：巴西北京文化交流协会致力于加强侨团规范化、功能化、信息化和年轻化建设。现任会长是赵永平（Lucia Zhao）女士。

网址：https://baxishopping.com/ 北京文化交流协会 /

（四）巴中工商总会（Câmara de Comércio e Indústria Brasil-China，CCIBC）

简介：巴中工商总会是一个独立的非营利组织，于 1986 年在圣保罗成立，与全国工业联合会（CNI）、国家出口公司协会（AEB）和巴西贸易协会联合会（CACB）保持协议关系。在工商界、外交界和政府的支持下，促进巴西与中国在经济、学术和文化领域的交流与合作，促进两国人民之间的友好往来，为巴西和中国公司提供信息支持和协助，以发展战略伙伴关系，加强两国之间的联系。

网址：https://camarabrasilchina.com/

优兔主页：https://www.youtube.com/channel/UCj7G30-VBwsxq9yXfrwDdqQ

（五）巴中国际发展商会（Câmara de Comércio de Desenvolvimento Internacional Brasil，CCDIBC）

简介：商会于 2022 年在巴西圣保罗正式成立，巴西总统卢拉担任永久荣誉会长。在中巴两国高层互访中，巴中国际发展商会组织发挥了重要作用。

网址：http://www.ccdibc.com/html/gywm/

（六）巴西中国商会（Câmara Chinesa de Comércio do Brasil，CCCB）

简介：商会在中国驻圣保罗总领事馆的倡导和巴西十多家华人社团的积极响应与支持下，于 2004 年 5 月 6 日在圣保罗市正式成立。旨在为侨胞提供商贸信息，法律咨询及各种便利，维护侨胞合法权益；提供中巴外贸政策介绍和宣传，协助开拓中巴经贸合作；促进中巴贸易，协助展销活动及中巴商团互访，做好商贸中介服务；协调处理侨胞之间商务纠纷，增进侨胞之间的团结互助和共同发展。

网址：https://www.camarachinesa.com.br/

（七）巴中社会文化研究中心（Instituto Sociocultural Brasi-China, Ibrachina）

简介：中心成立于 2018 年，总部位于巴西圣保罗。研究中心为促进中国和巴西两国人民之间的融合而诞生，加强中国与巴西的文化交流，并在中国传播巴西的文化。研究中心旨在丰富中巴文化交流，推动中国、巴西和其他葡萄牙语国家之间的融合与社会文化发展。致力于成为巴西、中国和其他葡萄牙语国家之间文化融合的重要代表。

网址：https://ibrachina.com.br/

（八）巴西里约华人联谊会（Associação Cultural Chinesa do Rio de Janeiro）

简介：联谊会于 1984 年 5 月成立于里约热内卢市。会员约 200 人。拥护祖国统一主张，积极开展联谊活动，接待中国访问团组，组织华侨、华人到中国观光旅游，增强与祖（籍）国的联系往来，并创办会刊。2023 年 4 月 3 日，巴西中国研修班学员协会成立仪式暨招待会在里约热内卢华人联谊会成功举行。

网址：https://baxishopping.com/hualian/

（九）巴西中巴美术交流协会

简介：首届会长是李忠信。该协会旨在学习和继承中国美术，吸收和培养侨界美术爱好者，与中国和巴西两国美术界开展美术交流，积极在海外传播和弘扬中国美术，推动中巴两国的文化合作与交流，增进中巴两国人民的友谊。

（十）巴西中国和平统一促进会（Associação Brasil-Aliança Pró-Reunificação Pacífica da China）

简介： 促进会是一个巴西华人社团，于 1991 年 5 月 26 日成立于圣保罗市。旨在将世界各地的中华儿女联合起来，共同努力，向着中国和平统一的目标迈进，尽快完成统一大业。

网址： https://baxishopping.com/%E5%B7%B4%E8%A5%BF%E4%B8%AD%E5%9B%BD%E5%92%8C%E5%B9%B3%E7%BB%9F%E4%B8%80%E4%BF%83%E8%BF%9B%E4%BC%9A/

（十一）巴西中华妇女联合会

简介： 联合会自 2006 年成立以来，以团结姐妹、服务侨胞、造福社会为宗旨，始终致力于巴西侨界妇女工作，热心公益事业，弘扬中华优秀传统文化。

（十二）巴西中巴交流联合会（Federação Brasileira de Intercambio China-Brasil，FBICB）

简介： 联合会的前身为巴西中巴文化经济协会（Associação Cultural e Economica Sino-Brasileira，ACESB），在巴西米纳斯吉拉斯州政府和贝洛哈里桑塔市政府支持下，于 2005 年 12 月由中巴文化、教育和经济界人士共同创建。其主要目的是在巴西各级政府机构和中国驻巴西使领馆建立友好关系的基础上，沟通和促进两国之间的文化、教育和商旅服务。其下属 5 个子单位和一个杂志社，分别为：中国文化中心（Centro de Cultura Chinesa），信息中心（Centro de Informação），广告宣传中心（Centro de Comunicação Vitual），体育交流中心（Centro de Intercambio Esportivo），Y.A. 体育与文化学校（Y.A. Escola de Esporte e Cultura）及中巴交流杂志社。

网址： https://www.fbicb.org/

（十三）巴西—中国文化协会（Associação Cultural Brasil-China，ACBC）

简介： 成立于 1985 年，在中国移民 Moo Shong Woo 的指导下建立。旨在传播中国文化，保证参与者身心健康，达到锻炼身体的目的。其上级组织为 Moo Shong Woo 所创办的"宇宙和谐广场"（A Praça da Harmonia Universal，PHU），活动地点为巴西利亚，参与者可以免费体验舞剑、太极等中国传统文化。2007 年，"宇宙和谐广场"被列入巴西利亚非物质文化遗产名录（patrimônio cultural imaterial de Brasília）。

网址：https://phu.org.br/

（十四）圣保罗"汉语桥"俱乐部（Chinese Bridge Club in São Paulo）

简介：圣保罗"汉语桥"俱乐部致力于在巴西弘扬中文和中国文化，与中国驻巴西大使馆等多次合作创办汉语晚会等活动。

脸书主页：https://www.facebook.com/chinesebridgeclubsp/

（十五）书面（Shū miàn）

简介：2018 年，Gabriel Dolabella、Jordy Pasa、Júlia Rosa 和 Lívia Machado Costa 创建了该平台，旨在建立理解的桥梁，创造新的机会，优化中国与拉丁美洲的政治、经济和文化关系。

网址：https://shumian.com.br/

三　巴西的中国研究智库（Think Tank para Estudos Chineses no Brasil）

（一）巴西—中国企业家委员会巴方委员会（Conselho Empresarial Brasil-China，CEBC）

简介：巴西—中国企业家委员会成立于 2004 年，是一个双边非营利机构，由两个独立的部门组成，一个在巴西，另一个在中国，致力于促进两国公司之间的对话。其成立目的为改善两国之间的贸易和投资环境。委员会出版多种出版物。

网址：https://www.cebc.org.br/

优兔主页：

https://www.youtube.com/channel/UCelNR_p_FDTWAFFy1ouKtFA

（二）巴西国际关系研究中心亚洲研究小组（Núcleo Ásia，Centro Brasileiro de Relações Internacionais，CEBRI）

简介：巴西国际关系研究中心为巴西的独立国际关系智库，在南美洲和中美洲排名第二。亚洲研究小组（Núcleo Ásia）专注于处理巴西与中国的关系以及亚洲在全球秩序中的作用，重点关注多边主义、贸易、环境、地缘政治、技术和创新等主题。其与包括中华人民共和国驻巴西联邦共和国大使馆在内的诸多合作伙伴保持协作，主要学术活动包括：线下讲座、学术出版物、线上视频、线上课程。

网址：https://cebri.org/br/nucleo/4/asia

（三）瓦加斯基金会里约热内卢法学院巴西—中国研究中心（Núcleo de Estudos Brasil-China，FGV Direito Rio）

简介： 研究中心成立于 2017 年 5 月，是巴西第一个致力于中巴关系的法律课程研究中心，重点关注法律外交层面和双边议程的主要主题，巴中双边关系是中心研究活动的重点，同时也考虑到两国直接参与的制度安排，如金砖国家和新开发银行。旨在开展中巴关系的研究，从而为双边关系的发展作出贡献，特别是在学术和法律领域。其下属项目包括"一带一路与巴西"（Belt and Road & Brazil）。

网址：https://direitorio.fgv.br/global/centro-brasil-china

（四）应用经济研究所（Instituto de Pesquisa Econômica Aplicada，IPEA）

简介： 应用经济研究所是与规划和预算部（Ministério do Planejamento e Orçamento）有联系的联邦机构。其研究活动为政府制定和重新制定巴西公共政策和发展计划的行动提供技术和制度支持。同时，也会通过专门的期刊来向公众和社会提供相关的信息。

网址：https://www.ipea.gov.br/

（五）圣保罗大学法学院金砖国家研究小组（Grupo de Estudos sobre os BRICS，GEBRICS）

简介： 金砖国家研究小组成立于 2015 年，隶属于巴西圣保罗大学法学院。其主要职能为促进金砖国家组织研究，并展开线下活动。如 2017 年，GEBRICS USP 在圣保罗大学举办了第一届金砖国家会议。中国、俄罗斯、印度和南非驻圣保罗领事馆的教授、学生、外交官和代表出席了此次活动，为扩大有关金砖国家的学术、科学和外交讨论作出了贡献。目前，该小组有 20 名研究员。

网址：https://sites.usp.br/gebrics/

（六）**中国巴西中心**（Centro China-Brasil）

简介： 中国巴西中心是巴西及南美地区研究中国问题的重要智库，致力于促进中国与巴西之间的友好关系。中心基于中巴双边学术、科学和技术合作倡议建立，倡议发起双方分别为里约热内卢联邦大学（UFRJ）和清华大学，其共同研究和创新重点是国家间选择合作伙伴、建立伙伴关系所涉及的关键领域：气候变化和创新能源技术。现任主任是巴西的经济学家和中国通罗尼·林斯（Ronnie Lins）。

网址：https://www.centrochinabrasil.coppe.ufrj.br/index.php/pt/

（七）**珀尔修斯·阿布拉莫基金会中国和新丝绸之路合作小组**（Grupo de Cooperação sobre a China e sua Nova Rota da Seda da Fundação Perseu Abramo）

简介： 珀尔修斯·阿布拉莫基金会由劳工党于1996年创立，由21人董事会和6人执行委员会构成，主要工作包括以下几方面：（1）记录劳工党的历史；（2）进行意识形态、政治和文化反思；（3）通过活动、出版物和政治教育，将积累的政治、意识形态、文化遗产进行社会传播；（4）进行民意调查。2018年5月28日，该基金会成立中国和新丝绸之路合作小组。

网址：https://fpabramo.org.br/fundacao-perseu-abramo/

（八）**巴西中国与亚太研究所**（Instituto Brasileiro de Estudos da China e Ásia-Pacífico，IBECAP）

简介： 该研究所旨在促进巴西和中国之间经验交流的研究、创新和文化。多年来，该研究所在中国和葡萄牙语国家对话方面发挥了重要作用，成为葡萄牙语国家与中国之间的桥梁。所长为塞维利诺·卡布拉尔（Severino Cabral）。

网址：https://ibecap.wordpress.com/

（九）**亚洲研究与商务中心**（Núcleo de Estudos e Negócios Asiáticos，ESPM）

简介： 该中心旨在向巴西学术和商务人士共享亚洲的信息，传播来自亚洲的学术资料和文化咨询。

网址：https://ri.espm.edu.br/agencias-experimentais/nucleo-de-estudos-e-negocios-asiaticos/

四 巴西高校中的中国研究机构（Instituições de Pesquisa Chinesas em Universidades Brasileiras）

（一）东方主义项目（Projeto Orientalismo）

简介：由里约热内卢州立大学（Universidade do Estado do Rio de Janeiro, UERJ）主导策划的学术项目，该项目的目标是对亚洲文化特别是远东地区文明进行全面、科学地研究与传播。近些年，该项目向巴西引入了大量的来自中国、印度、日本等亚洲国家的哲学思想，并且翻译了很多亚洲国家的古典文献，在巴西的东方学研究领域占有重要地位。

网址：www.orientalismo.blogspot.com

（二）坎皮纳斯州立大学巴西—中国研究中心（Grupo de Estudos Brasil-China da Universidade Estadual de Campinas，GEBC-UNICAMP）

简介：该中心成立于 2011 年，是一个与坎皮纳斯州立大学（UNICAMP）高级研究中心（CEAV）直接相关的团体。该小组会集了一批学者，以广泛了解中国在当代世界中的作用，并扩大坎皮纳斯州立大学和中国机构之间的合作。该机构定期举办讨论巴西—中国主题的学术研讨会，并出版相关文章与杂志。

网址：https://www.gebc.relacoesinternacionais.unicamp.br/

（三）里约热内卢联邦大学巴中研究中心（Instituto de Estudos Brasil-China，IBRACH）

简介：作为巴西举足轻重的经济学家之一，安东尼奥·巴罗斯·德·卡斯特罗（António Barros de Castro）博士近年来致力于研究中国经济及其对世界和巴西的影响，并创立了里约热内卢联邦大学巴中研究中心。

网址：https://ufrj.br/

（四）圣保罗天主教大学中国研究中心（Centro de Estudos sobre a China，CEC-PUC-SP）

简介：中国研究中心隶属于圣保罗天主教大学国际关系项目的亚太研究小组（GEAP-PUC/SP），于 2003 年 9 月开始开展活动。旨在通过教学、研究和推广活动，扩大有关亚太地区的知识，为逐步构建巴西对亚洲现实的愿景作出贡献。

网址：https://www.pucsp.br/geap/centrosdeestudos/cechina.htm

（五）ABC 联邦大学巴西外交政策与国际参与观察站"巴西和中国"项目组（Brasil e China，Observatório de Política Externa e da Inserção Internacional do Brasil，OPEB）

简介：巴西外交政策和国际参与观察站（OPEB）由 ABC 联邦大学国际关系课程的教授和学生于 2019 年初创建，旨在系统地监测和分析巴西外交政策和国际社会新动态，目前已出版和发表了如《博尔索纳罗外交政策的基本要素》（As Bases da Política Externa Bolsonaro）和《博尔索纳罗在疫情中的外交政策》（A Política Externa de Bolsonaro na Pandemia）等书籍和文章。"巴西和中国"为观察站中的一个项目分组，协调员为乔治·罗曼诺（Giorgio Romano）和安娜·特雷扎（Ana Tereza），旨在发表有关巴西与中国外交关系、中国政策的研究成果。

网址：https://opeb.org/category/brch/

（六）里约热内卢联邦大学中国政治经济学研究实验室（Laboratório de Estudos em Economia Política da China，LabChina）

简介：中国实验室以里约热内卢联邦大学的经济研究所和国际政治经济学研究生项目（PEPI）为基地，会集了经济学、社会科学、国际关系和历史领域的研究人员，从多个维度研究中国的社会经济发展过程。

网址：https://www.labchina.ie.ufrj.br/

（七）里约热内卢坎迪多·门德斯大学亚非研究中心的中国–亚太研究项目（Programa China-Ásia-Pacífico do Centro de Estudos Afro-Asiáticos da Universidade Cândido Mendes de Rio de Janeiro，CEAA-UCAM）

简介：这是一项以巴西与中国之间的战略合作为主题的研究项目，旨在探讨两个最大发展中国家之间的合作机会，以及两国合作如何为多极世界的构建作出贡献。此外，该项目的研究内容还涉及后冷战时代的全球秩序问题。

网址：https://projetoceaa.com.br/

（八）圣卡塔琳娜联邦大学南巴西及南锥体中国研究中心（Centro Sul-Brasileiro e do Cone Sul de Estudos da China，CEC）

简介：该中心旨在对当今世界第二大经济体进行研究，并建立相关知识网络，计划组织一个由中国、巴西—中国和南方共同市场—中国关系的专家组成的研究小组。

网址：https://labsad.ufsc.br/cec/

（九）里约热内卢天主教大学金砖国家政策中心（Centro de Estudos e Pesquisas BRICS，BPC）

简介：金砖国家政策中心是隶属于里约热内卢天主教大学国际关系研究所（PUC-Rio）的智库，是一个独立、无党派和非营利的研究中心。旨在通过产生关于国际体系内转型及其对地方、国家和区域层面的影响的关键和相关知识，为全球南方推进基于权利的发展议程和促进平等作出贡献。

网址：https://bricspolicycenter.org/

（十）南里奥格兰德联邦大学金砖国家研究中心（Núcleo de Estudos dos BRICS，NEBRICS-UFRGS）

简介：金砖国家研究中心隶属于南里奥格兰德联邦大学经济科学学院经济与国际关系系，旨在对金砖国家进行经济研究。

网址：https://www.ufrgs.br/nebrics/

（十一）巴西利亚大学亚洲研究中心（Núcleo de Estudos Asiáticosda Universidade de Brasília，NEASIA）

简介：成立于 1987 年，致力于亚洲和大太平洋地区的研究。中心具有多学科性质，其目标是对亚洲及太平洋地区社会和文化的各个方面进行研究；开展研讨会、座谈会和讲座；促进本科和研究生阶段的课程推广；与研究机构和大学开展人员交流；建立该领域研究人员和参考资料数据库；鼓励建立拉丁美洲、亚洲及太平洋洲研究人员网络。在巴西利亚大学还有一个中国研究小组（Grupo de Pesquisa da China），是属于本科生的兴趣小组。

网址：http://neasia.unb.br/

（十二）弗鲁米嫩塞联邦大学亚洲研究中心（Centro de Estudos Asiáticos，CEA-UFF）

简介：该中心是一个跨学科的研究单位，旨在从不同的理论和方法论角度分析和研究亚洲大陆各国的历史社会进程。涵盖有关亚洲教学的多个领域和问题。该团体会集了多个领域的研究人员，以扩大亚洲研究在巴西大学的影响力，同时会集对该主题感兴趣的人。其活动包括开展与主题相关的研究、阅读和讨论小组，再定期举办研讨会、座谈会、短期课程和出版物。

网址：https://ceauff.wixsite.com/ceauff

（十三）米纳斯吉拉斯联邦大学东亚研究中心（Centro de Estudos da Ásia Oriental，CEAO-UFMG）

简介：东亚研究中心致力于推动有关中国、韩国和日本的活动，鼓励和发展有关中国、韩国和日本的研究。2013 年 11 月，该中心召开了第一届中国研究会议，并成立中国研究中心（CEC）。2015 年，转设为东亚研究中心（CEAO）。

网址：https://www.ufmg.br/dri/internacionalizacao/ceao/

（十四）帕拉伊巴联邦大学亚太研究小组（Grupo de Estudos e Pesquisa em Ásia-Pacífico，UEPB）

简介：该小组旨在对亚太国家进行研究，撰写相关研究报告。

网址：https://gepapuepb.wordpress.com/category/pagina-inicial/

（十五）圣保罗大学亚洲研究小组（Grupo de Estudos sobre Ásia，NUPRI-USP）

简介：亚洲研究小组致力于深化、加强和传播有关亚洲地区国家的知识，促进知识创业，支持研究人员并促进学术人才的发展，旨在从多学科的角度丰富对亚洲的历史和当代的研究。

网址：https://nupri.prp.usp.br/estudos-sobre-asia/

（十六）伯南布哥联邦大学亚洲研究协调中心（Coordenadoria de Estudos da Ásia，CEÁSIA）

简介：该协调中心巩固了其作为巴西东北部最大学科中心的地位，保留了其跨学科特征，及其将教学、研究和推广结合的目标，同时在大学内外传播有关知识。旨在促进亚洲研究兴趣，提高亚洲伙伴机构对巴西的研究兴趣，并形成有关亚洲国家和巴西发展进程的比较知识，培养年轻研究人员的研究能力，通过教师和学生的交流，促进亚洲国家与巴西之间的知识交流。

网址：https://ceasiaufpe.com.br/?page_id=2831

（十七）圣保罗大学亚洲研究实验室（Laboratório de Estudos da Ásia，LEA-USP）

简介： 圣保罗大学历史系的亚洲研究实验室会集了多个领域的研究人员，旨在研究这一重要大陆的国家和相关主题。实验室定期向公众开放相关讲座，设有专门针对亚洲特定地区的工作组。

网址：https://lea.vitis.uspnet.usp.br/

（十八）里约热内卢联邦大学亚洲研究实验室（Laboratório de Estudos Asiáticos）

简介： 实验室成立于 2010 年，旨在开展研究和推广相关活动。实验室希望通过多种方式为理解当前备受关注的亚洲问题作出贡献。

网址：https://irid.ufrj.br/index.php/pesquisa-pub/lea-laboratorio-de-estudos-asiaticos

（十九）隆德里纳州立大学东方文化研究实验室（Laboratório de Pesquisa em Culturas Orientais，LAPECO-UEL）

简介： 东方文化研究实验室由理查德·贡萨尔维斯·安德烈（Richard Gonçalves André）和莱昂纳多·恩里克·路易斯（Leonardo Henrique Luiz）负责，旨在研究东方文化的多面性。实验室整合了来自不同大学的研究人员和利益相关者，举办与遗产保护相关的讨论小组和活动，并出版学术杂志《般若：东方文化杂志》（Prajna: revista de culturas orientais）。

网址：https://sites.uel.br/sustentabilidade/culturasorientais-lapeco/

（二十）里约热内卢州立大学商业、制度和资本主义研究中心（Núcleo de Estudos do Empresariado, Instituições e Capitalismo，NEIC）

简介： 研究中心将 30 多年来在政治经济领域进行的研究活动正式化，重点关注商业的作用和巴西资本主义发展的条件。中心目标是以此目标为研究方向建立一个论坛，讨论经济、社会、政治和体制方面的最新变化，以制定和巩固巴西和拉丁美洲社会经济发展的新替代方案。

网址：http://neic.iesp.uerj.br/

（二十一）高等军事学院国防高等研究课程（Curso de Altos Estudos em Defesa，ESG）

简介：高等军事学院巴西利亚校区为联合国提出国防高等研究课程小组"中国：文化马赛克和战略合作伙伴"（China: mosaico cultural e parceiro estratégico）专讲主题。

网址：https://www.gov.br/defesa/pt-br/centrais-de-conteudo/noticias/ultimas-noticias/
a-china-foi-tema-de-painel-do-curso-altos-estudos-em-defesa-da-esg-campus-brasilia

五　巴西的中国研究组织（Organizações de Estudos Chineses no Brasil）

（一）巴西中国研究网络（Rede Brasileira de Estudos da China，RBChina）

简介：巴西中国研究网络是一个多学科的科学网络，致力于促进中国各地的知识、研究、教学和专业实践。该网络目前由300多名教授、研究人员、学生和专业人士组成，包括外交官、记者、律师、艺术家和企业家。该网络定期组织全国会议，促进其成员之间研究的传播，并为中国专家与巴西同行之间的经验交流创造空间。

网址：https://www.ie.ufrj.br/rbchina

（二）观中国（Observa China）

简介：该组织是一个横向且无党派的交流空间，以独立、诚信、包容、多元化和卓越的原则为指导。周期性出版有关中国、金砖国家的文章。目前仅注册账户就能访问其官方网址。

网址：https://www.observachina.org/

（三）中国研修班学员协会（Associação de Estudantes de Escolas Chinesas）

简介：成立于 2023 年 4 月，隶属于巴西里约华人联谊会。中国研修班学员协会的成立将为学员们提供更专业周到的咨询服务，凝聚学员的智慧和力量，和总领馆一道为推动两国发展合作、促进两国人民相知相亲贡献积极力量。

六　巴西的中国研究人员（Pesquisadores Estudam a China no Brasil）

（一）福鑫（Alessandro Teixeira）

简介：福鑫有丰富的政界任职经历，曾任巴西旅游部部长、工业与贸易部副部长、巴西工业发展机构主席、巴西出口与投资促进局主席、巴西总统特别经济顾问、世界投资促进机构协会主席。他还曾担任巴西国家发展银行的董事会成员达 12 年之久。

2008 年，福鑫教授被英国《金融时报》评选为"拉丁美洲年度风云人物"。他在 2008 年和 2014 年两度收获巴西最高荣誉"Commend of Rio Branco"。目前，任清华大学公共管理学院客座教授。

个人网站：https://myweb.cuhk.edu.cn/alessandroteixeira

（二）安娜·雅瓜里贝（Ana Maria Jaguaribe Gomes de Mattos）

简介：安娜拥有布兰迪斯大学心理学和社会科学学位（1971 年），1974 年获得纽约大学政治和发展社会学硕士和博士学位，1977 年至 1983 年在联合国工作。从 1985 年到 1991 年，任里约热内卢联邦大学经济研究所教授。曾在联合国科学技术中心和贸发会议担任顾问，并于 1995 年至 1999 年在意大利担任顾问和研究员，1999 年至 2003 年在中国生活和进行研究。从 2003 年到 2006 年，担任贸发会议的顾问，负责开发创意产业项目领域，PPED 经济研究所客座教授。其兄长为巴西前驻华大使江豹（Roberto Jaguaribe），现任巴西—中国研究所（IBRACH）所长。

主要研究领域：中国的改革进程和现代化研究。

代表作：《中国：替代现代化战略》（China: Estratégias de Modernização Alternativa Políticas de Inovação）、《交叉路径：巴西和中国》（Cruzando

Caminhos: Os Casos de Brasil e China）以及《未来愿景：中国及其挑战，当前辩论的要素》（Visões de Futuro: A China e seus desafios, elementos do debate atual）等。

（三）卡洛斯·塔瓦雷斯（Carlos Tavares）

简介：巴西著名记者、国际贸易专家和中国问题专家，和中国有着近 50 年的渊源，见证了近半个世纪中巴两国关系的发展。

塔瓦雷斯自 1971 年发表了第一篇介绍中国的文章《中国的对外贸易》（Comério Exterior da China），随后的 30 余年里，他撰写了 500 余篇有关中国的文章，全面、系统地向巴西读者介绍中国的情况。他在巴西最大和最有影响的报纸《环球报》（O Globo）开辟了专栏，其中发表的绝大部分文章都与中国有关。

代表作：《中国：需要了解什么》（China-O Que e Preciso Saber）、《中国的觉醒》（O Despertar da China）、《中国：新世纪的超级强国》（China: Superpotência do Século X XI）、《中国：世界的领导者》（China: O Retorno à Liderança Mundial）、《中国：人类的起源》（China: As Origens da Humanidade）以及《国际贸易：中国，欧洲和港口》（Comércio Internacional: China, Eua e Portos）等。

（四）贝卡德（Danielly Silva Ramos Becard）

简介：贝卡德是巴西利亚大学国际关系研究所教授，拥有该大学的国际关系博士学位（2007 年），并在美国乔治华盛顿大学进行博士后研究（2015—2016 年）。她曾在丹麦奥尔堡大学（2017 年）、列日大学（2014 年）和比利时布鲁塞尔自由大学（2019 年）担任客座教授。

研究领域：巴西外交政策和中国外交政策、巴西 - 中国关系、中拉关系、金砖国家和亚洲研究。

代表作：《巴西和中华人民共和国：外交政策和双边关系比较（1974—2004 年）》〔O Brasil e a República Popular da China: Política Externa Comparada e Relações Bilaterais（1974-2004）〕、《一步之遥：中国在巴西战略的政治和经济以及电力部门的案例》（One-step Closer: The Politics and the Economics of China's Strategy in Brazil and the Case of the Electric Power Sector）、《10 年后金砖国家中的巴西：过去、现在和近期展望》（Brazil in the BRICS after 10 Years: Past, Present and Near Future Perspectives）、《中国文化外交：21 世纪中国国际介入战略中的工具》（Chinese Cultural Diplomacy: Instruments in China's Strategy for International Insertion in the 21st Century）。

（五）埃利亚斯·马尔科·哈利勒·贾布尔（Elias Marco Khalil Jabbour）

简介：1975 年生，经济学博士，巴西里约热内卢州立大学经济系教授。现任十余家巴西及国际期刊编委或评审，2018 年受中国文化和旅游部"青年汉学家研修计划"邀请访问中国。

研究领域：中国社会主义市场经济、巴西发展主义经济理论、巴西当代经济发展史、巴西政府政策与国际关系等。

代表作：《中国：21 世纪的社会主义》（China: O Socialismo do Século XXI）、《中国：基础设施与经济增长》（China: Infra-Estruturas e Crescimento Econômico）、《中国与科学社会主义的新可能》（Sobre a China e o "Socialismo de Mercado" Como uma nova Formação Econômico-Social）、《抗疫新经济计划与中国国家政治战略能力》（A "Nova Economia do Projetamento" no Combate À COVID-19 e as Capacidades Estatais Chinesas como Força Política Estratégica）等。

（六）高文勇（Evandro Menezes de Carvalho）

简介：高文勇，圣保罗大学（USP）国际法博士，中国法律和国际贸易方面的专家。他是里约热内卢瓦加斯基金会法学院（FGV Direito Rio）的国际法教授和巴西—中国研究中心主任，以及弗鲁米嫩塞联邦大学（UFF）法学院国际法教授。

2013 年至 2015 年，高文勇博士居住在上海，在上海财经大学法学院担任 OAS-CSC 项目（美洲国家组织和中国留学基金委）的高级学者，并在复旦大学金砖国家研究中心担任高端外国专家招聘计划的高级专家。

研究领域：国际贸易、国际法律。

代表作：《国际法符号学： 贸易与翻译》（The Semiotics of International Law: Trade and Translation）、《规范整合：多元文化和多语言背景下的法律》（Integração Normativa e a Tradução das Tradições Jurídicas: Compreender o Mundo para Regulá-Lo, Traduzir o Mundo Para Compreendê-Lo）等。

（七）何塞·罗伯托·特谢拉（José Roberto Teixeira Leite）

简介：巴西汉学家，坎皮纳斯州立大学教授、历史学家，曾任巴西驻华使馆科技参赞。

代表作：《中国在巴西》（A China no Brasil）、《中国与葡语国家：建筑遗产》（China e Países Lusófonos-Património Construído）（合著者）和《长城背后/从西方看世界》（Por trás da Grande Muralha / A Chian vista do Ocidente）（未出版）等。

（八）华一卿（Karin Costa Vazquez）

简介：全球化智库（CCG）特邀高级研究员，复旦大学学者，以及O.P. Jindal全球大学的副教授和助理院长。华一卿教授曾为联合国和世界各地的发展金融机构提供咨询建议，其中包括联合国南南合作办公室的2022—2025年战略框架和巴西发展协会2030年可持续发展计划。在政府工作中，她代表巴西外交部参加多边谈判。定期向世界领先的媒体、科学杂志和智库撰写关于国际合作与金融、可持续发展和国际政治经济等问题的文章。

研究领域：巴西、中国、印度和新的多边开发银行。

（九）雷纳托·鲍曼（Renato Baumann）

简介：巴西政府所属的应用经济研究所的国际事务专家，巴西利亚大学教授，中巴商务委员会的成员，联合国经济学者。中国和国际经济领域的专家。

研究领域：国际经济、国际贸易。

代表作：《新的开发银行：相互冲突的独立性还是战略伙伴关系？》（Os Novos Bancos de Desenvolvimento: Independência Conflitiva ou Parcerias Estratégicas?）、《新兴经济体与国际形势》（As Economias Emergentes e O Cenário Internacional）、《国际介入作为巴西经济复苏的载体：对外贸易、投资、融资和国际行动》（Inserção Internacional Como Vetor da Recuperação Econômica do Brasil: Comércio Exterior, Investimentos, Financiamento e Atuação Internacional）、《对外贸易、贸易政策和外国投资：对COVID-19危机影响的初步考虑》（Comércio exterior, política comercial e investimentos estrangeiros: considerações preliminares sobre os impactos da crise do COVID-19）等。

网络主页：https://www.researchgate.net/profile/Renato-Baumann-2

（十）里卡多·巴塞莱特（Ricardo Bacelette）

简介：毕业于巴西利亚大学国际关系专业（2003年），并在巴西利亚大学学习国际经济学（2005年），自2011年起担任应用经济研究所（IPEA）研究员，曾在该所国际部（Dinte）工作，主题涉及经济、贸易、国际融资和发展，重点关注中国和东亚。他在东亚的生产一体化、价值链和贸易协定以及中国的政治经济学和治理领域发表了多篇论文。

研究领域：国际贸易、融资和发展，国际政治经济学，亚洲一体化，中国的治理和制度。

代表作：《亚洲的区域主义：从生产一体化到制度化》（Regionalismo na Ásia: da Integração Produtiva à Institucionalização）、《东亚日益一体化、新的制度安排和中国的作用》（A Crescente Integração do Leste Asiático, os Novos Arranjos Institucionais e O Papel da China）。

（十一）罗热里奥·迪泽姆（Rogério Dezem）

简介：教授和历史学家，拥有圣保罗大学社会历史学士学位（1999 年）和硕士学位（2003 年）。他是巴西日本移民历史博物馆的研究员和讲师（1998 年至 2007 年）。从 2004 年到 2010 年，任圣保罗 Graded 学校的巴西历史教授。他在当代巴西历史领域拥有丰富的经验，重点是移民史，尤其是来自中国和日本的移民。他是大阪大学语言文化研究生院巴西历史和文化的客座教授，并于 2011 年至 2020 年期间在京都外国语大学担任兼职教授。

研究领域：巴西历史，巴西移民问题。

代表作：《巴西的中国问题（1879）》（A Questão Chinesa（1879）no Brasil）、《福斯科·马拉尼（1912—2004）和日本》[Fosco Maraini（1912-2004）e o Japão]、《"黄色"的阴影：东方人话语在巴西的起源（1878—1908）》[Matizes do "Amarelo"：A Gênese dos Discursos sobre os Orientais no Brasil（1878-1908）] 等。

（十二）汤姆·德威尔（Tom Dwyer）

简介：巴西坎皮纳斯大学社会学系教师。

研究领域：巴中关系。

代表作：《巴西和中国高等教育体系的大众化：制度模式与学生经验》（The Massification of Higher-Education Systems in Brazil and China: Institutional Models and Students' Experiences）、《高等教育国际化：卓越还是网络建设？金砖国家最需要什么？》（Internationalization of Higher Education: Excellence or Network Building? What do BRICS Countries Need Most?）、《承认与转型：超越媒体对金砖国家的话语》（Recognition and Transformation: Beyond Media Discourses on the BRICS）。

（十三）安德烈·布埃诺（Andre da Silva Bueno）

简介：巴西汉学家、里约热内卢州立大学古东方学教授。他在历史和哲学领域有丰富的经验，以汉学为研究重点。曾任欧洲中国研究协会、欧洲中国哲学协会会员；是圣保罗亚洲研究实验室的合作者；是伯南布哥大学古兰经团体的成员；是南马托格罗索联邦大学古代研究跨学科空间小组成员；是伊比利亚美洲汉学网络（Ribsi）成员；是巴西中国研究网络（RBChina）会员；是国际儒学协会会员；是巴拉那州大学历史学习实验室（LAPHIS-UNESPAR）成员。

研究领域：中国思想、儒家思想、古代历史和哲学、东西方文化对话与互动、历史教学。

代表作：《中国人的生活——课堂：漫画中的古今中国》（Uma Vida Chinesa—Em Sala de Aula: China Contemporânea e História em Quadrinhos）、《中国：两个世界的艺术》（China: Uma Arte Para dois Mundos）、《中国历史观》（Visões da História Chinesa）等。

（十四）沈友友（Giorgio Sinedino）

简介：沈友友长期醉心于中国文化研究，全身心投入中国文化的海外传播，而且在 2005 年因缘巧合首次赴巴西驻华使馆常驻之后，就一直居住、工作、生活、沉浸在中华文化圈里。

研究领域：中国古代文学研究，中文—葡萄牙语翻译。

代表作：《论语·葡语解义》（Os Analectos-Confúcio）、《道德经：老子》（Dao De Jing-Laozi）、《南华经》（O imortal do Sul da China: uma leitura cultural do Zhuangzi- Zhuang Zhou）等译著，目前正在筹划出版《孙子兵法》的葡语读本。其中，《论语·葡语解义》在中国澳门基金会和澳门大学联合举办的首届"中葡文学翻译奖"中摘得中译葡组别的桂冠。近两年来，他与中国国际广播电台和澳门大学合作推出了通过讲解百家经典来介绍中国古代文化的广播节目《中国思想萃谈》。

七 巴西的中国研究出版物（Publicações de Estudos Chineses no Brasil）

（一）雷达中国（Radar China）

简介： 自 2011 年以来，该出版物一直致力于观察中国和中巴关系。它由 2007 年至 2013 年居住在北京的记者 Janaína Camara da Silveira 创建，旨在通过对中国政治、经济和文化的分析，促进巴西对中国的了解，注重分析中国政府和企业对巴西的影响。

网址：http://radarchina.co/

优兔：https://www.youtube.com/c/RadarChina

（二）今日中国（China Hoje）

简介：《今日中国》杂志是中国国际出版集团（CIPG）的出版物，目前已经拥有了巴西葡萄牙语版。《今日中国》杂志旨在成为有关中国在不同领域的有吸引力的最新信息来源，如经济、商业、文化、旅游、美食、哲学、中医与中巴双边关系等主题。

网址：http://www.chinahoje.net/

推特：https://twitter.com/chinahoje

脸书：https://zh-cn.facebook.com/chinahoje

领英：https://www.linkedin.com/company/chinahoje/

（三）中国时刻（Momento China）

简介： 由巴西圣保罗大学文学院中文专业师生于 2021 年 4 月创办，旨在介绍中国文化及中巴合作情况，已入驻优兔、脸书、照片墙、播客、巴西 TikTok 等新媒体平台。

（四）巴中通讯社（Agência Brasil China）

简介： 巴西中国通讯社，简称巴中通讯社（Agência Brasil China），总部位于巴西圣保罗，通讯社创办于 2016 年 6 月，是一家隶属巴西华夏文化传媒有限公司的巴西本地化的网络媒体，自创办以来，为巴西民众提供了及时有效的新闻消息。该社还开启了中文版界面，为向巴西华人华侨提供关于本地的经济信息、政治新闻、日常新闻、突发事件等。该社是巴西唯一的本地中葡文新闻媒体，旨在通过汉语和葡萄牙语向全世界发布新闻。通讯社在中国设有办事处。

网址：https://www.china.org.br

推特：https://twitter.com/Agenciachina

脸书：https://www.facebook.com/agenciachina

照片墙：https://www.instagram.com/agenciachina/

优兔：https://www.youtube.com/channel/UCKIJXezkyU6U-IH5fSWHFpA

领英：https://www.linkedin.com/company/agenciachina/

（五）巴西在华出口机会地图（Mapa de Oportunidades para as Exportações Brasileiras na China）

简介： 巴西出口投资促进局（ApexBrasil）根据 2017 至 2020 年的数据，编制了一份《巴西出口市场和贸易机会战略地图》。该地图用以确定中国市场的出口机会，提供了巴西出口和中国进口的数据，并按中国的行政区划进行分类。

网址：https://apexbrasil.com.br/br/pt/conteudo/painel-de-data-analytics/mapa-de-oportunidades-para-as-exportacoes-brasileiras-na-china.html

八 巴西举办的中国研讨活动

（一）当代中国研究研讨会（Seminário Pesquisar China Contemporânea）

简介： 从 2017 年开始，坎皮纳斯州立大学已连续举办多届"当代中国研究研讨会"年度会议。该研讨会是巴西学者集中探讨中国问题和中巴关系的盛会。迄今为止，已经出版 6 期 Seminário Pesquisar China Contemporânea。

网址：https://econtents.bc.unicamp.br/eventos/index.php/chinabrasil/

（二）中国—拉美和加勒比国家共同体论坛

简介： 中国—拉美和加勒比国家共同体论坛，简称中拉论坛。2014 年 7 月 17 日，中国国家主席习近平出席在巴西利亚举行的中国—拉美和加勒比国家领导人会晤。会议通过《中国—拉美和加勒比国家领导人巴西利亚会晤联合声明》，宣布正式建立中拉论坛。2015 年 1 月 8 日至 9 日，中拉论坛首届部长级会议在北京举行，标志着论坛正式启动。中拉论坛是中拉推进整体合作的主要平台。

中方将在论坛框架内，视情同其他拉美和加勒比地区的组织和机构开展对话合作，构建全面均衡的中拉合作网络。

中拉论坛旨在促进中拉平等互利、共同发展的全面合作伙伴关系发展。论坛成员包括中国与拉共体 33 个成员国，即安提瓜和巴布达、阿根廷、巴哈马、巴巴多斯、伯利兹、玻利维亚、巴西、智利、哥伦比亚、哥斯达黎加、古巴、多米尼加、多米尼克、厄瓜多尔、萨尔瓦多、格林纳达、危地马拉、圭亚那、海地、洪都拉斯、牙买加、墨西哥、尼加拉瓜、巴拿马、巴拉圭、秘鲁、圣基茨和尼维斯、圣卢西亚、圣文森特和格林纳丁斯、苏里南、特立尼达和多巴哥、乌拉圭、委内瑞拉。

网址：http://www.chinacelacforum.org/

九 荣誉勋章

（一）巴中友好十字勋章（Medalha Cruz do Mérito da Fraterna Integração Brasil-China）

简介：2004 年，时任中华人民共和国驻巴西大使江元德倡议设立该勋章，旨在加强两国间的社会、文化和经济联系。该勋章也被称为"中巴功绩勋章"（Medalha do Mérito Sino-Brasilciro），是对巴西和中国合作交流作出重要贡献人士的嘉奖和认可。2018 年 4 月 19 日，时任中国驻巴西大使李金章应邀出席巴西联邦众议院，并向巴中议员阵线主席皮纳托（Fausto Pinato）授勋。

网址：http://www.chinahoje.net/medalha-de-reconhecimento-da-amizade-brasil-china-e-entregue-no-congresso/

（二）南十字国家勋章（Ordem Nacional do Cruzeiro do Sul）

简介："南十字国家勋章"是外国公民在巴西获得的最高荣誉勋章。2009 年 2 月 13 日，巴西外交部举行仪式，向即将离任的中国驻巴西大使陈笃庆授予"南十字国家勋章"，以表彰他为推动巴中关系发展作出的贡献。此后，邱小琪大使和李金章大使离任时均获此殊荣。

网址：https://www.gov.br/mre/pt-br/assuntos/cerimonial/ordem-nacional-do-cruzeiro-do-sul

中国的巴西研究
（Pesquisas sobre Brasil na China）

一　组织机构（Organizações/Órgãos）

（一）党委部门（Departamento do Comitê do CPC）

1. 中共中央对外联络部

简介： 中共中央对外联络部（简称中联部）是负责中国共产党对外工作的职能部门。自 1951 年成立以来，中联部在党中央的直接领导下，围绕不同时期党的中心任务开展对外交往。曾经有一段时间分管过拉丁美洲事务。政策研究室牵头，联合国内高校、研究机构以及企事业单位成立了金砖国家智库合作中方理事会，主要负责并参与金砖国家合作框架下的学术和智库的对话交流与合作。五局负责与拉丁美洲和加勒比地区各国政党及政治组织的联络交往和对该地区各国及政党和政治组织的研究工作。

网址：https://www.idcpc.org.cn/

（二）政府部门（Órgãos Administrativos）

1. 中华人民共和国外交部拉丁美洲和加勒比司

简介： 主要按照国务院和外交部给其确定的工作范围，负责中国同拉丁美洲和加勒比地区 33 个国家的双边事务，贯彻执行中国对地区国家的外交方针政策，对中国同地区国家关系进行调研和规划，指导协调涉及地区国家的交往合作，指导驻地区国家外交机构有关工作，承担相关重要外交活动文件和文书的西班牙语和葡萄牙语翻译工作。

网址：https://www.mfa.gov.cn/wjb_673085/zzjg_673183/ldmzs_673663/

（三）驻巴机构（Instituições no Brasil）

1. 中华人民共和国驻巴西联邦共和国大使馆

简介：中华人民共和国驻巴西联邦共和国代表机构。

网址：http://br.china-embassy.gov.cn/

优兔主页：https://www.youtube.com/channel/UCNU0bcWx6pq91sjrAR5vwEw

2. 中华人民共和国驻圣保罗总领馆

简介：中华人民共和国驻圣保罗总领馆于 1985 年建馆，领区包括圣保罗州、巴拉那州、圣卡塔琳娜州和南里奥格兰德州。

网址：http://saopaulo.china-consulate.gov.cn/

3. 中华人民共和国驻里约热内卢总领事馆

简介：中华人民共和国驻里约热内卢总领馆于 1992 年 6 月 15 日开馆，由李鹏总理主持开馆仪式。总领馆领区包括四个州：巴伊亚州、圣埃斯皮里图州、米纳斯吉拉斯州、里约热内卢州。

网址：http://riodejaneiro.china-consulate.gov.cn/

4. 中华人民共和国驻累西腓总领馆

简介：中华人民共和国驻累西腓总领馆于 2016 年开馆。总领馆领区包括巴西东北部八个州：伯南布哥州、帕拉伊巴州、北里奥格兰德州、塞阿拉州、皮奥伊州、马拉尼昂州、阿拉戈斯州和塞尔希培州。

网址：http://recife.china-consulate.gov.cn/

5. 中国（巴西）投资开发贸易中心（China Trade Center）

简介：中国（巴西）投资开发贸易中心于 2004 年 11 月胡锦涛主席访巴期间在巴西圣保罗正式开业，是中华人民共和国商务部批准成立的全球 13 家"投资开发贸易中心"之一，接受中国驻圣保罗总领馆经商室指导，是促进中国和巴西及南美地区企业家进行经济技术交流合作的重要桥梁和平台。

该中心的主要功能是投资贸易、信息咨询、保税仓储、展览旅游、商务考察、物业租赁等，能为企业提供完善的信息服务，同时为中国企业开拓巴西乃至整个南美市场提供常年展览服务、代办海运通关、物流贸易、旅行接待服务等。

中心在北京设有中巴中心北京办事处、中巴（北京）贸易发展有限公司、中巴（北京）投资咨询公司、中巴北京旅行社有限公司等机构，形成国内外互动配合，面向巴西、服务全国的运营机制。

网址：cbitc.mofcom.gov.cn

（四）直属事业单位（Unidades diretamente subordinadas ao Comitê Central do CPC）

1. 中国外文出版发行事业局

简介：中国外文出版发行事业局，简称中国外文局。前身是成立于1949年10月的中央人民政府新闻总署国际新闻局。该局是承担党和国家对外宣介任务的国际传播机构，是中共中央直属事业单位。在14个国家和地区设有26家驻外机构，每年以40余种文字出版3000余种图书，以14个文种编辑36种多语种期刊，书刊发行到世界180多个国家和地区，网络受众遍及世界各地。

网址：http://www.cicg.org.cn/

中国关键词葡语版： http://portuguese.china.org.cn/china_key_words/index.htm

（五）政府合作机制（Mecanismo multilateral de Cooperação Intergovernamental）

1. 中国—葡语国家经贸合作论坛（澳门）

简介：于2003年10月在澳门创立。由中国中央政府发起，中国商务部主办，澳门特别行政区政府承办，安哥拉、巴西、佛得角、几内亚比绍、赤道几内亚、莫桑比克、葡萄牙、圣多美和普林西比、东帝汶九个葡语国家共同参与的政府间多边经贸合作机制，旨在加强中国与葡语国家之间的经贸交流，发挥澳门联系中国与葡语国家的经贸平台作用，促进中国与葡语国家的共同发展。

中葡论坛五届部长级会议分别于2003年10月、2006年9月、2010年11月、2013年11月和2016年10月在澳门成功举办。与会国部长先后签署了五个《经贸合作行动纲领》，确定了在政府、贸易、投资与企业、产能、农业、林业、渔业和畜牧业、基础设施建设、能源、自然资源、教育与人力资源、金融、发展合作、旅游、运输与通信、文化、广播影视与体育、卫生、海洋及省市间合作等诸多领域的合作内容和目标。2022年4月，以线上加线下形式于北京、澳门两地举行部长级特别会议，与会国部长签署了联合声明。自论坛成立以来，与会国全面落实行动纲领，为进一步提升与会国经贸投资合作作出了积极贡献。

论坛每年出版季刊《中葡论坛》，主要内容为中国和葡语国家之间的经贸合作以及重要新闻。

网址：https://www.forumchinaplp.org.mo/home

二 〈 学术研究（Pesquisa Acadêmica）

（一）科研机构（Instituições Científicas）

1. 中国社会科学院巴西研究中心

简介：该中心成立于 2009 年 5 月 19 日，是隶属于中国社会科学院拉丁美洲研究所的非营利性的学术团体。时任巴西总统卢拉与全国政协副主席、中国社会科学院院长陈奎元共同为巴西研究中心揭牌。

中心旨在通过开展学术研究活动，提高中国对巴西的认知和研究水平，促进中巴两国的多领域、多层次交流，为国家的相关决策提供智力支持等。中心是中国开展巴西综合研究最重要的学术团体。

中心发展成为中巴两国学术交流的重要平台，每年接待多批次巴西学者的学术访问和调研。与此同时，中心主要成员多次赴巴西参加学术研讨，开展学术调研，并与巴西多个学术机构和智库建立起密切的联系网络。

在国内学术推广方面，巴西研究中心团队出版了《中心简报》《专题研究报告》《巴西季评》等系列电子刊物，举办了多场次的主题座谈和研讨会，向中国政、商、学界分析巴西的政经热点、政策趋势、市场动态，并通过微信公众号"巴西研究中心"发布研究中心团队成员的科研成果。当前，《巴西季评》和《巴西论坛》已成为中心面向社会的两个重要公共产品。

网址：http://ilas.cssn.cn/

微信公众号：巴西研究中心

2. 中国现代国际关系研究院拉美研究所

简介：中国现代国际关系研究院拉美研究所是现代院从事拉美问题研究的专门机构，也是中国从事拉丁美洲问题研究的重要中心之一。

主要研究领域：拉美政治、经济、外交、安全、主要国家、中国与拉美各国关系、拉美在世界格局中地位及拉美在联合国改革、新能源、气候变化等问题上的立场。

该所秉承"立足拉美，跳出拉美，超越拉美"的所训，着重四个方面的研究：拉美政治、经济、外交、安全等地区性问题的综合研究；巴西、墨西哥、阿根廷、委内瑞拉、古巴、智利和秘鲁等主要国家的国别研究；中国与拉美各国关系等涉我性研究；拉美在世界格局中地位及拉美在联合国改革、新能源、气候变化等问题上的立场的专题研究。研究所与国内众多学术机构保持着密切联系与交流，并与拉美多家研究机构建立了良好合作关系。

已完成的学术著作有：《巴西现代化进程透视》；参编的书籍有《简明拉丁美洲百科全书》《当代第三世界透视》《国际安全与战略形势评估》《国际恐怖主义与反恐怖斗争年鉴》《智利与中国：关于两国全面合作的思考》《21世纪第三世界的地位与作用》《外国非政府组织概况》等30多本；主要译著有《剑桥拉丁美洲史（第二卷）》（合译）、《独立以来拉丁美洲经济史》（合译）和《国家与民族》（合译）等。

网址：http://www.cicir.ac.cn/new/Institution.html?subtype=%u62C9%u7F8E&&type=region

3. 湖北大学巴西研究中心

简介：湖北大学巴西研究中心由湖北大学校长熊健民与中国前驻巴西大使陈笃庆先生共同揭牌。作为湖北省属重点综合性大学，湖北大学此前与巴西圣保罗州立大学合作开办了孔子学院。巴西研究中心以孔子学院为合作交流桥梁，以整合学校资源为依托，重点在巴西历史、经济、文化、国际关系和旅游等方向或领域开展研究，努力建成国家在巴西交流中的重要智库，为促进中巴在文化、教育、学术等领域的友好交流与合作作出新的更大的贡献。

4. 南开大学拉丁美洲研究中心

简介：南开大学拉丁美洲研究中心在2002年之前属于独立的实体研究机构，实行学院制之后归属于南开大学历史学院，以研究拉丁美洲历史和现状问题为主，兼研究美洲的其他问题。

现有专职研究人员4人，其中教授3人（含博士生导师3人）、副教授1人，另有兼职研究人员4人，中心主任现为王萍教授，中心秘书为潘芳副教授。

拉丁美洲研究中心是在原国家教委社科司的直接指导下，根据1991年12

月 6 日召开的南开大学第 19 次校长办公会议的有关决定建立，洪国起教授出任第一任中心主任。

5. 北京大学巴西文化中心

简介：巴西文化中心是北京大学人文社会科学虚体研究机构。中心成立于 2004 年，时任巴西总统卢拉访华时为巴西文化中心揭幕，旨在推广巴西文化，增进中巴两国之间的相互了解。

该中心隶属于北京大学西葡语系，自成立以来，为葡萄牙语专业语言教学与学术交流提供了重要支持，也为全校的公共葡语课程建设贡献了力量。中心承担邀请相关领域专家来访、举办讲座、开展巴西文化活动等任务。

网址：https://deyp.sfl.pku.edu.cn/xzyj/bxzx/index.htm

（二）学术组织（Organizações Acadêmicas）

1. 中国拉丁美洲学会

简介：中国拉丁美洲学会是中国研究拉丁美洲地区问题的全国性民间学术团体，成立于 1984 年 5 月 18 日。中国拉丁美洲学会每年举办全国性的学术讨论会。与会者来自全国各地的科研机构、高校、政府部门和企业。

中国拉丁美洲学会的宗旨是团结全国各地从事拉丁美洲研究、教学和开展对拉美地区工作的人士，促进中国对拉丁美洲政治、经济、国际关系、社会、文化、民族问题等方面的研究，增进中国人民和拉丁美洲各国人民之间的相互了解和友谊，为实现中国社会主义现代化服务。

凡从事拉丁美洲问题研究、教学及开展对拉美地区工作，并有志于研究拉丁美洲问题的人士，由本人申请并经学会批准，即可成为中国拉丁美洲学会会员。

微信公众号：拉美研究通讯

2. 中国拉丁美洲史研究会

简介：中国拉丁美洲史研究会是中国社会科学院主管，挂靠在世界历史研究所的群众性学术团体。中国拉丁美洲史研究会成立于 1979 年。研究会领导机构为会员代表民主选举产生的理事会。理事会由正副会长、正副秘书长及理事若干人组成。

理事会全体会议原则上一年举行一次，闭会期间由常务理事会行使职权处理会务。常务理事会由会长、副会长、秘书长及常务理事若干人组成。

3. 澳门巴西研究学会（Associação de Estudos Brasileiros em Macau）

简介：该学会成立于 2017 年 2 月成立，是澳门首家研究巴西问题的智库，致力于为促进和发展中国—巴西关系提供理论支持和建设性倡议的高端智库。旗下办有《澳门巴西研究期刊》。

网址：www.aebm.mo

4. 中国澳门特别行政区与葡语国家学术图书馆联盟（Aliança Bibliotecária Académica entre a Região Administrativa Especial de Macau (China) e os Países de Língua Portuguesa）

简介：由澳门大学于 2021 年发起，分别与葡语系国家及内地高校成立"中国澳门特别行政区与葡语国家学术图书馆联盟"以及"澳门特别行政区与内地学术图书馆葡语资源联盟"。两个联盟进一步汇聚并分享海内外众多高校丰富的中文和葡语教学和研究资源，这将促进中葡语教学与研究发展，有助于更好地培养高素质中葡双语人才。联盟将全面促进其成员馆在教学和研究等方面分享学术资源，加深教育合作，以图书馆葡语资源的共享共建作为学术交流和合作的基础，为国际高等教育合作作出更多贡献。

网址：https://library.um.edu.mo/aba/abamaplp/home_cn

5. 澳门亚太拉美交流促进会（Associação de Macau para a Promoção de Intercâmbio entre Asia-Pacifico e América Latina, MAPEAL）

简介：澳门亚太拉美交流促进会为一所非牟利机构，在 2005 年根据当时国内外形势发展的需要，在特区政府和境内外各方的鼓励和支持下正式注册成立，宗旨以澳门作为中介平台促进亚太与拉美两地在文化、学术研究、出版、信息、商业、旅游及培训等方面的合作与交流，具体实践特区政府将澳门建立为服务平台的策略构想。

网址：https://www.mapeal.org/home

（三）重要学者（Pesquisadores）

1. 周志伟

法学博士，中国社会科学院拉丁美洲研究所研究员、国际关系室副主任、巴西研究中心执行主任，察哈尔学会研究员。

1999 年 7 月获湖南师范大学史学学士学位，2002 年 7 月获湖北大学史学硕士学位，同年进入中国社会科学院拉丁美洲研究所工作。2009 年 7 月获中国社会科学院研究生院法学博士学位。

曾先后在巴西圣保罗大学国际关系研究所（2007 年 9 月—2008 年 7 月）、里约热内卢天主教大学金砖政策研究中心（2012 年 2 月）和弗鲁米嫩塞联邦大学战略研究所（2012 年 6 月—2013 年 6 月）做访问学者。

主要研究领域包括巴西综合问题、巴西国际战略、拉美地区一体化、美拉关系、中拉关系。于 2012 年 7 月独立完成国家社科基金青年项目，并出版专著《巴西崛起与世界格局》。

2. 孙岩峰

研究员，现任中国现代国际关系研究院拉美研究所副所长。

北京外国语大学葡萄牙语专业毕业后，长期从事拉美地区综合研究，主要研究拉美政治、经济形势、中拉关系，特别是对巴西、阿根廷、委内瑞拉等南美国家进行跟踪研究。曾作为访问学者在巴西圣保罗大学、葡萄牙里斯本大学进行访学。

曾参与撰写《世界政治变迁三十年》（中文）、《新形势下的中国与墨西哥关系》（西文）、《中国—智利关系四十年》（西文）等学术著作及《葡萄牙人的地理大发现》等译著。

3. 张勇

经济学博士，中国社会科学院拉丁美洲研究所研究员。

主要关注拉美经济、产业经济学、劳动经济学（劳动力流动与就业）、中拉经贸合作。2008 年国际金融危机爆发，研究的重点转向国际金融危机对拉美经济的影响及"后危机时代"的中拉经贸合作。近两年，逐步加深对拉美经济增长方式转型的研究。

4. 程晶

历史学博士，副教授。主要从事巴西及拉美历史、世界近现代史和国际关系史研究工作。

先后主持国家社科基金、教育部项目、广东省哲学社科规划项目、国务院侨办项目、中国侨联项目等国家级、省部级以及校级科研项目9项。在《世界历史》《史学理论研究》《世界民族》等刊物及著作上发表科研论文30余篇。合著4部，其中主编著作2部。向教育部、国务院侨办、中国侨联等国家部委以及其他机构提交研究报告多份。

5. 周燕

博士研究生。研究国别与地区：巴西、拉丁美洲。研究领域：国家与社会关系、阶层与政治行为、文化与宗教。

北京外国语大学外交学、英语语言文学双学士；清华大学国际新闻传播硕士（硕转博）；清华大学政治学博士；牛津大学圣安东尼学院拉丁美洲研究博士后研究员。

2013—2014年，美国约翰斯·霍普金斯大学高级国际问题研究学院访问学者。2014—2017年，巴西圣保罗大学政治学系访问学者。

撰写期刊论文《巴西新中产阶级对左翼政党支持减弱的原因分析》，《国际论坛》2019年第1期，第114—126页；《基督教福音派在巴西制度化政治中的参与及其影响》，《世界宗教文化》2019年第3期，第60—67页；《巴西保守主义：新的浪潮还是回归历史？》，《世界知识》2019年第8期，第52—53页；等等。

参与书籍章节《巴西低社会经济地位阶层学生如何进入精英大学》，蒂姆·尼布洛克、杨光、周燕主编《地区研究：新现实与新构想》，中国社会科学出版社2020年版，第123—155页。

作为主编参与编著《地区研究：新现实与新构想》，中国社会科学出版社2020年版。

（四）出版物（Publicações）

1. 拉丁美洲研究

简介：《拉丁美洲研究》创刊于1979年，原名《拉丁美洲丛刊》，是由中国社会科学院主管，由中国社会科学院拉丁美洲研究所、中国拉丁美洲学会主办的综合性学术期刊。

该刊是目前中国唯一向国内外公开发行的研究拉美地区重大现实问题和基本情况的刊物，主要刊载有关拉美地区经济、政治、国际关系、文教、科技、民族、宗教、社会思潮等方面的学术论文。

网址：http://ldmzyj.ajcass.org/

2. 今日中国

简介：该杂志由孙中山夫人、国家名誉主席宋庆龄创办，是多文种综合性对外报道月刊。现有 10 个印刷版（汉文版、英文版、英文北美版、西文版、西文墨西哥版、西文秘鲁版、法文版、阿拉伯文版、土耳其文版、葡萄牙文版）和 6 个网络版（汉文版、英文版、西文版、法文版、阿拉伯文版、德文版），其中，英文北美版、西文墨西哥版和西文秘鲁版、阿拉伯文版、土耳其文版、葡萄牙文版分别在美国、墨西哥、秘鲁、埃及、土耳其和巴西出版发行。

该刊以中国经济、政治、文化、社会和生态建设为范围，以中国改革发展、人民生活和对外关系为主要内容，及时全面介绍当代中国、解读中国基本国情和重大政策、传播中国立场和观点、提供中国发展变化与重大国际事务的深度报道和分析评论。

网址：http://www.chinatoday.com.cn/

3. 澳门巴西研究期刊

简介：期刊为澳门巴西研究学会（Associação de Estudos Brasileiros em Macau）于 2018 年 4 月创办，旨在提供一个具有深度、广度的关于巴西研究的国际性平台。除了学术对话之外，期刊尤其欢迎写作的内容和风格以飨广大读者以及中国—巴西经贸关系的政策制定者的稿件。本刊为半年英文刊，分别于每年 4 月和 10 月出版。除了印刷版（ISSN 2523-6601）之外，还在线出版（ISSN 2523-661X）。

网址：https://aebm.mo/article

4. 巴西发展报告

简介：《巴西发展报告》是社会科学文献出版社出版的系列皮书之一，由湖北大学巴西研究中心出版，自 2018 年以来，每年推出一本。

该报告聚焦巴西年度相关热点、难点问题，拓展与深化国内巴西研究及中巴关系研究，为相关部门和决策机构提供参考。

5. 葡语国家发展报告

简介：《葡语国家发展报告》是社会科学文献出版社出版的系列皮书之一，该报告由对外经济贸易大学区域国别研究院中国葡语国家研究中心组织编译，主要关注葡语国家经济、社会发展研究。

6. 中国与葡语国家合作发展报告

简介：该报告由社会科学文献出版社出版，由商务部国际贸易经济合作研究院与澳门科技大学社会和文化研究所联合策划，中国和葡萄牙学者共同参与写作的专题性研究报告。

报告系统分析了中国与8个葡语国家的双边经贸合作情况，以及澳门"中葡平台"建设的最新进展。全书由总报告、专题篇、湾区篇、案例篇四部分组成。

7. 拉丁美洲和加勒比发展报告

简介：《拉丁美洲和加勒比发展报告》是社会科学文献出版社出版的系列皮书之一，由拉丁美洲研究所组织编撰的有关拉丁美洲和加勒比地区发展状况的年度报告，汇集国内拉美问题研究专家和学者的最新研究成果，对于全面了解当前拉丁美洲和加勒比地区的发展形势具有重要参考价值。

8. 巴西论坛

简介：巴西论坛是中国社会科学院拉丁美洲研究所下属的学术活动，不定期举行，主要由不同领域的研究人员共同探讨巴西近期热点问题。

9. 巴西季评

简介：《巴西季评》是由中国社会科学院巴西研究中心出版的一部主要反映巴西政治、经济、外交动态的季度性电子出版物。

10. 巴西周报

简介：《巴西周报》是湖北大学区域与国别研究院负责编辑的电子出版物，

刊登巴西每周重大事件摘编，是了解巴西时事的重要电子读物。

11. 葡萄牙语国家新闻周报

简介：该周报是对外经济贸易大学区域国别研究院中国葡语国家研究中心汇编整理的葡语国家每周重要信息，包含巴西每周重大事件的信息。

12. 今日澳门（Hoje Macau)

《今日澳门》是在 1990 年创刊、于澳门发行的葡萄牙语综合性日报报章，该报的内容以当地消息为主，读者群主要为澳门官员、商界以及葡人社群。自 2001 年起报社所有权转让以来，社长的职位由在葡萄牙出生、同时身兼记者和作家的左凯士（Carlos Morais José）担任。

《今日澳门》以日报形式发行，逢星期六、日及公众假期休刊，平日一般刊印十六版，星期五内容会加印至约二十四版，常设版面内容可粗略分为新闻（政治、社会、特写分析）、评论（社论及专栏）、体育消息与艺术文化，较前版面及末页则会加入国际及经济新闻。

网址：https://hojemacau.com.mo/

13. 中道（Via do Meio）

由《今日澳门》推出的首本完全以中国文化为主题的葡语杂志，该杂志将于 9 月在葡萄牙发行。《中道》项目于 2022 年 10 月正式展开，最初只是《今日澳门》的一个新栏目。该栏目收集了世界各地汉学家所发表的文章及其译文，文章涉及主题包括中国的哲学思想、历史、文学、科学和社会状况。

现为季刊，每三个月发行一期。除了将在葡萄牙的书店发售，还将向开设中文或人文研究课程的葡萄牙院校分发每期杂志，该项目得到了澳门科学文化中心的支持。

网址：https://hojemacau.com.mo/seccao/via-do-meio/

三　媒体（Mídeas）

（一）新华网葡语版（XINHUA Português）

简介：新华网是国家通讯社—新华社主办的综合新闻信息服务门户网站，

是中国最具影响力的网络媒体和具有全球影响力的中文网站。作为新华社全媒体新闻信息产品的主要传播平台，拥有31个地方频道以及英、法、西、俄、阿、日、韩、德、葡等多种语言频道，重大新闻首发率和转载率遥遥领先国内其他网络媒体。

网址：http://portuguese.xinhuanet.com/

（二）中国国际电视台北美分台（CGTN America）

简介：中国国际电视台北美分台是中国中央电视台开办的海外分台，于北京时间2012年2月7日上午9点在美国首都华盛顿正式开始播出，前身是中国中央电视台北美分台（CCTV-America）。2016年12月31日，由中国国际电视台（中国环球电视网）开播，隶属CGTN旗下，更名为CGTN America。开办了集中报道中美洲和南美洲新闻的周刊节目Americas Now。

优兔主页：https://www.youtube.com/user/CCTVAmerica1

（三）人民网葡语版

简介：人民网是世界十大报纸之一——《人民日报》建设的以新闻为主的大型网上信息发布平台，也是互联网上最大的中文和多语种新闻网站之一。开设有同名微信公众号。

网址：http://portuguese.people.com.cn/

（四）国际在线（CRI）

简介：国际在线（www.cri.cn）是由中央广播电视总台主办的以"国际传播"为特点的中央重点新闻网站，于1998年12月26日正式发布。目前通过44个语种以及广客闽潮4种方言对全球进行传播，是中国使用语种最多的国际化新媒体平台。依托中央广播电视总台的全球资源，国际在线重点打造新闻、评论、地方、产业、文体等业务线，与诸多驻华和驻外机构、海内外媒体、"走出去"中资企业、地方政府、学院智库等建立了良好的合作关系。国际在线面向具有跨语言、跨文化传播需求的海内外客户提供专业的资讯服务和整合营销服务。

网址：http://portuguese.cri.cn/

（五）经贸资讯网（Macauhub）

简介：该网是一个专门发布中国和葡语国家经贸信息的网站。以简体中文、葡文、英文三种语言，免费发布内地（尤其是泛珠三角地区）、中国澳门、葡语国家的经贸信息和商机、统计数据、背景资料等，主要对象为这些国家和地区的政府机构、私人企业、商人、商会、学术机构或对中国与葡语国家经贸关系感兴趣的实体。澳门特区政府的其中一项施政重点，是寻求将澳门发展为中国与葡语国家的经贸合作服务平台，是澳门特区政府促进中国与葡语国家联系及经贸往来的又一得力工具。

网址：http://www.macauhub.com.mo/cn/

四 微信公众号（Contas Públicas WeChat）

（一）巴西华人网

简介：巴西华人网是由旅居巴西多年的华人群体建立的信息平台，主要服务于已在巴西或将来在巴西生活、学习、工作、贸易、创业的华人朋友。

巴西华人网的宗旨是提供最新最全巴西资讯，打造快捷免费信息平台，凝聚至诚至信华人朋友，营造最美最亲华人家园。

该网站自成立以来，得到广大巴西华人网友的大力支持，迅速聚集了大量巴西华人的关注。

网址：http://www.brasilcn.com

微信公众号：brazilcn

（二）巴西南美侨报

简介：《南美侨报》前身为《巴西侨报》，始建于 1960 年 3 月 29 日，1977年改为周三刊。

1985 年李海安接任发行人，将其更名为《巴西华侨日报》，每周出版 5 次，1989 年停刊，后又于 1992 年 4 月复刊，沿用旧名《巴西侨报》，每周出版 5 次。1999 年，巴西侨报更名为《南美侨报》，增设《南美新闻版》及对开纸 8 版的周末版。

该报在巴西圣保罗、里约热内卢、福斯市等城市，以及巴拉圭、乌拉圭、阿根廷、智利、玻利维亚等南美国家发行。

主要版面有：《要闻版》《国际港澳》《大陆》《台湾》《南美新闻》《巴西社会新闻》《巴西时政新闻》《侨社新闻》《大特写》《特别报道》《家庭生活》《娱

乐》《体育》《博览》《综合》等。

网址：http://www.br-cn.com/

微信公众号：brnmqb

（三）巴西在中国

简介：巴西联邦共和国驻华大使馆官方账号。

微信公众号：gh-5366a49fb483

（四）巴西驻上海总领馆

简介：巴西驻上海总领事馆希望通过该平台更好地促进巴西和中国的交流，让中国人更了解巴西的经贸、文化及生活方式。

微信公众号：CGBrazilShanghai

（五）IEST 巴西商业

简介：巴西祎思（IEST）集团于 2012 年成立，目前已经为超过 100 家的中资企业提供了税务咨询、会计外包、人力资源、支付汇款、互联网以及其他咨询服务，举办了三次面向在巴中资企业的大型中文税务讲座。巴西 IEST 公司旨在为在巴中资企业提供高性价比的专业服务，协助中资企业在巴西的业务发展。

微信公众号：IESTBRAZIL

（六）中巴商业资讯网

简介：中巴商业资讯网为祎思（IEST）旗下的原创资讯网站，有助于了解巴西经商环境，获得商业资讯，洞察市场商机。

微信公众号：iestbr